Werner Radasewsky Borges da Silva
Herbert Schlemmer

Wasserstadt Berlin

Unser Newsletter und unsere Facebook-Seite informieren Sie über aktuelle Bücher und alle anderen Neuigkeiten unseres Verlags.

www.nicolai-verlag.de

Werner Radasewsky Borges da Silva, Journalist und Autor, arbeitete viele Jahre als Redakteur und Korrespondent. Der gebürtige Berliner veröffentlichte außerdem zahlreiche Bücher.

Herbert Schlemmer, Fotograf, ist als freiberuflicher Bildjournalist unter anderem für Bildagenturen tätig.

Titelfoto/Fotos: © Herbert Schlemmer, Fotos S. 23, 41, 67, 79, 113, 117, 124, 133, 138: © Werner Radasewsky Borges da Silva, Foto S. 29: © CMSgt. Don Sutherland, Karte S. 26: Virginia Illner, Karte Umschlag innen: © Maximilian Dörrbecker

nicolai *Der Hauptstadtverlag*

Lektorat: Lydia Fuchs
Herstellung: Christine Noack

Printed in the EU

ISBN 978-3-89479-718-8

Wasserstadt Berlin

Flüsse, Seen und Kanäle

Werner Radasewsky Borges da Silva (Text)

Herbert Schlemmer (Fotos)

nicolai

Wasser, Wasser, nüscht als Wasser: Topografie & Historie

Berlin-Unkundige wollen es zumeist nicht wahrhaben: Das steinerne Berlin weist zwei Highlights auf, die in Europa von keiner anderen Stadt getoppt werden! Berlin ist die »grünste«, das heißt vegetationsreichste Metropole des Kontinents. Und sie ist die wasserreichste! Fast sieben Prozent der Stadtfläche sind kühles oder badewarmes Nass. Das entspricht einer größeren Wasserfläche als der aller Alpenseen zusammen.

Neben allerlei Wasserläufen durchziehen Flüsse, Seen und Kanäle auf einer Gesamtlänge von etwa 195 Kilometern und mit einer Ausdehnung von 51,7 Quadratkilometern die Stadt. Oder, um es mit dem durch Marlene Dietrich zum Evergreen geadelten Song zu sagen: »Durch Berlin fließt immer noch die Spree. Dichte bei ist noch der Müggelsee …«

Etwa 25 größere natürliche Seen und breite, schiffbare Flüsse wie Havel, Spree oder Dahme und kleinere wie Panke, Wuhle oder Bäke lassen bei Wasserliebhabern, Wassersportlern, Bootstouristen, Bade- und Naturfreunden kaum einen Wunsch offen. Auch seekranke Landratten kommen auf ihre Kosten; Uferpromenaden mit Café-Restaurants und Beach-Bars gibt es allenthalben, ob innerstädtisch an der Spree und dem Landwehrkanal, ob an der Havel in Kladow oder am Tegeler See. Oder als fast nur Insidern bekannte Orte wie jener am Ende der Ossietzky-Straße im Bezirk Pankow gelegene Platz an der Panke: Im hügeligen, baumbestandenen Gelände tummeln sich Jogger und Biker, planschen Kinder und Hunde, wird Ball gespielt.

Zu den bekanntesten Seen zählen der Große Wannsee, der Große Müggelsee (es gibt auch einen Kleinen Wannsee und Müggelsee) und der Tegeler See. Übrigens sind das keine abgeschotteten Binnengewässer. Sie sind über diverse Wasserwege innerstädtisch vernetzt – samt den dazugehörigen »Schiffstreppen«, also der Mühlendamm- und Oberschleuse, den Schleusen Plötzensee und Spandau oder auch der Unteren Schleuse mit ihrem bei Jung und Alt angesagten großen Biergarten, dem ganzjährig geöffneten Restaurant-Café »Schleusenkrug«

an der Schleuseninsel zwischen Tiergarten und dem Zoologischen Garten › am Ende der Müller-Breslau-Straße, 10623 Berlin-Charlottenburg, www.schleusenkrug.de, U- und S-Bahnhof Zoologischer Garten und S-Bahnhof Tiergarten ‹.

Sowieso sind diese und andere Seen in das gewässerreiche Umland eingebunden. Berlin und die weitläufige Region rundherum stellen das größte zusammenhängende Wasserstraßensystem Europas dar. So wundert es nicht, dass dort außer den vielen Freizeitkapitänen nahezu ganzjährig – wie seit eh und je – auf annähernd drei Dutzend Routen etwa 100 Ausflugsschiffe und Rundfahrten-Dampfer unterwegs sind. Sie gehören den circa 30 in Berlin ansässigen Reedereien, wobei diese mit Eisbrechern, Schleppern, Hostel- oder Hotelschiffen und anderen Wasserfahrzeugen nicht alle auf die Fahrgastschifffahrt ausgerichtet sind. Dass die Ausflugsdampfer beileibe nicht mehr nur weiß angepinselte Bootskörper mit spitzem Bug, abgerundetem Heck, einem bauchigen, geschlossenen Unter- und einem Sonnendeck mit festgeschraubten, unbequemen Bänken sind, zeigt ein kurzer Blick auf die Anlegestationen oder hinaus aufs Wasser: Raddampfer, Piratenfregatten, walfischähnliche »Pötte« kreuzen da, und rundherum verglaste Restaurant-Liner oder tiefliegende Cabrio-Schiffe schaukeln durch die hiesigen Gewässer. Ferner kommen noch die Schiffe der außerhalb von Berlin angesiedelten Reedereien hinzu, die nicht nur Fahrten ins Umland anbieten, wie es die städtischen Reedereien ebenfalls tun, sondern auch auf den Berliner Gewässern schippern. Von einstündigen Touren bis hin zu Ganztagesfahrten wird einiges geboten (→ Seite 139–141):

- Charterfahrten mit Catering und Entertainment-Programm: abendliche Licht-Dampferfahrten auf der Spree oder Gruppenfahrten ab 25 Personen auf eigener Linienfahrt
- Historische Stadtrundfahrten
- Eventtouren wie »Ü-40-Party« oder »Italienische Nacht«
- Abendliche »BBQ-Citylights-Touren«
- Piratenschifffahrten auf einem ehemaligen Ausflugsdampfer mit »pirateskem« Innenleben und per Airbrushtechnik »alter« Holzplankenstruktur auf der Stahlaußenhaut
- Themenfahrten der »Geschichtswerkstatt Berlin« wie »Litera-Tour« oder »Mauergeschichte(n)« bis hin zu

Mühlendammschleuse

Schwerpunktthemen wie »Frauengeschichte(n)« und »Krumme Touren« für Kriminologie-Fans

Zugleich erstrecken sich über das gesamte Stadtgebiet zahlreiche Seen – ohne Dampferfahrten und Motorboote, aber für jedermann zugänglich.

Da ist die Grunewaldseenkette mit ihren untereinander verbundenen, oft verwunschen anmutenden Seen im riesigen Grunewald. Der gewundene, kilometerlange Schlachtensee ist glasklar, hat einen Bootsverleih und wartet am östlichen Ausläufer mit der traditionsreichen, populären »Fischerhütte« samt Biergarten und Restaurant auf. Weiterer Pluspunkt: die buchstäblich schräge Party-, Liege- und Badewiese › direkt am S-Bahnhof Schlachtensee ‹.

An den Schlachtensee schließt sich unmittelbar die bei Nacktbadern beliebte und durch einen Evergreen berühmt gewordene Krumme Lanke – nicht zu verwechseln mit dem dunklen See im Stadtforst Köpenick namens Krumme Laake.

Dann das Riemeisterfenn – ein von vielen Hirschen und Rehen bevorzugtes Naturschutzgebiet, der Hundekehlesee und -fenn, der Waldsee mit seinem wasserlagigen »Haus am

Berlin aus der Luft

Waldsee«, eine von Parklandschaft umgebene Edelvilla und öffentlicher Hort experimentierfreudiger Galeristen › Argentinische Allee 30, 14163 Berlin-Zehlendorf, Tel. 030/8 01 89 35, info@hausamwaldsee.de, www.hausamwaldsee.de ‹, die von Villen umstandenen Seen Diana-, Königs-, Hertha-, Hubertussee und der mit Strand und Café- wie Sonnenbad-Ponton versehene Halensee › Koenigsallee 5A–B, 14193 Berlin-Wilmersdorf ‹. Last but not least der Grunewaldsee. Romantisch am Ufer gelegen, öffnen sich hier die Hoftore zu Berlins ältestem noch erhaltenen Schlossbau, dem Jagdschloss Grunewald (1542), derweil saniert und museal gestaltet für Ausstellungen. Es gibt ein Café und zur Adventszeit sogar einen Weihnachtsmarkt › Hüttenweg 100 – nur zu Fuß zu erreichen, www.spsg.de/index.php?id=140 ‹. Ein paar hundert Meter weiter lockt der Grunewaldsee mit einem einzigartigen Ufersaum unzählige Spaziergänger und ihre Vierbeiner an: nämlich mit einem hellsandig breiten und langgezogenen Strand – speziell für Hunde! Den Teufelssee – schön verborgen, aber nicht schaurig – gibt's gleich zweimal: Im Bezirk Köpenick in einer Senke unweit des hoch gelegenen, über Zeiten hinweg vor sich hin darbenden Müggelturms, eine ehemalige Ausflugsstätte, und

SCHLACHTENSEE

Hervorragende Wasser- und Badequalität. Circa zehn Meter tief. An einigen Stellen Strudelbildung. Keine motorisierten Wassergefährte erlaubt (wie auf allen Seen der Grunewaldseenkette). Für Angler (mit Angelschein): Hier – wie auch in der benachbarten Krummen Lanke – tummeln sich 18 Fischarten, von Aal, Blei, Flussbarsch, Giebel, Güster, Gründling, Hecht, über Karausche, Karpfen, Kaulbarsch, Moderlieschen, Rapfen, Rotauge, Rotfeder, Schlei und Ukelei bis zu Wels und Zander.

Fischerhütte am Schlachtensee

Auch bekannt als die ehedem eher bodenständige »Alte Fischerhütte«, vor einigen Jahren pfiffig aufgemöbelt zu einem Seerestaurant mit großer Terrasse, Biergarten, Bar und Lounge, Festsaal, Weinhandlung und eigenem Gäste-Strand.
Täglich ab 9 Uhr
Fischerhüttenstraße 136, 14136 Berlin-Zehlendorf (U-Bahnhof U3 Krumme Lanke – circa 10 Minuten Fußweg). Begrenzte PKW-Parkmöglichkeiten.
Tel. 030/80 49 83 10
info@fischerhuette-berlin.de
www.fischerhuette-berlin.de

Bootsverleih

Ruderboote. Keine Tageskarte, stundenweise Abrechnung. Mitunter gewöhnungsbedürftiger Umgangston seitens des Verleihs.
Marinesteig 6, 14129 Berlin-Zehlendorf (Nikolassee)
Tel. 030/8 03 73 04

im Grunewald zu Füßen von Berlins höchster »Bergkette«, dem Teufelsberg. Hier ist er ein beliebter Badesee und Teil des westlichen Grunewaldgrabens, einer eiszeitlichen Nebenrinne, bezeichnet als »Naturschutzgebiet Teufelsfenn«. Das Nordufer des Sees darf eigentlich nicht betreten werden. Rundum huschen Eidechsen, quaken Moorfrösche, gleiten Ringelnattern, bekommt man glitschige Molche und Kröten zu Gesicht. Das am Ufer gelegene, architektonisch reizvolle – ehemalige – Wasserwerk hat sich in das famose »Naturschutzzentrum Ökowerk Berlin e.V.« gewandelt, ist als »Ökologische Bildungs- und Tagungsstätte« öffentlich zugänglich und wartet mit urigem Restaurant auf › Teufelsseechaussee 22–24, 14193 Berlin-Wilmersdorf, Tel. 030 / 3 00 00 50, info@oekowerk.de, www.oekowerk.de ‹.

Überhaupt erfreut sich eine artenreiche, dem nassen Element ergebene Fauna an und in Berlins Gewässern. Im Britzer Garten – die vielleicht schönste hügelige und von Wasserflächen durchzogene Parklandschaft der Stadt, angelegt zur Bundesgartenschau (Buga 1985), nisten Schilfrohr-, Drosselrohr- und Teichrohrsänger sowie bis zu 30 weitere Arten seltener Brutvögel › Buckower Damm 146, 12349 Berlin-Britz, Zufahrt über Hüfnerweg, diverse weitere Eingänge, Tel. 030 / 70 09 06 80, info@britzer-garten.de, www.gruen-berlin.de / parks-gaerten / britzer-garten ‹.

Doch die mit den Berliner Wassern vertraute Tierwelt zeigt sich überall: Möwen durchmessen selbst dort den Himmel zwischen den Altbaufassaden, die sich nicht unmittelbar an einer Wasserfläche entlangziehen. Enten- und Blesshuhn-Eltern müssen aufpassen, dass ihnen ein frecher Hecht oder Karpfen nicht die paddelnden Küken vor ihren Augen verschmaust. Fischreiher, selbst Kraniche, gar Seeadler und schillernde Eisvögel leben hier. Raffinierte Anpassungskünstler wie Waschbären oder Fischotter haben die Uferböschungen erobert. Biber gibt es besonders viele am Tegeler See. Und in Flüssen und Seen zwackt der Amerikanische Krebs, durchgleiten Aale und Barsche, Bleie, Hechte und Karpfen, Schleie, Welse und Zander das nasse Element; insgesamt ein gutes Dutzend Speisefischarten. Und sogar seltene Weichtiere: Die Große Erbsenmuschel, die Glatte Erbsenmuschel, die Schöngesichtige Zwergdeckelschnecke und die Flusskugelmuschel haben sich als Heimstatt alle Bereiche und Wassertiefen in der Bucht an der Köpenicker Schlossinsel auserkoren.

Und auch diese possierlichen Tierchen haben ein Zuhause im Berliner Nass: Gras-, Moor- und Teichfrösche, Erd- und Knoblauchkröten – und zwar im Krugpfuhl, was ein einzigartiges Amphibienlaichgewässer ist. Das befindet sich, zusammen mit zwei weiteren Feuchtbiotopen, im gleichnamigen

1,5 Hektar großen Landschaftsschutzgebiet. Das wiederum ist in Französisch-Buchholz zu finden, einem Ortsteil im Bezirk Pankow, dessen Namensgebung auf französische Einwanderer aus dem 17. Jahrhundert, die Hugenotten, zurückgeht.

Doch noch einmal ein rhetorischer Schlenker zurück zum vorgenannten Teufelssee – nur der diabolischen Vollständigkeit halber: Es gibt noch den Kleinen Teufelssee, am Ende des Teufelsseekanals, einem Abzweig von der Havel in Richtung Spandau hin zum Teufelsbruch im riesigen Spandauer Forst, wo es auch den wohl gänzlich unbekannten Laßzinssee mit den zwei Beobachtungs- bzw. Aussichtstürmchen gibt.

Von einer Allee mit mittlerweile über 20 verschiedenen »Bäumen des Jahres« wird der mit einer Minigolfanlage, einem Café und einem Bootsverleih lockende, etwas versteckte Schäfersee in Reinickendorf gesäumt › U-Bahnhof Franz-Neumann-Platz ‹. Da sind die glasklaren, unmittelbar benachbarten Seen, deren Namen kaum jemand kennt, wie den Hermsdorfer See, wohl aber das schöne »Strandbad Lübars« am Ziegeleisee (→ Seite 21). Klein und sehr fein ist auch der schmucke Heiligensee – ein Privatsee mit Freibad, Strand und Restaurant › Sandhauser Straße 132–140, 13503

Wasservögel trifft man zahlreich an, auch Reiher

Berlin-Heiligensee/Reinickendorf, Tel. 030/43 74 69 70, www.berlin.de/badegewaesser/detail/heiligensee.html ‹. Unweit davon und inmitten eines Waldgebiets erheben sich die den meisten Menschen wohl unbekannten schneeweißen, ausgedehnten Dünen (→ Seite 109).

Gewissermaßen am anderen Ende der Stadt, im Bezirk Köpenick, locken das Strandbad Grünau und das Seebad Wendenschloß (→ Seite 96) am wahrlich Langen See; eine weitläufige Ausbuchtung der Dahme, wo es zudem ein Wassersportmuseum und die traditionsreiche lange Regattastrecke gibt. Hier ist der Ruderclub Turbine Grünau zu Hause.

Unter den Aberdutzenden größeren und kleineren Gewässern gibt es auch solche, die selbst alteingesessenen Berlin-Kennern unbekannt sind und von denen gerade mal die Kiez-Nachbarschaft weiß, dass sie existieren: etwa zweimal der Faule See im Tiergarten/Charlottenburg bzw. im Stadtteil Weißensee, wo sich folgerichtig auch der kreisrunde Weiße See mit einer bis zu 23 Meter hoch gischtenden Fontäne befindet – samt Bootsverleih, dem Strandbad Weißensee, dazugehörigem Biergarten und »Überseebar«. Zu finden im Weißenseer Park › Uferpromenade am Weißen See, 13088 Berlin-Weißensee, Tel. 030/9 25 32 41, info@binbaden.de, www.binbaden.com ‹.

Auch den Flughafensee im Bezirk Reinickendorf, den Großen Arkenberger Baggersee in Pankow und die drei versteckten Karpfenteiche kennt kaum jemand. Einer der Karpfenteiche, in Steglitz-Zehlendorf, war bis 1897 eine Tongrube für die benachbarte Ziegelei gewesen, aus deren Abraum sich der Flugpionier Otto Lilienthal (1848–1896) seinen »Fliegeberg« aufschütten ließ. Daran erinnert heute die »Lilienthal-Gedenkstätte«. Erst danach wurde der Teich zur Karpfenzucht genutzt. Der andere Karpfenteich, ein vier Hektar umfassender See aus dem Jahr 1880 in Treptow, liegt verwunschen hinter hohen Bäumen in der Nähe des riesigen Ehrenmals für die gefallenen russischen Soldaten im Zweiten Weltkrieg. Ein weiterer findet sich ganz idyllisch im Park vom Schloss Charlottenburg.

Ebenso wenig bekannte Gewässer sind der naturbelassene Köppchensee in Pankow und der Untersee in Marzahn-Hellersdorf, einer der zwölf kleineren Seen im Naturschutzgebiet Hönower Weiherkette, über einen Wanderweg vom U-Bahnhof Hönow zu erreichen. Der ruhige, vom riesigen Spandauer Forst umgebene Niederheidesee ist auch so ein Geheimtipp. Hier gewährt ein Beobachtungsturm einen traumhaften Blick über das Wildgehege des eingezäunten Sees, in der warmen Jahreszeit von Froschkonzerten begleitet. Nahe dem Olympiastadion windet sich, ausgerechnet auf dem Waldfriedhof mit den Gräbern zahlreicher bekannter Persönlichkeiten wie Grethe Weiser oder Vicco von Bülow alias Loriot, der Sausuhlensee.

Und was es da noch so alles an Nassfeuchtem gibt: so den Tatarenteich in Zehlendorf – wie auch immer er zu seinem Namen kam –, ein Feuchtgebiet im Düppeler Forst, das durch den Tatarengraben in die Seenkette zum Kleinen Wannsee, dem Pohlesee und der weiterführenden Seenkette entwässert wird, und das den zahlreichen Spuren zufolge ein Eldorado für Wildschweine ist. Eine eiszeitliche Schmelzwasserrinne zwischen Grunewald und dem ehemaligen Steglitzer Bäketal gibt's: der Buschgraben samt Buschgrabenrundweg (Kennzeichen: grüner Kreis auf weißem Grund). Der führt um das an der ehemaligen Mauer gelegene Biotop herum, den Fennpfuhl im Fennpfuhlpark (Prenzlauer Berg) und den Krugpfuhl – ein großes Amphibienlaichgewässer für Gras-, Moor- und Teichfrösche, für Erd- und Knoblauchkröten. Man erreicht ihn über den Verdiweg im Ortsteil Französisch-Buchholz. Wenig bekannt dürfte auch der tiefe Große Spektesee mit seinen steilen Abbruchflächen in Spandau sein.

Bekannter ist da schon der Plötzensee mit seinem feinsandigen Freibad am Volkspark Rehberge › unter anderem Wasserrutsche, FKK-Bereich, Tischtennis, Strandvolleyball; Nordufer 26, 13351 Berlin-Wedding, Tel. 030/45 02 05 33, www.berlinerbaederbetriebe.de; Anfahrt: unter anderem Tram M13, 50 bis Virchow-Klinikum oder Seestraße/Amrumer Straße ‹. Oder der 44 000 Quadratmeter umfassende, glasklare Orankesee mit seinen Seerosen und dem etwa 300 Meter langen Sandstrand. Auch sein Nachbar, der anmutige Obersee. Dessen Wasserspiegel liegt über dem des Orankesees und trägt deshalb diesen Namen. Ursprünglich wurde er 1894 als Brauwasser-Reservoir für die einstige Löwen-Brauerei angelegt. Sein Ufer wird von zwei Sehenswürdigkeiten geziert: zum einen das vom Bauhaus-Architekten Ludwig Mies van der Rohe geschaffene, zeitlos schöne »Landhaus Lemke« von 1932 › Eintritt in Haus und Garten frei; Oberseestraße 60, 13053

Berlin-Alt-Hohenschönhausen, Tel. 030/97000618, info@miesvanderrohehaus.de, www.miesvanderrohehaus.de ‹, zum anderen der urige, ehemalige Wasserturm, heute in Privatbesitz und gastronomisch genutzt samt Bar › www.berlin-wasserturm.de, jeweils Ortsteil Alt-Hohenschönhausen/Bezirk Lichtenberg ‹. Alles andere als ein »aqua incognita« ist der Stölpchensee mit seinen Restaurants im Ortsteil Wannsee/Zehlendorf. Ebenso der West-City-nahe, zweigeteilte Lietzensee mit seinen schmucken, terrassenförmig angelegten Kaskaden und einigen Ufer-Cafés in Charlottenburg. Auch den Zeuthener See im südöstlichen Dahme-Seengebiet, durch den die Grenze zwischen Berlin und Brandenburg verläuft, kennt man.

Beileibe können nicht alle städtischen Gewässer aufgezählt werden. Wären da noch die diversen und viele Kilometer langen Stich- und Verbindungskanäle zu nennen, die Gräben, Becken und Teiche – bis hin zum Steinbergsee im gleichnamigen Park mit seinem sprudelnden Wasserfall über Felsgestein hinweg. Eigentlich sind das »Findlinge«, meist einzeln liegende, sehr große Gesteinsbrocken, die als felsiges Geröll von eiszeitlichen Gletschern mitgeschoben wurden. Den Steinbergsee erreicht man vom kleinen, verschlungenen Straßengeflecht der Avenue Charles de Gaulle, der Rue Racine und der Place Molière im Ortsteil Waidmannslust, Bezirk Reinickendorf. Stichwort Wasserfall: Wer, außer den Einwohnern selbst, bringt schon den innerstädtischen, multinationalen und kunterbunten Bezirk Kreuzberg ausgerechnet mit einem Wasserfall in Verbindung?!

Der stürzt vom tatsächlich existierenden Kreuzberg im dortigen Viktoriapark herunter, einer vegetationsreichen Anlage mit gebirgsähnlichem Charakter, gekrönt von Karl Friedrich Schinkels Nationaldenkmal von 1821 in Erinnerung an die Schlachten der Befreiungskriege – gemeint sind die Kämpfe zwischen den Truppen des napoleonischen Frankreich und jenen seiner mitteleuropäischen Gegner von 1813 bis 1815. Der 24 Meter hohe Wasserfall ist in seiner Felsformation miniaturisiert dem Heynfall im Riesengebirge nachgebildet, seinerzeit ein beliebtes Reiseziel der besser betuchten Berliner. Mangels eigener Quelle wird das Wasser auf den Kreuzberg gepumpt. Das mag befremdlich anmuten, ist aber ebenso »berlinisch«, wie man im Plattenbau-Bezirk Marzahn zunächst alles andere

Inselidylle auf dem Kreuzberg

als exotische Gärten vermutet. Dort bildet ein etwa 4 500 Quadratmeter großer See mit einem halb im Wasser liegenden Steinboot (»Blick auf den Mond«) das Zentrum einer fremdartig bepflanzten Hügellandschaft, umgeben von typisch chinesischen Gebäuden. Über Uferwege und eine Zickzackbrücke gelangt man zum »Berghaus zum Osmanthussaft«, ein riesiges Teehaus mit Wasserterrasse. Ort des Geschehens: der »Garten des wiedergewonnenen Mondes«, Europas größter Chinesischer Garten. Der ist wiederum Teil des wunderbaren und riesigen Erholungsparks »Gärten der Welt«. Hier finden Gartenfreunde und Ruhesuchende einen Italienischen Renaissancegarten, einen Japanischen, Koreanischen, Balinesischen, Orientalischen und Christlichen Garten sowie einen Staudengarten und ein Ensemble aus Irrgarten und Labyrinth › Gärten der Welt im Erholungspark Marzahn, Eisenacher Straße 99, 12685 Berlin-Marzahn, Tel. 030/700906699, info@gaerten-der-welt.de, www.gruen-berlin.de/parks-gaerten/gaerten-der-welt ‹.

Berlin und sein vieles Wasser. Das kommt nicht von ungefähr, sondern steht in Beziehung zu den Niederungen eines eiszeitlichen Urstroms, dem Warschau-Berliner Urstromtal.

Und ausgerechnet in diesem ausgedehnten, morastigen Feuchtgebiet sollte sich einmal eine Metropole, eine Hauptstadt herausbilden!

Keine wegweisenden Flusspässe, keine angestammten Handelswege wies dieses Gebiet auf. Eigentlich sprach nichts dafür, dass sich in der wald- und wasserreichsten Region Mitteleuropas überhaupt ein nennenswertes städtisches Gebilde hervortun würde.

Als die ersten Händler um das Jahr 1200 dieses künftige Berliner Gebiet mit einer Fläche von mittlerweile etwa 900 Quadratkilometern, damit vergleichbar den Ausmaßen des Ruhrgebietes, durchquerten, war dies ein strapazenreiches Unterfangen. Mäanderartig durchzogen Flüsse und deren oft seebuchtartigen Erweiterungen dieses wahrlich ausufernde, urwaldähnliche Gelände mit seinem undurchdringlichen Nadelholz- und Laubbaumdickicht. Und immer wieder matschiger, sandiger Untergrund. Von dieser Bodenbeschaffenheit rührt wohl die Bezeichnung »berlin« her. Die Sprachwurzel »brl« geht auf das längst ausgestorbene Elbslawisch zurück – auch auf das verwandte slawische »brlo« (berlo). Jedenfalls meint beides sinngemäß »feuchtes, unfestes Gelände«, auch »Sumpf, Morast«. Das unterläuft leider die schöne Legende, der zufolge Markgraf Albrecht Berlins Stammvater war – ist der doch mit seinem Beinamen in die lokale Historie eingegangen: »der Bär«. Und ist nicht ein Bär das Berliner Wappentier?! Jedenfalls klingt diese Interpretation weitaus charmanter, als dass sich »Berlin« aus Sumpf und Morast ableiten soll.

Die in der künftigen Berliner Region heimischen slawischen Stämme galten als heidnisch. Ab 1147 von christlichen Kreuzfahrern unterworfen, herrschten nun die Askanier, deren bis heute bekanntester Vertreter Albrecht der Bär war. Indem dieser am 11. Juni 1157 die ursprünglich slawische Feste Brandenburg endgültig erobert hatte, gilt dieses Datum als die Geburtsstunde der Mark Brandenburg. Und wo sich eine ebenfalls slawische Wehranlage befunden hatte, stemmten die Askanier ein mächtiges Bauwerk ins Wasser: die von der Havel umströmte Zitadelle Spandau, errichtet im Stil italienischer Renaissance-Festungsarchitektur. Heute ist sie ein beliebter Ausflugsort mit Museum, Erlebnisgastronomie, Festivals und mehr (→ Seite 46).

Die Wasserstadt Berlin-Cölln im Brückengeländer

Eine andere spätslawische Wehranlage befand sich im heutigen Bezirk Köpenick, etwa 35 Kilometer südöstlich der Zitadelle gelegen und von Spree und Dahme umspült. Der burgartige Komplex wurde später durch ein Barock-Schloss überbaut, das zu Beginn des 21. Jahrhunderts samt den Gartenanlagen restauriert worden ist – ein schneeweißes Wasserschloss, Berlins einziges (→ Seite 77).

Zwischen diesen zwei geografischen, insularen Eckpunkten in den heutigen innerstädtischen Bezirken Spandau und Köpenick entwickelte sich das burgenlose Berlin-Cölln in flächenmäßiger Großzügigkeit entlang von Wasserläufen und inmitten einer Sumpf- und Seenlandschaft. Berlin wurde erstmals am 26. Januar 1244 urkundlich erwähnt, als Stadt 1251.

Schon bald nach dem Sieg über die Slawen rief Albrecht der Bär flämische Siedler in die Mark. An deren Präsenz erinnert der Name einer hügeligen Landschaft bei Berlin: der Fläming. In den »Niederen Landen« waren die Flamen – nach verheerenden Sturmfluten im eigenen Land – längst erfahrene Fachleute im Deichbau und im Umgang mit Wassermassen. Sie legten sumpfige Flächen trocken, bauten Dämme, begradigten Uferzonen. Auch Verbindungskanäle und Schleusen wurden gebaut, benötigt für die städtisch wie überregional zunehmend an Bedeutung gewinnende Handels- und Binnenschifffahrt. Innerstädtisch gibt es etwa 195 Kilometer schiffbare Wasserstraßen und rund 2 100 Brücken, mehr als in Venedig!

Ein kurzer Blick auf die Landkarte verrät: auch in der näheren und weiteren Umgebung Berlins gibt es jede Menge Wasserwege und Seen zu entdecken. Natürlich blicken die zahlreichen Reedereien über den Berliner Tellerrand hinaus (→ Seite 135), bieten Sieben-Seen-Rundfahrten ab der Fährstation Wannsee oder Havel-Touren von der Greenwichpromenade am Tegeler See bis zur Inselstadt Werder – ein seit alters her beliebtes Ausflugsziel, auch wegen des feucht-fröhlichen Baumblütenfestes. Auch nach Woltersdorf oder rund um das gewaltige Inselgebiet des Köpenicker Stadtforstes mit den Müggelbergen bis nach Brandenburg fahren Berliner Ausflugsschiffe. Doch nicht nur als Passagier auf einem Dampfer, sondern auch ganz individuell lassen sich diese Wasserwelten erkunden. Während Freizeitkapitäne für Motorboote ab 5 PS (bis 3,68 kW) in Berlin den Bootsführerschein »Binnen« besitzen müssen (führerscheinfrei bis 15 PS geplant ab Mitte 2012), wird das auf Brandenburger Gewässern unterschiedlich gehandhabt.

Berlin liegt mitten im größten zusammenhängenden Wasserstraßensystem Europas. Ohne diese mehr oder weniger kanalisierte Infrastruktur hätte sich die Stadt im 18. und 19. Jahrhundert wohl kaum zu einer der mächtigsten Industriestädte entwickeln können – navigare necesse est. Zumindest war die Handelsschifffahrt in, von und nach Berlin eine industriegeschichtliche Notwendigkeit.

Fernab von Meeresküsten ist Berlin im eigentlichen Sinn keine Hafenstadt – dennoch weist die Stadt neben den Kaianlagen vom ausgedehnten »Westhafen« rund 20 mehr oder weniger genutzte Häfen und Hafenanlagen auf. Heute sind das zumeist Anlaufstellen von Ausflugs- und Freizeitschiffen.

Da sind beispielsweise der Kreuzberger Urbanhafen mit seinen Gastronomie-Schiffen (→ Seite 129), der von dichtem Baumbestand umgebene und fast versteckte Borsighafen für Transportschiffe am Tegeler See, die Solarbootanlagen in Steinwurfnähe vom Wasserschloss in Köpenick (→ Seite 80) und der Historische Hafen im linken Seitenarm der Spree (→ Seite 103/104).

Marina am Wannsee

Der Tempelhofer Hafen mit seinen markanten Speichern, Kränen und Kais und dem hoch aufragenden Ullsteinhaus, in den 1920er-Jahren als Verlags- und Druckhaus im Stil des Backstein-Expressionismus erbaut, hat ein völlig neues, einzigartiges Gesicht bekommen (→ Seite 112/113). Cafés und Restaurants säumen die Promenade, eine weitläufige Strandbar und eine schwimmende Kulturbühne, Einkaufszentren und neue Anlegestellen für Freizeitkapitäne beleben den Hafen am Tempelhofer Damm – wer nicht mit der U-Bahn vorfährt, kommt eben mit der Motorjacht oder dem Segelboot zum Shopping.

Mit dem Boot lassen sich natürlich noch ganz andere Orte in der Innenstadt erkunden. Mitten im Zentrum breitet sich Berlins größter Park aus: der Tiergarten, offiziell der »Große Tiergarten«, der oft als ehemaliger Zoo missverstanden wird. Hier ist Erholung garantiert. Das circa 210 Hektar große, bewaldete und von zumeist kristallklaren Wasserläufen und Seen (samt Inseln) durchzogene Areal entstand im 16. Jahrhundert als kurfürstliches Jagdrevier. Daher die Bezeichnung »Tiergarten«. 1742 unter Friedrich II. als Lustpark der Öffentlichkeit zugänglich gemacht, können hier nicht nur Hasen, Bisamratten, Habichte, Fische und Dachse »in freier Wildbahn« beobachtet

Hausbootkolonie in Charlottenburg

werden. In den lagunenartigen Gewässern tummeln sich bunte Mandarinenten und – man höre und staune – Rotwangenschildkröten, so im Uferbereich der Rousseauinsel. Mit »Geduld und Spucke«, wie der Berliner sagt, kann die Natur von der Wasserseite aus erlebt werden: Der Ruderbootverleih am Neuen See, gleich bei dem idyllischen und sehr beliebten Restaurant-, Bier- und Grillgarten »Café am Neuen See« macht's möglich › Lichtensteinallee 2, 10787 Berlin-Tiergarten, Montag bis Freitag ab 8 Uhr, am Wochenende ab 9 Uhr, Bootsverleih täglich 10–20.30 Uhr, Tel. 030/2544930, info@cafe-am-neuen-see.de, www.cafe-am-neuen-see.de ‹.

Man vergisst im Handumdrehen, das heißt mit jedem Ruderschlag, dass die laute und turbulente, hier aber unsichtbare City West eigentlich direkt vor dem Bug liegt. Umgekehrt kommen ahnungslose Berlin-Besucher (und auch manch ein Berliner) nicht auf die Idee, dass sich hinter dem dichten Baumbestand der breiten und dicht befahrenen Straße des 17. Juni ein Naturidyll wie auf dem Amazonas auftut – zumindest vom Frühling bis in den Spätherbst hinein. Hier, am grandiosen Charlottenburger Tor, weit unterhalb des Straßenniveaus, lassen sich auf einem ehemaligen, 33 Meter langen

TEGELER FLIESS

Das Tegeler Fließ zählt zu den schönsten Naturlandschaften von Berlin und ist die urwüchsigste. Die Auen schlängeln sich mäanderartig im Norden etwa 15 Kilometer vom Ortsteil Lübars bis zum Tegeler See. An einigen Stellen führen Naturlehrpfade auf Stegen quer durch Gehölze, Wald und vielseitigen Pflanzenbestand am Ufer entlang. Flusskrebse gibt es hier, Eisvögel und Fischotter. Tafeln informieren über diverse seltene Tierarten. Das gesamte Fließtal ist als schutzwürdig gemäß der Fauna-Flora-Habitat-Richtlinie der EU eingestuft (»FFH-Gebiet«). Darauf basieren auch geplante Renaturierungsmaßnahmen, das heißt weitere Auenflächen zu bepflanzen, geschwungene Verläufe wiederherzustellen und Lebensräume für unterschiedliche Tierarten zu schaffen.

Zugang:
Ortsteil Hermsdorf (Reinickendorf), Veltheimstraße, mit einem kleinen Boot auch über Tegeler See/Sechserbrücke

BADEN

Strandbad Lübars
Am Freibad 9, 13469 Berlin-Reinickendorf
Schöner Sandstrand am Ziegeleisee, sauberes Wasser (in unmittelbarer Nachbarschaft zum Hermsdorfer See und Tegeler Fließ).
Badesaison: täglich 8–20 Uhr. Privater Pächter, der unabhängig von den Regularien der senatseigenen Bäderbetriebe ist und daher in Eigenverantwortung ganzjährig das Bad (unter anderem für Events, besondere gastronomische Angebote im Strandrestaurant) nutzen kann.
Tel. 030/53 08 60 35
info@strandbad-luebars.de
www.strandbad-luebars.de

DAS LANGE LUCH

Dahlem/Bezirk Zehlendorf. Zugang am besten (auch bei Anfahrt mit dem Auto) von der Onkel-Tom-Straße an der unscheinbaren kleinen Straßenbrücke, nur einige Dutzend Meter nördlich des Holzhütten-Café-Restaurants »Rodelhütte«, das wegen der großkurvigen Rodelbahn so heißt.

Zementtransporterschiff Fischspezialitäten genießen › Restaurantschiff »Capt'n Schillow«, Straße des 17. Juni, 10787 Berlin-Charlottenburg, täglich 10–01 Uhr, Tel. 030/31 50 50 15, info@capt.schillow.de, www.capt.schillow.de ‹, lässt der Anblick einer kunterbunten Hausbootkolonie an Amsterdam denken und findet sich das jederzeit zugängliche, einzigartige Gaslaternen-Freilichtmuseum mit etwa 100 funktionierenden Kandelabern aus deutschen und elf anderen europäischen Städten › Straße des 17. Juni, 10787 Berlin-Charlottenburg, Tel. 030/90 25 41 24 ‹.

Ein ufernaher Gedenkstein erinnert an Rosa Luxemburg und Karl Liebknecht. Mitglieder eines deutsch-nationalen Freikorps hatten am 15. Januar 1919 die beiden Sozialisten nach schweren Misshandlungen erschossen. Ihre Leichname waren in den Landwehrkanal geworfen worden, der am Rand des Großen Tiergartens entlangfließt.

Wie sonst nur am Meer oder an großen Flüssen legen an einer Seebrücke der Havel in Spandau und an der ausgedehnten Greenwichpromenade (→ Seite 39–42) am Tegeler See Flusskreuzfahrtschiffe an (→ Seite 130/131); auf der Havel seit 1998 etwa 130 jährlich. Möglicherweise soll es an anderen Standorten sogar noch weitere Terminals geben.

Von den zahlreichen Berliner Marinas erreichen die Freizeitkapitäne nicht nur die großen brandenburgischen, mecklenburgischen oder norddeutschen Seenplatten, sondern auch die Ostsee, Nordsee und damit den Atlantik, wobei die »Handbreit Wasser unterm Kiel« kein exklusives Vergnügen ist. Gerade die Berliner Sommerwochenenden führen das vor Augen: Da herrscht auf den Gewässern eine mitunter drangvolle Enge von Segel- und Motorjachten, Wasserskiläufern, Jetski-Fahrern, Windsurfern, Schlauchbootkapitänen und zahllosen

Das amazonische Lange Luch in Dahlem

Ausflugsdampfern mit ihren Sonnenhungrigen auf den Decks. Kanuten und Paddler kommen auch auf ihre Kosten – in stillen Wasserläufen, deren Ufersäume auf den ersten Blick mit ihren Farnen und knorrigen Bäumen, den naturnahen Wassergrundstücken und Anlegestellen beinahe exotisch anmuten angesichts der nur wenige Autominuten entfernten pulsierenden Urbanität. Der Mündungsbereich vom Tegeler Fließ ist eines dieser verborgenen Paradiese (→ Seite 21).

Besonders eindrucksvoll für Wasserwanderer ist das ausgedehnte Wasserlauf-Geflecht von Neu-Venedig im Delta der östlichen Ausläufer vom Müggelsee (→ Seite 90) oder quer durch Klein-Venedig, wie die Anrainer der Tiefwerder-Wiesen ihre versteckte Wasserwelt im Bezirk Spandau bezeichnen (→ Seite 50).

Wer über ein sehr leichtes (!) Gummi-, Paddel- oder Faltboot verfügt, erlebt hier in den warmen Monaten ein so gar nicht vermutetes »grünes« Wunder: In der fast schon unwirklichen Stille, unterbrochen nur vom Froschquaken, geht es mit eingezogenem Kopf unter manch über die Ufer gestürzten Baumriesen hindurch, die giftgrüne, sumpfige Landschaft entlang. Als wäre man auf dem Amazonas! Der Wasserlauf wird hier und da von einem einige Meter höher gelegenen Waldweg flankiert, den ab und an Radfahrer und Hundehalter benutzen. Der unerwartete Ort des Geschehens: Im nur wenige Meter breiten, einem Bach ähnlichen Fenngraben fließt das zumeist kristallklare Wasser von der Krummen Lanke zum Grunewaldsee; das Naturschutzgebiet Langes Luch zur Seite. Ein Wermutstropfen für erkundigungsfreudige »See(h)leute«: Der direkte Zugang in den Grunewaldsee, unmittelbar am edel ausgestatteten und traditionsreichen Garten-Restaurant »Forsthaus Paulsborn« mit Blick auf den See (→ Seite 126), ist durch ein Wehr versperrt. Man muss also zurückpaddeln – und diesmal gegen die (sanfte) Strömung des Stroms.

Reif für die Inseln

Was auf dieser Grafik (→ Seite 26) aussieht wie eine elektromikroskopische Aufnahme, machen Kenner natürlich sofort als Berlin aus – durchzogen von Seen und Wasserläufen und kartografiert mit den Stadtgrenzen von 1920. Damals erhielt Berlin durch diverse Eingemeindungen seine seitdem gültige Stadtplankontur.

Mit ein paar Einschränkungen. Die lassen in ihrem Abschottungscharakter Assoziationen an insulares Dasein aufkommen, übrigens ein spezielles Berliner Phänomen!

Gemeint sind einige Gebietsaustausche, die in die Zeit fielen, als Berlin zwischen den alliierten Siegermächten des Zweiten Weltkriegs in vier Sektoren aufgeteilt war. West-Berlin – in der Zeit des Kalten Krieges eine Inselstadt der besonderen Art! Und das hatte mit Inseln im eigentlichen Sinne nichts zu tun, im übertragenen Sinn aber war der Westteil Berlins ein Eiland.

Polit-Eilande, Insulaner und Helikopterflüge

West-Berlin war eine geopolitische Insel. Dessen Einwohner begriffen sich seit der sowjetischen Blockade (24. Juni 1948 bis 12. Mai 1949) und besonders seit dem Beginn des Mauerbaus am 13. August 1961 als »Insulaner«. Sie errichteten den gleichnamigen, heute dicht bewaldeten Trümmerberg im (West-Berliner) Bezirk Schöneberg samt weitläufigem Insulaner-Sommerbad. Bis zur Öffnung der Grenze 1989 war die ummauerte Halbstadt endgültig vom Ostteil abgeriegelt, von und nach »Westdeutschland« erreichbar nur über oft schikanös kontrollierte »Transitwege«, das heißt der Autobahn und der Deutschen Reichsbahn der DDR, und durch drei – nur von den Airlines der drei Westalliierten – beflogene »Luftkorridore«. Die »Insulaner« lauschten über Jahrzehnte dem Polit-Kabarett von RIAS-Berlin (Rundfunk im amerikanischen Sektor) und dessen markigen Sprüchen und Songs, von denen zum Ausklang jeder Sendung stets jene Liedzeile nicht nur durch den West-Berliner Äther schallte: »… dass unsere Insel / wieder 'n schönes Festland wird / – ach wär' dis schöööön.«

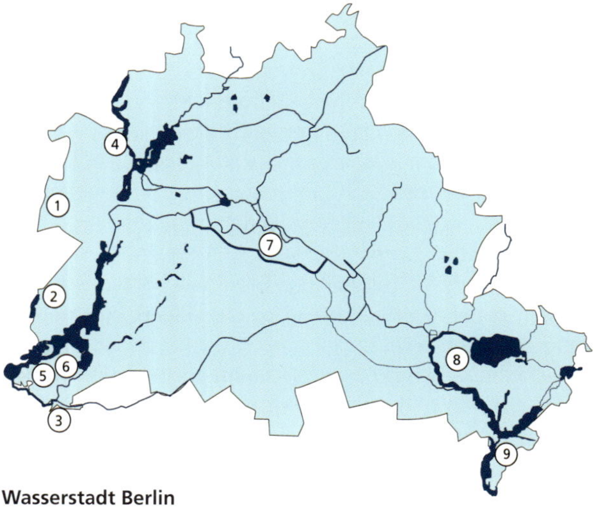

Wasserstadt Berlin

Allerdings: So wie die »Insel« West-Berlin vom Stadtplan, besser gesagt von der politischen Landkarte verschwunden ist, verschwanden auch andere merkwürdige Eilande.

So wurde zum Beispiel der Ortsteil West-Staaken des Bezirkes Spandau (seinerzeit West-Berlin) ganz im Westen der Stadt ① plötzlich dem »Osten«, also der DDR zugehörig. Genauer: Nach westlicher Lesart war West-Staaken eine am westlichsten Ende Berlins liegende Exklave des Ostsektors von Berlin, also verwaltungstechnisch eine fernab von der »Hauptstadt der DDR« gelegene Polit-Insel, während das restliche Staaken dem »Westen«, also West-Berlin, zugeschlagen blieb.

West-Staaken war gegen einen DDR-Landstrich westlich der Havel eingetauscht worden, damit auch die Briten in ihrem Sektor einen eigenen Flughafen mit der RAF (Royal Air Force) betreiben konnten. Die Briten hatten also den Flugplatz Gatow ②, so wie die Amerikaner »ihren« Zentralflughafen Berlin-Tempelhof, die Franzosen den Flugplatz Berlin-Tegel »Otto Lilienthal« und die Russen den Flugplatz Berlin-Schönefeld. Tempi passati. Der Flugplatz Gatow ist heute das mit sehr vielem Fluggerät ausgestattete Open-Air-Luftwaffenmuseum (nicht nur) der Bundeswehr. Der riesige und unter

Denkmalschutz stehende Flugplatz Tempelhof – die »Mutter aller Flughäfen« – wurde im Herbst 2009 entwidmet. Die Flugplätze Tegel und Schönefeld werden durch den im Juni 2012 in Betrieb genommenen und neu erbauten internationalen Berlin-Brandenburger Großflughafen BER »Willy Brandt« ersetzt. West-Staaken gehört seit der Wiedervereinigung wieder zu Staaken und damit zum Bezirk Spandau.

Insgesamt gab es zehn Exklaven jenseits der Mauer, die zu West-Berlin gehörten. Und einige, die zur DDR gehörten, aber auf West-Berliner Seite lagen. Die West-Exklaven befanden sich in der ursprünglichen Mark Brandenburg, gehörten aber verwaltungstechnisch zu Berlin und entstanden, als 1920 die Verwaltungseinheit »Groß-Berlin« gegründet worden war. Eiskeller war auch so ein Stück »Westen« im »Osten«, wiewohl geografisch westlich vom »Westen« gelegen. (Aber außerhalb war ja alles aus West-Berliner Sicht »Osten«, auch Richtung Norden und Süden.) Drei Familien lebten hier, eine Stromleitung wurde erst 1978 gelegt. Die Verbindung bestand nur über eine vier Meter breite und 800 Meter lange Straße. Innerhalb von Eiskeller gab es wiederum Enklaven, die zur DDR gehörten. Und der eigentümliche Name? Meteorologisch ist das der kälteste Berliner Flecken, mit Höhlen und Stollen, in denen auch schon Reis und Bier gelagert wurde.

Insel-Geschichte(n) eben! Eines dieser Kapitel wurde an dieser Stelle geschrieben:

Um das zwölf Hektar kleine, insulare Steinstücken ③ wogte das »Rote Meer« (west-sarkastisch für DDR/Sowjetunion). Das war die einzige dauerhaft bewohnte West-Berliner Exklave in der Sowjetischen Besatzungszone bzw. in der DDR – eine Insel vor der Insel! Die etwa 200 Steinstückener waren vom Rest der Welt abgeschnitten, lebten so abgeschottet wie Asterix und Obelix in ihrem gallischen Dorf am südwestlichen Zipfel Berlins, rundherum nochmals eingemauert, umgeben vom »Territorium der DDR«, wie die Machthaber in Ost-Berlin diesen Teil Deutschlands hölzern bezeichneten. Legendär waren die nur wenige Minuten andauernden täglichen Helikopterflüge der US Army, um die Verbindung zum nahen West-Berlin herzustellen – und prekärerweise auch, um DDR-Flüchtlinge auszufliegen, die es nach Steinstücken geschafft hatten. Das dauerte so lange, bis eine Vereinbarung über einen Gebietsaustausch dieses Problem regelte. Ein 2,4 Hektar großes Areal zwischen Steinstücken und dem Ortsteil Kohlhasenbrück im Bezirk Zehlendorf fiel an West-Berlin. Seit dem 30. August 1972 hatten diese eigentümlichen Insulaner eine direkte, nunmehr zu West-Berlin gehörende Korridorstraße, die auf beiden Seiten von Grenzmauern gesäumt war. Steinstücken hat(te), wie die anderen Berliner Exklaven auch, mehr als nur exotisches Kalter-Krieg-Inseltum aufzuweisen. Hier arbeitete in den 1920er-Jahren der Architekt Peter Behrens mit so berühmten Kollegen wie Le Corbusier, Mies van der Rohe und Walter Gropius. Eines der schönsten Berliner Landhäuser der 1920er-Jahre entwarf der bedeutende, vom Expressionismus beeinflusste Architekt Erich Mendelsohn (1887–1953). Hier wurden Teile des Ufa-Streifens »Die drei von der Tankstelle« mit Lilian Harvey und Heinz Rühmann gedreht (1930).

Regelrecht filmreif und inselpolitisch skurril ging es auch anderswo her: 1952 besetzten sowjetische Soldaten und DDR-Volkspolizisten die West-Berliner Exklaven Erlengrund, Fichtewiese und Papenberge sowie die mit dem feinsinnigen Namen »Bürgerablage« an der Oberhavel, eine seit alters her und bis heute beliebte feinsandige Badestelle ④. Sämtliche Einwohner wurden aufgefordert, ihre Häuser zu verlassen. Im Rahmen eines Gebietstausches wurden dann für die nun ummauerten Exklaven Erlengrund und Papenberge Eingangstore eingerichtet; Zugang erhielt nur, wer dort auch ein Grundstück hatte. Man meldete sich per Sprechanlage bei den DDR-Grenzposten. Die Bürgerablage wiederum war nach dem Mauerbau 1961 für alle West-Berliner frei zugänglich.

Mit zu den bizarrsten Politinseln zählen diese zwei:

Als die amerikanischen Truppen 1994 Berlin verlassen hatten, öffneten sich erstmals die Tore zu einer bis dato völlig abgeschirmten 80 Hektar großen militärischen Geisterstadt im (West-Berliner) Ortsteil Lichterfelde (»Parks Range«, Osdorfer Straße).

Hier hatten die US-Truppen den Häuserkampf für den Ernstfall geprobt, sogar in einer nachgebauten U-Bahn-Station. Zurückgeblieben ist eine zugewachsene Brache, die nun für Naturschützer ein wertvolles Biotop darstellt.

Und dann Klein-Glienicke! Das war zu DDR-Zeiten eine kleine, streng bewachte und – außer für seine Bewohner – nicht

West-Berliner Exklave Steinstücken 1989

zugängliche Ost-Exklave, die wie eine eingemauerte Landzunge in das West-Berliner Gebiet ragte ⑤. Nämlich in den Zehlendorfer Ortsteil Wannsee hinein, seinerseits eine »echte«, also von Wasser umspülte Insel (⑥, → Seite 56–68). Klein-Glienicke gehört(e) zu Potsdam und war mit der DDR nur über eine Brücke zwischen Glienicker Lake und dem Griebnitzsee verbunden. Unter rigoroser Bewachung lebten wenige hundert Einwohner wie unter einem Beobachtungsglas, denn von der Hanglage des Böttcherbergs in Wannsee hatte man über die Mauer hinweg einen guten Blick nach »drüben«, genau genommen nach »da unten«. Was insofern interessant war, als Klein-Glienicke mit zehn imposanten und originalgetreuen Alpen-Schweizerhäusern aufwarten konnte. Sie waren zwischen 1863 und 1887 entstanden; vier sind noch erhalten und detailgetreu restauriert. Mittlerweile sind Klein-Glienicke und seine wasserseitige Gastronomie auch wieder über den Landweg zu erreichen.

Selbiges galt für ein weiteres Eiland. Von Wasser kann nämlich weit und breit nicht die Rede sein: die »Rote Insel«. Diese lag inmitten des Bezirks Schöneberg und liegt durchaus noch heute im Bewusstsein (nicht nur) der Anrainer vor Anker. Die »Rote Insel« wirkt wegen der tiefen Schneisen, in denen S- und Fernbahngleise verlaufen, und wegen der breiten Trasse der Stadtautobahn wie abgeschnitten vom Rest des Bezirkes und ist fast nur über Straßenbrücken bzw. unter Bahnviadukten hindurch zu erreichen. Hier wurde Marlene Dietrich (1901–1992) in der (heutigen) Leberstraße 65 geboren und tobte als »Berliner Göre« mit ihren Spielkameraden durch die Hinterhöfe. Hier versteckte sich der Widerstandskämpfer Julius Leber, als Kohlenhändler getarnt, vor den Nazis. Hier waren die Mehrzahl der Bewohner Arbeiter und die Kommunisten so stark wie sonst nirgends in Berlin. Sie also prägten diese »Rote Insel«, wie sie durch sie geprägt wurden. Heute ist sie im gesellschaftlichen wie städteplanerischen Umbruch begriffen. Neben dem neuen Fern-, Regional- und S-Bahnhof »Südkreuz« aus Glas und Beton, dem zweitgrößten Bahnhof Berlins, steht dort der riesige, an die 80 Meter hohe Gasometer-Stahlkoloss (1910 errichtet, 1995 stillgelegt), einer der drei größten Gasspeicher Europas. Das Industriedenkmal (samt ARD-TV-Studio) wird zum zentralen Standort für Europas erstes CO_2-neutrales Stadtquartier umgebaut, mit Uni-Campus, Wohnungen und Büros. Hier arbeiten Wissenschaftler, Ingenieure, Strategen und Politiker an praktischen Lösungen für einen nachhaltigen Einsatz von Energie.

Noch ein anderes insulares Dasein ist verkehrstechnischer Natur. Es hat sich als eine ausschließlich Berliner Merkwürdigkeit über die Zeit gerettet, hat die DDR samt Spaltung der Stadt und ihre Wiedervereinigung überlebt und kann eigentlich nur unter der Rubrik »Gibt's nicht!« abgehakt werden. Gibt es aber doch! Was in anderen Ländern gang und gäbe ist, war bislang auf Deutschlands Straßen so gut wie verboten: der fahrplanmäßige Fernverkehr in Linienbussen. Demzufolge existieren auch keine Omnibus-Terminals. Grundlage ist das Personenbeförderungsgesetz von 1934, das die Bahn vor Konkurrenz schützen sollte. Bis in die Jetztzeit. Dabei pendeln tatsächlich eine Vielzahl täglich und regelmäßig verkehrender Fernbuslinien. Sie starten, enden und stranden auf einer einzigartigen Berliner Bus-Insel: am Charlottenburger Zentralen Omnibusbahnhof (ZOB), ein Relikt aus den Zeiten der deutschen Teilung. Denn das eingeschlossene West-Berlin sollte auch ohne die Deutsche Reichsbahn der DDR erreichbar sein. Deswegen wurde dieser einzigartige und bis heute geltende Buslinienverkehr zwischen der einstigen Inselstadt und dem westdeutschen »Festland« zugelassen

»Island in the sun« oder Reif für die Inseln

Berlins Insellagen sind bislang unter eher zeitpolitischen Aspekten angesteuert worden.

Um im Bild zu bleiben: Seit dem Fall der Mauer ist West-Berlin am »Festland« angedockt. Die Polit-Insulaner können sich seitdem ihrem eigentlichen inselaffinen Dasein hingeben. Nun heißt es: »Oh, island in the sun«, wie Harry Belafonte singt.

Schon die Gründungsstätte Berlins war von Wasser umgeben: Auf der heutigen Fischer- und Museumsinsel lag die Keimzelle der mittelalterlichen Doppelstadt Berlin-Cölln. Und so viele weitere »richtige« Inseln gibt es im Stadtgebiet!

Kreuzberg zum Beispiel. Ja, dieser facettenreiche innerstädtische Bezirk ist von Wasser umgeben – unter anderem zusammen mit Teilen von Schöneberg – und nur über etwa ein Dutzend Brücken über Spree bzw. Landwehrkanal zu erreichen ⑦. So auch die Mierendorff-Insel, wie die Anwohner selbst ihr Gebiet rund um den zentralen U-Bahnhof Mierendorffplatz zwischen Spree, Westhafen- und Charlottenburger Verbindungskanal bezeichnen. Hier passiert man zehn Straßen-, Eisen-, Fußgängerbrücken.

Oder Treptow-Köpenick ⑧ mit seinem Wasserschloss, umflossen von Müggelspree, der Dahme, vom ausufernden Großen Müggelsee, vom Langen und dem Seddinsee, vom Gosener Kanal und dem Dämeritzsee. Auch das von dichten Wäldern bestandene Schmöckwitz/Rauchfangwerder ⑨ mit seinen schnurgeraden, kilometerlangen Straßen ist eine Insel, wo die Wellen vom Krossin-, vom Zeuthener und vom Seddinsee an die Ufer schlagen und der Oder-Spree-Kanal das Schmöckwitzer Werder vom Berliner Stadtforst trennt.

INSELN

Im Stadtbereich lassen sich etwa drei Dutzend Fluss- und See-Inseln zählen, die einen Namen haben; die Inseln in Parks und Anlagen wie dem Tiergarten etc. nicht mitgerechnet. Ausgenommen sind auch vom Wasser umflossene Stadtteile wie Wannsee, die Altstadt Köpenick, Kreuzberg und Treptow/Schmöckwitz oder das annähernd quadratische Areal rund um den U-Bahnhof Mierendorffplatz in Charlottenburg mit seinen zehn Brückenschlägen oder Moabit mit Deutschlands größter Haftanstalt, eine Gefängnisinsel mit 15 Straßen- und Fußgängerbrücken sowie einigen Bahnviadukten.
Diese urbanen Eilande sind mal bewohnt, mal stehen sie unter Naturschutz, sind öffentlich zugänglich oder auch nicht und können sogar, wie Valentinswerder, in Privatbesitz sein:

- **In der Havel:** Eiswerder, Großer Wall, Kleiner Wall, Pionierinsel, Lindwerder, Imchen, Kälberwerder, Pfaueninsel, Schwanenwerder
- **In der Spree:** Baumgarteninsel, Bullenbruch, Kratzbruch, Liebesinsel, Insel Berlin (zu DDR-Zeiten: Insel der Jugend), Lohmühleninsel, Spreeinsel (Museumsinsel und Fischerinsel)
- **Im Tegeler See:** Hasselwerder, Lindenwerder, Scharfenberg, Reiswerder, Baumwerder, Valentinswerder, Maienwerder
- **In der Dahme:** Zeuthener Wall, Kleiner Rohrwall, Großer Rohrwall, Rohrwallinsel
- **Im Seddinsee:** Berg, Dommelwall, Nixenwall, Kleiner Seddinwall, Seddinwall, Weidenwall, Werderchen

Dann gibt es noch künstlich angelegte bzw. winzige Eilande, zum Beispiel im Tegeler See oder im Seddinsee, die unbekannt und/oder unbenannt sind. Ferner Schleuseninseln, beispielsweise die in Kreuzberg/Treptow zwischen Spree und Landwehrkanal mit ihren uferseitig teils auf Pfahlbauten errichteten Clubs und Restaurants, die Assoziationen an einen für Bangkok typischen Klong-Stadtkanal aufkommen lassen. Es gibt auch ausgedehnte Halbinseln, so Stralau mit

Lohmühleninsel mit Clubs auf Pfahlbauten

der entstehenden und teils fertigen »Wasserstadt« zwischen Rummelsburger Bucht und Spree, wo an Sommerwochenenden die nächtlichen Open-Air-Partys am Ufer die Anwohner nerven. Außerdem die Halbinseln Pichelsdorf und Pichelswerder, wo der architektonisch bemerkenswerte »Tauchturm Berlin« der DLRG am Ufer steht (sogar mit Übernachtungsplätzen): weltweit der einzige Tieftauchsimulator mit der höchsten Wassersäule und zugleich dem höchsten Betriebsdruck › www.berlin.dlrg.de/tauchturm ‹ sowie Schildhorn in der Havel (→ Seite 53/54). Man denke auch an die etwa zwölf Hektar große Halbinsel Reiherwerder im Tegeler See mit der ehrwürdigen Villa Borsig, heute ein Gästehaus, das zusammen mit benachbarten Gebäuden die »Akademie Auswärtiger Dienst« des Auswärtigen Amts bildet. Hier werden seit Anfang 2006 die Anwärter und Anwärterinnen des mittleren, gehobenen und höheren Auswärtigen Dienstes aus- und fortgebildet. Die Villa ist öffentlich allerdings nicht zugänglich. Dann gibt es noch die weitestgehend unbekannte halbinselähnliche Landzunge: Zwischen dem Berlin-Spandauer Schifffahrtskanal, der Kleinen Malche und dem Tegeler See/»Ecke« Havel führt der Halligweg bis zur Inselspitze. Hat man sie erreicht, ist man »Auf der Hallig«.

Fünf bekannte Berliner Inseln

1. **Museumsinsel:** Weltkulturerbe, unter anderem mit Pergamonaltar (Bezirk Mitte) – verkehrsberuhigt und allgemein zugänglich über Brücken
2. **Pfaueninsel:** romantisches, autofreies Ausflugsziel, reich an Historie (Bezirk Zehlendorf) – allgemein zugänglich mit der Fähre
3. **Schwanenwerder:** Wohnsitz etlicher Promis (Bezirk Zehlendorf) – allgemein zugänglich über eine Straßenbrücke, aber kein Zugang zum Wasser
4. **Scharfenberg:** Insel mit Internatsschule (Bezirk Reinickendorf) – nur an Tagen der Offenen Tür allgemein zugänglich, mit der Fähre erreichbar
5. **Insel Berlin:** Kultur-Treff in der Spree (Bezirk Treptow), ideal für ein Picknick, autofrei und allgemein zugänglich über eine Fußgängerbrücke

Berliner Inselhopping

Wo es Eilande gibt, kann auch das Inselhopping nicht ausbleiben. Die Schönen und die Reichen, die via Malediven auf die Bahamas fliegen, um gleich darauf zu den Kleinen Antillen zu reisen, gähnen meist nur noch gelangweilt, wenn es von der einen auf die nächste Insel geht. Mit Kälberwerder, Kratz- und Bullenbruch, Reiswerder oder Imchen können sie beim Jetset-Smalltalk auf Französisch-Polynesien natürlich nicht punkten. Sie wissen ja gar nicht, dass das ungewöhnlichste Inselhopping in Berlin zu finden ist. Das beginnt mit »Inselhopping light«, nämlich ganz einfach über eine Brücke oder an Bord einer Fähre.

Ort einer solchen Seefahrt kann zum Beispiel der Tegeler See sein. Hier nimmt man die Fähre, die von der Straße Im Saatwinkel zu erreichen ist. Allerdings ist es dort etwas schwierig, den Zugang zum (dazu noch von Gestrüpp und Zäunen umsäumten) etwa 1,50 Meter breiten, unbefestigten Pfad zu finden, um den Fußmarsch von nur 200 Metern zum Fährsteg zurückzulegen.

Am Ende der Wegstrecke aber tut sich der Horizont auf, zumindest fast, denn die Wasserflächen an den jenseitigen Ufern werden von dunklen Waldbeständen begrenzt. Die Fähre »Odin IV« befördert – wenn sie fährt, was bei Eisgang und mitunter bürokratischem Gegenwind nicht immer geschieht – die Passagiere hinüber zu den bewohnten, allgemein zugänglichen Inseln Maienwerder und Valentinswerder und setzt den Rundkurs fort, vorbei an der kleinen, baumbestandenen und unbewohnten Insel Großer Wall. Die ist etwas für Inselhopper mit Initiative – wer die Zeltlager und die damit verbundenen, unter der Verwaltung des Bezirks Friedrichshain-Kreuzberg stehenden jugendamtlichen Aktivitäten kennenlernen will. Weiter geht es in Richtung der Anlegestelle Havelspitze. Die »Wasserstadt Spandau« ist eines der ambitionierten Berliner Bauvorhaben »Wohnen am Wasser«. Abschließend geht's nach Tegelort und wieder zurück. Empfehlenswerter Landgang: Valentinswerder; mit rund 13 Hektar die zweitgrößte Insel im bis zu 16 Meter tiefen, zumeist sehr sauberen Tegeler See. Seit 1874 ist sie in Privatbesitz, wurde seinerzeit von Paul Haberkorn, dem Urgroßvater des jetzigen Besitzers, erworben. Der hat einen Inselverwalter eingesetzt, mit dem sich die

Insel Hasselwerder im Tegeler See

FÄHRE Saatwinkel–Tegelort

Personenfähre mit den Haltestellen Tegelort, Valentinswerder, Maienwerder, Saatwinkel und Spandau-Hakenfelde/Havelspitze. BVG-Fahrkarten sind bei der privat betriebenen Fähre nicht gültig. Fährbetrieb: Bis zu einer wasserbürokratischen Neuregelung nur an Wochenenden stündlich zwischen 9 und 20 Uhr.

zumeist in dschungelähnlicher Vegetation verlustierenden (und zum Teil ansässigen) Inselbewohner über ihr sehr individuelles insulares Geschehen abstimmen. Etliche Landhäuser in verkleinertem Maßstab sind ihren imposanten Vorbildern nachempfunden (auch das Gebäude des Segelclubs), als um 1900 allenthalben in Berlin prächtige Villenkolonien entstanden. Teile der Uferbereiche werden von einem kniehohen elektrischen Zaun gesäumt. Und das nicht wegen der Krokodile, die ganz gut in dieses amazonasähnliche Biotop passen würden, sondern als Schutz vor den vom Festland herüberschwimmenden Wildschweinrotten, die sich sonst einer sehr intensiven »Gartenarbeit« annehmen würden.

Im Tegeler See gibt es auch die 70 Hektar umfassende Insel Reiswerder (→ Info-Kasten rechts). Die ist mit ihren Bibern und Graureihern als »Landschaftsschutzgebiet Inseln im Tegeler See« klassifiziert, weshalb die vom Wasser aus im Dickicht kaum auszumachenden knapp 100 Häuser statt auf einem Fundament zumeist auf Hohlblocksteinen stehen. Da es, außer im Restaurant, kein fließendes Leitungswasser gibt, versorgen sich die Insulaner aus fünf über das Eiland verteilten Brunnen.

Den Badestrand gab es schon, als das Freibaden im prüden kaiserlichen Preußen noch verboten war. Darüber setzten sich die organisierten Naturfreunde hinweg, woran der weiterhin aktive »Verein der Naturfreunde von Baumwerder Reiswerder e.V. 1914« in seiner Namensgebung erinnert.

Die benachbarte Insel Baumwerder, die ebenfalls zum »Landschaftsschutzgebiet Inseln im Tegeler See« gehört, dient seit 1943 ausschließlich der städtischen Wasserversorgung. Sie ist seitdem unbewohnt und darf auch nicht betreten werden. Kurios: Die letzten Inselbewohner Baumwerders hatten bei ihrer Übersiedlung nach Reiswerder etwas Einmaliges im Gepäck: das hölzerne Inselrathaus. Das hatten sie zerlegt und auf Reiswerder wieder aufgebaut. Hier steht es noch heute in wieder frischem Glanz. Unter dem kleinen Giebel und dem Uhrentürmchen prangt in großen Lettern »RATHAUS« und es rühmt sich, das kleinste Rathaus der Welt zu sein! Auf Reiswerder gibt es noch eine weitere Besonderheit: eine dem

INSEL REISWERDER

Anfahrt

Bernauer Straße in Tegel bis in den Wald. Nahe der Bushaltestelle Weg nach Reiswerder. Kein Zugang für Autos. Nach circa 100 Metern: Fähre zur Insel.

Mit der BVG: Bus 133 Haltestelle Weg nach Reiswerder (Bernauer Straße). Nächste U-Bahnstationen, an denen der Bus 133 hält: Bahnhöfe Haselhorst (U7) und Holzhauser Straße (U6).

Fährzeiten

Saison: 1. April bis 15. Oktober

Montag bis Donnerstag

7:30 Uhr
8–15 Uhr alle 60 Minuten
15 Uhr bis Sonnenuntergang alle 30 Minuten

Freitag

7:30 Uhr
8–14 Uhr alle 60 Minuten
14 Uhr bis Sonnenuntergang alle 30 Minuten

Sonnabend und Sonntag

8–12 Uhr alle 30 Minuten
13 Uhr bis Sonnenuntergang alle 30 Minuten

Restaurant »Inselbaude«

Tel. 0172/3055680
geöffnet Dienstag bis Sonntag (1. April bis 15. Oktober)

bekannten Laubenpiepertum rigoros entgegengesetzte Regelung. Hier darf nichts rechtwinklig gestutzt, beschnitten oder künstlich »geschönt« werden – alles muss urwüchsig sein und bleiben. Man sieht's der fast zivilisationsfern anmutenden Insel auf Anhieb an; Trinkwasser pumpt man aus fünf regelmäßig kontrollierten Grundwasserbrunnen, Strom aus einem Unterwasserkabel gibt's vom Festland nur für eine Art Wirtschaftsgebäude – und für das Kneipen-Restaurant. Dafür sind allerdings erstaunlich viele Fotovoltaikanlagen auf den Dächern der Holzhäuser installiert, der Fährbetrieb läuft zuverlässig mal zur halben, mal zur vollen Stunde (Hunde schippern kostenlos mit), nur einen Fahrplan sucht man sowohl am Festlands- wie am Inselanleger leider vergebens.

Robinsonaden auf anderen Inseln im Tegeler See fordern seemännisches Geschick (Lage 52°35′6″ N, 13°15′56″ O). Das heißt: Sie sind nur mit dem Boot zu erreichen, zum Beispiel mit Tretbooten, die an der »Sechserbrücke« (→ Seite 43) gemietet werden können. Mit denen ist die dicht bewaldete Insel Hasselwerder gut zu erreichen. Sie gehörte ab 1755 dem Gut Tegel, das die Familie von Humboldt 1766 samt Insel und dem idyllischen Schloss Tegel (auf dem Festland) erwarb. Deren Nachfahren sind noch heute Eigentümer. Nach 1950 verpachtete ein Verwalter an Sommergäste Lauben, von denen noch einige erhalten sind. Ein Bootsanleger befindet sich an der Nordostseite der Insel.

Ebenfalls im Besitz der Familie von Humboldt befanden sich 1777–1867, damit fast ein Jahrhundert, die Insel Baumwerder (→ Seite 36/37) und die Insel Scharfenberg. Der neue Eigentümer Carl August Bolle, ein Botaniker, wollte auf Scharfenberg eigenwillige botanische Experimente durchführen, was aber nur begrenzt gelang. Er ließ eine Villa bauen und legte einen dendrologischen Garten an. Die Erben Bolles verkauften schließlich die Inseln Scharfenberg (benannt nach einem Hügel auf der Insel) und Baumwerder 1909 an die Stadt Berlin, die sie von den Wasserwerken zur Trinkwassergewinnung nutzen ließ. Wenige Jahre später begann die »Erfolgsstory« der Insel, die bis heute anhält. 1922 gründete der Reformpädagoge und Studienrat Wilhelm Blume (1884–1970) eine Schule, die seitdem als Ganztagsgymnasium mit angeschlossenem Internat funktioniert – »Schulfarm Scharfenberg« nennt sie

INSEL HASSELWERDER

Anfahrt mit der BVG:
U-Bahnhof Alt-Tegel (U6)
Fußweg zur Greenwichpromenade, von dort zum Bootsverleih Mühl an der Sechserbrücke (→ Seite 123)

der Volksmund. Welche Großstadt kann sich schon rühmen, ein städtisches Gymnasium auf einer eigenen, etwa 20 Hektar großen Insel zu beherbergen, auf der man reiten, schwimmen, Ruderboot fahren, Pflanzenanbau und eine eigene Schweinezucht betreiben kann! Die etwa 480 Schüler sind seit jeher Mitgestalter der Inselordnung. Auch die Nationalsozialisten konnten die Schulinsulaner mit ihrer Ideologie nicht ködern, im Gegenteil: viele der Absolventen waren Widerständler.

Hier ist Inselhopping ein Leichtes: Es verkehrt eine (Auto-) Fähre – aber nur für die Schüler, die Lehrer und das Inselpersonal! Andere Besucher sind auf den einmal jährlich stattfindenden Tag der Offenen Tür angewiesen. Oder schwimmen heimlich hinüber vom weitläufigen und feinsandigen Strandbad Tegel, das der »Schulinsel« etwas diagonal versetzt am Westufer gegenüberliegt.

Schwimmend oder mit dem Boot gelangt man vom Strandbad Tegel auch zum gegenüberliegenden urwüchsigen und unbewohnten Lindwerder (eine Namensschwester der schmucken Havelinsel), nur 143 Meter lang und 85 Meter breit. Nichts erinnert hier mehr an einen Raketenstartplatz. Aber indirekt an Wernher (Magnus Maximilian Freiherr) von Braun (1912–1977). Nach Plänen des bis heute umstrittenen (Militär-) Raketeningenieurs waren hier 1933 drei Versuchsprojektile in die Höhe geschossen worden, deren Start ihrer Größe wegen nicht vom eigentlichen Raketenflugplatz Berlin erfolgen durfte. Sie erreichten eine Flughöhe von etwa 500 Metern – und stürzten dann in den Tegeler See.

Vor, während oder nach dem einen oder anderen Inselausflug ist Schlendern angesagt. Entlang einer ungewöhnlichen Flaniermeile. Sie ist sogar einzigartig für eine mitteleuropäische Großstadt fernab jeglicher Meeresgestade. Die ausgedehnte, von hohen Bäumen gesäumte, autofreie Greenwichpromenade entlang dem nordöstlichen Ufer des Tegeler Sees, mit Cafés, Eisbuden und einem allenthalben geschätzten Fisch-Lokal › Fisherman's Restaurant, Greenwichpromenade/Ecke

BADEN

Strandbad Tegeler See

Das Freibad (auch Strandbad Tegelsee oder Strandbad Tegel, als Sommerbad 1932 eröffnet) ist eine öffentliche Badeanstalt am Westufer mit einem etwa 500 Meter langen fein- und weißsandigen Strand, umgeben von Rasenflächen und den Kiefernwäldern des Tegeler Forstes. Mit schönem FKK-Abschnitt, mit Rutschen, einer Bade-Insel, einem Sprungturm, Beachvolleyballplatz, Tischtennisplatten, Kinderspielplatz, mit Strandkörben (gegen Gebühr), Zeltplatz, Duschen (nur kaltes Wasser), Toiletten, Imbiss und Restaurant. Wasserqualität: Das Freibad erfüllt die Badegewässerrichtlinie der EU, gute Sichttiefen, regelmäßige Analysen durch das Landesamt für Gesundheit und Soziales (www.berlin.de/badegewaesser).
Der Besuch des Freibades kostet Eintritt. Allerdings gibt es rund um den Tegeler See eine Reihe weiterer Badestellen mit kleineren Sandstränden, die kostenfrei zugänglich sind, zum Beispiel südlich des Freibades an der DLRG-Wasserrettungsstation. Geöffnet: witterungsbedingt, etwa Mitte Mai bis Mitte September.
Schwarzer Weg 21, 13505 Berlin-Reinickendorf
Tel. 030/4 34 10 78 und 0180/3 10 20 20
(Hotline Berliner Bäder-Betriebe)

Anfahrt:
S-Bahn: S25 bis Tegel; U-Bahn: U6 bis Alt-Tegel, von hier Bus 222 bis Falkenplatz bzw. Bus 133 bis Konradshöher Straße/Heiligenseestraße, von dort jeweils circa 15 Minuten zu Fuß durch den Wald. Mit dem Fahrrad ist das Bad gut zu erreichen. Während der Saison evtl. Bus-Shuttle U-Bahnhof Alt-Tegel/Strandbad. Ein PKW-Parkplatz ist vorhanden, in der Hochsaison aber oft überfüllt.

Greenwichpromenade mit Kreuzfahrtschiff

Eisenhammerweg 20, Tel. 030/43 74 64 70, www. Fishermans-berlin.de ‹ ist nach dem Londoner Partnerbezirk von Reinickendorf benannt. Eine rote, typisch britische Telefonzelle in Ufernähe steht als Symbol dieser Verbindung; auf einem in den See ragenden Plateau am südlichen Ende der Promenade schützen zwei Kanonen, ein Geschenk aus Greenwich, die Flaneure vor Piratenangriffen.

An zahlreichen Landungsstegen warten an der Greenwichpromenade die Fahrgastschiffe der vielen Schiffsreedereien inmitten unzähliger Schwäne und Enten auf Gäste, die oft regelrecht marktschreierisch angelockt werden. Die Routen führen mehrstündig bis ganztägig über den Tegeler See zur Havel nach Süden in Richtung Wannsee, Potsdam und Brandenburg; auch stadteinwärts oder in Richtung Heiligensee und über den Niederneuendorfer See hinaus in die nördliche Peripherie. Neuerdings gibt es auch einen Kreuzfahrtterminal. An dieser separaten langen Anlegestelle machen die (Luxus-) Liner der internationalen Flusskreuzfahrt-Reedereien fest. Ihre Touren führen die Havel, Elbe, Moldau und Oder entlang, zum Beispiel Richtung Dresden, Prag und Wien nach Budapest, an die deutsche Ost- und Nordseeküste, nach Hamburg oder Polen (→ Seite 130/131).

Nicht weit von hier, an der östlichen Seeseite und von dichter Vegetation beinahe verborgen, gelangt man zum Borsighafen, dem Umschlagplatz der ehemaligen – und legendären – Borsigwerke, deren imponierend expressionistischer Turm (1922) erhalten geblieben ist. In dieser weitläufigen Industriearchitektur hat das 21. Jahrhundert Einzug gehalten. Der schlanke Borsigbogen mit seinen Mosaiken spannt sich oberhalb einer breiten Freitreppe, die die Greenwichpromenade entlang an den See führt. Schon der übliche Landgang zur Greenwichpromenade hin ist für Uneingeweihte ein verblüffendes Erlebnis. Vom U-Bahnhof Alt-Tegel aus geht es in Richtung See durch eine von alten Bäumen dicht gesäumte Fußgängerzone, vorbei an zahlreichen Cafés, Restaurants und Bistros, deren Terrassen mit Gartenmöbeln und Sonnenschirmen zum Verweilen einladen. Eine Atmosphäre wie in einem Ferienort! Bis hin zu den architektonisch eigenwilligen »Tegeler Seeterrassen«, einem sich vertikal verjüngenden gastronomischen Vielzweck-Gebäude, dessen spitzwinklige Sonnenterrassen wie Schiffsbuge in den Tegeler See ragen. Im nördlichen Bereich der Greenwichpromenade schaukeln die Tret- und andere Boote eines Bootsverleihs, überlebt seit eh und je eine Minigolfanlage und führen Stufen hinauf zur knallroten Tegeler Hafenbrücke, allgemein nur als »Sechserbrücke« bekannt (so auch früher die Jannowitzbrücke in der Innenstadt über die Spree).

Sie überspannt die Zufahrt zum Tegeler Hafen und den Mündungsbereich vom Tegeler Fließ (→ Seite 21). Von der Sechserbrücke aus schaut man in ein Wasserwegeparadies: Häuser und Gärten sind nur vom Wasser aus zu erreichen – demzufolge haben alle Grundstücke eine Bootsanlegestelle. Die »Wasserstraßen« sind von Bäumen zugewachsen und als einzigartiger Lebensraum für Pflanzen und Tiere eine der schönsten Naturlandschaften Berlins.

Unter anderem weist der einem Stichkanal ähnelnde Tegeler Hafen (seit 1970 nur noch für Sportboote) drei Besonderheiten auf:

- Die postmodern-tempelartige Humboldt-Bibliothek (Stadtbibliothek Reinickendorf) bildet einen unübersehbaren, optisch krönenden Abschluss, weswegen der Hafen umgangssprachlich auch Humboldthafen genannt wird. Das berühmte Brüderpaar Wilhelm und Alexander von

SECHSERBRÜCKE

Als es noch Reichsmark und Pfennige gab, hieß die 5-Pfennig-Münze im Berliner Sprachgebrauch »Sechser«. Eben diesen Sechser mussten Fußgänger berappen, wenn sie die 91 Meter lange Bogenbrücke am Tegeler See passieren wollten. Auf diese Idee war ein Fischer gekommen, der als Fährmann um 1900 des boomenden Ausflugsverkehrs nicht mehr Herr wurde und zunächst einen Holzsteg baute – schon für die Überfahrt hatte er sich den Sechser als Wegezoll zahlen lassen. Die heutige massive Sechserbrücke mit ihren zwei steinernen Kassenhäuschen entstand 1909; seit 1922 kann man sie kostenfrei überqueren.

Sechserbrücken-Fest
Sport, Musik, Kunst, Spiel und Spaß
Termin: im Juli. Info: www.tegelonline.info

Humboldt war eng mit dem Ortsteil Tegel verbunden und liegt auch im Schlosspark begraben.

- Anlässlich der Internationalen Bauausstellung (1987) wurde ab 1985 eine Insel mit drei Brücken zum Festland künstlich aufgeschüttet. Entgegen den seinerzeit entstandenen architektonisch abwechslungsreichen Häusern mit Wohnungen in begehrter Wasserlage längs des Tegeler Hafens haben etliche gescheiterte Bauvorhaben und Investorenwechsel das Eiland in einen Dornröschenschlaf versetzt. Der jetzige Eigentümer hält sich bedeckt, ob und wie er die mittlerweile vegetationsreiche Insel wach küssen will.
- Eine neuzeitliche voluminöse »Holländische Zugbrücke« spannt sich versteckt zwischen wiederbelebten alten Zweckbauten, deren industriearchitektonische Charakteristika gekonnt rekonstruiert wurden – am besten vom Boot aus sichtbar, zum Beispiel mit einem Tretboot vom Bootsverleih Mühl an der Sechserbrücke (→ Seite 123).

Wie wär's mit »Havel-Inselhopping«? Die breite Havel (insgesamt 343 Kilometer lang) umströmt im Stadtgebiet diverse kleinere und große Inseln. Berlins »Rio Grande« fließt viele

Eiswerderbrücke über der vereisten Havel

Kilometer durch das westliche Berlin von Nord nach Süd, trennt gewissermaßen den Bezirk Spandau vom »übrigen Berlin«, weshalb sich etliche Spandauer vor allem als solche und weniger als Berliner begreifen. Fast in der Mitte quert die Heerstraße (Bundesstraße 2 und 5) über zwei Brücken hinweg die hier ausfransende Havel (Tiefwerder Wiesen, Stößensee, Pichelssee). Hier erstreckt sich nordwärts in Richtung Spandauer Süd- und Unterhafen eine eigentümliche Wasserlandschaft, die wohl auch den meisten Städtern kaum bekannt sein dürfte – Tiefwerder (→ Seite 50).

Vier Straßen- und eine Eisenbahnbrücke weiter nördlich der Heerstraße weitet sich die Havel zum Spandauer See. In dessen Mitte liegt die Insel Eiswerder. Sie war wegen ihrer Abgeschiedenheit im ausgehenden 19. Jahrhundert ein Standort für Rüstungsfabriken, galt als »Waffenschmiede des Deutschen Reiches« und war durch eine eigens errichtete Eisenbahnbrücke mit dem Bahnhof Spandau verbunden. Den ehemaligen Lokschuppen und die Wartungsgrube gibt es noch. Nach 1945 wurden die verbliebenen Hallen und Flächen unter anderem als Lagerungs- und Umschlagplatz für Getreide, als Tanklager und Standort der CCC-Filmstudios von Arthur Brauner genutzt. Hier wurden die legendären Edgar-Wallace-Filme gedreht. Bis 1990 waren sie auch Depots für die sogenannten Senatsreserven und zuletzt TV-Studios. Heute gilt Eiswerder als Geheimtipp für zukunftsweisenden Büro- und Wohnungsbau (zum Beispiel der Umbau der ehemaligen Pulverfabriken) und wurde in die Planung der auf dem Festland gegenüberliegenden »Wasserstadt Spandau« aufgenommen. Außerdem ist sie Standort verschiedener Bootsclubs. Auf dem zur Hälfte bewaldeten Eiland gibt es Restaurants, Diskotheken oder Clubs

INSEL EISWERDER

Zwei Straßenbrücken führen über den Spandauer See (Havel) auf die Insel Eiswerder: am Ostufer die Kleine – und am Westufer die Große Eiswerderbrücke; die unbewohnte, kleine Pionierinsel ist nordöstlich vorgelagert.

Restaurant Stilbruch

Ein altes Fachwerkhaus (ein ehemaliges Bahnwärterhäuschen) ist Heimstatt vom Restaurant Stilbruch, in dem man von jedem Fenster aus einen herrlichen Blick aufs Wasser genießen kann.
Eigener Bootsanleger und Sommerterrasse.
Eiswerderstraße 22, 13585 Berlin-Spandau
Tel. 030/33 50 55 80
Fax 030/33 50 55 81
stilbruch-restaurant@t-online.de
www.stilbruch-restaurant.de
Täglich ab 12 Uhr geöffnet

Galerie Inselspinnen

Eine Gruppe von Künstlern hat seit 2001 eine alte Bootshalle angemietet und einen Ort mit außergewöhnlichem Ambiente geschaffen, an dem Kunst produziert und präsentiert wird.
Eiswerderstraße 15, Kunsthalle 12, 13585 Berlin-Spandau
inselspinnen@gmx.de
www.inselspinnen.de

ZITADELLE SPANDAU

Eine gewaltige italienische Festungsarchitektur im Wasser (1559/60–1594); die italienischen Festungsbaumeister waren Francesco Chiaramella de Gandino und Rocco Guerrini Conte di Linari/Rochus Graf zu Lynar. Vier Bastionen, deren Anordnung keine toten Winkel zuließ, in denen sich Angreifer hätten verstecken können. Der überaus geschichtsträchtige Bau ist einen Besuch wert. Bemerkenswert sind nicht nur die Italienischen Höfe und der Palas, das gewaltige Torhaus gleich am Eingang und der wuchtige Juliusturm mit seinen 3,60 Meter dicken Mauern, hinter denen nach 1871 der »Reichskriegsschatz«, das heißt die französischen Reparationszahlungen nach dem Deutsch-Französischen Krieg gehortet wurden. Heute besticht der Turm durch seine Aussichtsterrasse. Die Zitadelle Spandau ist längst ein spektakulärer und sehr beliebter Multifunktionsort geworden, unter anderem mit einer rustikalen Schänke im gewaltigen Tonnengewölbe, einem Biergarten, Kasemattenführungen in öffentlich unzugänglichen Bereichen, einer Lagerstätte für die vielen Statuen der einstigen Siegesallee im Tiergarten, ist Fledermausquartier (mit Schauraum) und ein äußerst stil- und stimmungsvoller Veranstaltungsort: von Burgfesten über (Rock-)Konzerte bis zu mittelalterlichen Gaukler- und Ritterspielen.

Zitadelle Spandau

Am Juliusturm 64, 13599 Berlin-Spandau
Tel. 030/3 54 94 40
info@zitadelle-spandau.de
info@zitadelle-berlin.de
www.zitadelle-spandau.de
Montag bis Sonntag 10–17 Uhr ganzjährig (auch Feiertage)
U-Bahn: U7 Zitadelle bzw. Altstadt Spandau
Bus: X33 bis U-Bahnhof Zitadelle

Zitadellenschänke

Lüster, Rüstungen, Hellebarden, »mittelalterliche« Menüs.
Dienstag bis Freitag 16–24 Uhr, Sonnabend und Sonntag 10–24 Uhr

Reservierungshotline (speziell für Kleingruppen unter fünf Personen): Tel. 030/3 34 21 06
www.zitadellenschaenke.de

Café
Sonntag bis Freitag 11–17 Uhr

Kasemattenführungen
Ganzjährig auf Anfrage (auch fremdsprachige)
Tel. 030/3 34 62 70 (Dienstag und Donnerstag 10–14 Uhr)
Tel. 030/3 33 93 88 (Montag und Sonnabend 10–17 Uhr)
hkv-spandau@online.de

ESSEN UND TRINKEN

Raymons Bar & Restaurant
Zwar nicht im Inselreich von Eiswerder und der Zitadelle Spandau gelegen, dafür aber von diesem Teil der Wasserstadt Spandau aus mit einem umso grandioseren Blick auf beide. Das Restaurant (mediterrane Atmosphäre) und die große Terrasse liegen direkt an der Havel am Spandauer See in einem detailreich restaurierten fünfstöckigen Klinkerbau im Stil der Industriearchitektur des 19./20. Jahrhunderts. Barrierefrei.
Frieda-Arnheim-Promenade 7, 13585 Berlin-Spandau
Ganzjährig geöffnet
Montag bis Sonnabend 12–24 Uhr, Sonntag 9.30–24 Uhr
Terrasse: Montag bis Sonnabend 12–22 Uhr
Privater Dining Room: Montag bis Sonnabend ab 12 Uhr, Sonntag ab 9.30 Uhr
Tel. 030/54 84 27 43
info@raymons.de
www.raymons.de

Anfahrt:
S- und U-Bahn Rathaus Spandau (S9, S75, U7, auch ICE, Regionalverkehr), von hier Bus 136, 236 bis Klosterstraße
Kostenloser Bootsanleger

und Ortskundige paddeln hinüber zur einsam verwunschenen Pionierinsel.

In Sichtweite der Insel Eiswerder krümmt sich eine Art Atoll vor der Altstadt Spandau, landeinwärts dreiseitig geschlossen und nur zum Spandauer See hin geöffnet. Er birgt eine Insel, die eigentlich keine und doch wieder eine ist. Ab jetzt ist Inselhopping der besonderen Art angesagt! Denn dieses markante, allenthalben symmetrisch-spitzwinklige Eiland ist von Menschenhand geschaffen. Vor etwas mehr als einem halben Jahrtausend: die wuchtige, in die Havelfluten und in italienischer Festungsmanier gebaute »Zitadelle Spandau«, deren Baumeister auch Italiener waren. Sie ist eine der bedeutendsten und besterhaltenen Festungsanlagen der Hochrenaissance in Europa, neben der Pfaueninsel und der innerstädtischen Museumsinsel ein insulares Highlight besonderer Güte – entstanden an der Stelle, an der sich zuvor eine slawische Wehranlage befunden hatte. Die christlichen Askanier errichteten nach ihrem Sieg von 1157 über die »heidnischen« Slawen dieses burgartige Bollwerk. Die Mark Brandenburg hatte sich aus einst slawischen Gebietsherrschaften zu einem der Fürstentümer herausgebildet.

Nach wie vor scheint die Zitadelle den historischen Kern von Spandau abzuschirmen. Streng genommen ist auch die Spandauer Altstadt eine Insel, erreichbar über neun Brückenschläge. Einerseits vom breiten, autofreien Havelufer begrenzt, wird das oft verkehrsberuhigte Straßengeflecht mit zahlreichen historischen Gebäuden und Open-Air-Gastronomie andererseits kreisförmig vom Mühlengraben umflossen und durch eine große Schleuse von der Zitadelle Spandau abgeriegelt (→ Seite 46/47). Kaum ein Ortsfremder verirrt sich in die von der Altstadt wie abgeschnitten wirkende kleine Inselnase namens Kolk (auch als Behnitz geläufig) – das älteste Siedlungsgebiet Spandaus mit seinen romantischen Gässchen, windschiefen Fachwerkhäusern und Stadtmauerresten aus dem 14. Jahrhundert. Daher beinahe ein Geheimtipp. Ein jährlich stattfindendes Hafenfest mit allerlei Wasserspektakel und Feuerwerk gibt es auch › Info: www.altstadt-spandau.de/main.html ‹.

Die Zitadelle und Altstadt Spandau im Rücken geht es weiter die Havel entlang und vorbei an den Tiefwerder Wiesen (→ Seite 50).

SPANDAU/KOLK

Essen und Trinken

Die inselartige Altstadt Spandau ist kompakt; Cafés, Restaurants und Imbiss gibt es an fast jeder Ecke.
www.kolk.im-netz.de/
Im historischen Kolk (einst eine Art Fischfang-Dörfchen) zwei sehr unterschiedliche Empfehlungen:

Restaurant Kolk

Das Gebäude wurde 1873 als Spandauer Feuerwache erbaut. Das Ambiente: elegante Rustikalität unter renoviertem Dachgebälk. Da Schlesier, Ostpreußen und Hugenotten seit dem 18. Jahrhundert auch Berlin kulinarisch prägten, hat sich der Küchenchef vorwiegend auf deren traditionelle Rezepte spezialisiert.
Hoher Steinweg 7 (Kolk), 13597 Berlin-Spandau
Tel. 030/3 33 88 79
kolk-richter@t-online.de

Alte Kolkschänke

Eine um 1750 erbaute Gaststätte. Unter rissigen, durchgebogenen Fachwerkbalken verbreitet das traditionell in Familienhand befindliche Etablissement schummrig-gemütliche Kneipenatmosphäre bei herzhaftem Imbiss.
Kolk 3, 13597 Berlin-Spandau
Tel. 030/3 33 37 62

Von der Heerstraße mit Blick gen Süden passiert man am Havelufer zunächst etliche Marinas und trifft auch auf das wunderbar gelegene Restaurantschiff »Alte Liebe«. Die unverbauten, stadteinwärts gewandten Ufer sind mit ihren feinsandigen Picknick- und Badebuchten nur von den hügeligen Ausläufern des riesigen Grunewaldes samt seinem gleichnamigen backsteinroten Aussichtsturm (eigentlich Kaiser-Wilhelm-Gedächtnisturm, 1899) gesäumt (→ Seite 51).

Die kilometerlange Havelchaussee windet sich an den Ufern hinauf und hinab. Hier ist Berlin überhaupt nicht plan und eben. Teils direkt am Wasser, teils in panoramahafter Hanglage

TIEFWERDER WIESEN

Wasserbüffel und Klein-Venedig

Das Feuchtbiotop Tiefwerder zwischen dem Faulen See, dem Jürgengraben und anderen Wasserläufen (sogenannte Havel-Altarme) ist wohl fast nur den Venezianern geläufig. Ja, auch Venezianer gibt es in Berlin! Die Anrainer mit Wasserlage haben ihre Boote nämlich vor der Haustür, das heißt in »Klein-Venedig« liegen, eingebettet in das Landschaftsschutzgebiet »Tiefwerder Wiesen«. Ortsunkundige gelangen hierher, wenn sie am Ende der Dorfstraße, in Klein-Venedig eintauchen – nicht zu verwechseln mit »Neu-Venedig«, das etliche Dutzend Kilometer entfernt am östlichen Ausgang vom Müggelsee liegt (→ Seite 90). Im Gegensatz zur gleichnamigen Budapester Margaretheninsel, die zum Lustwandeln einlädt, sei die hiesige eher Gummistiefelträgern empfohlen (von den Stegwegen samt einer »Seufzerbrücke« abgesehen). Vor allem aber leben nahe der Margaretheninsel exotische Vierbeiner: asiatische Wasserbüffel! Die friedlichen Kolosse mit ihren gewaltigen Hörnern grasen und weiden hier in ausgedehnter Auenlandschaft und in Berlins letztem Laichgebiet für Hechte. Meist halten sie sich in guter Sichtweite auf, sind den wechselnden Jahreszeiten gegenüber resistent und können dem Spandauer Grünflächenamt – und das ökologisch sinnvoll – die Kosten für das Mähen ersparen. So haben die asiatischen Verwandten den seit Jahrhunderten aus Berliner Forsten verschwundenen Auerochsen ersetzen können und auch weitere Weideflächen gefunden: auf der Pfaueninsel (→ Seite 67–71).

Zugang: Über Tiefwerderweg und Dorfstraße, Spandau, oder Havel-Uferweg ab Treppenabstieg Freybrücke (Heerstraße).

Asiatische Wasserbüffel in Spandau

ESSEN UND TRINKEN

Restaurantschiff Alte Liebe

Ein wuchtiges Schiff, früher im Hamburger Hafen und auf der Elbe als »Godeffroy« (Baujahr 1912) unterwegs. Unvergesslich: Ein Cocktail und/oder Abendessen auf dem Achterdeck bei Sonnenuntergang. Unter Deck: auf zwei Etagen verteilte holzverkleidete Gasträume.

Havelchaussee 107, 14055 Berlin
Tel. 030/3 04 82 58
alteliebe@t-online.de
www.alte-liebe-berlin.de
Täglich 12–22 Uhr (April bis Oktober)
Donnerstag bis Sonntag 12–19 Uhr (November bis März; für Feierlichkeiten und Events andere Öffnungszeiten möglich)

GRUNEWALDTURM

Eigentlich: Kaiser-Wilhelm-Gedächtnisturm
Kein Fahrstuhl. 204 Treppenstufen bis zur Aussichtsplattform.
Parkplatz. Restaurant.
Havelchaussee 61, 14193 Berlin-Wilmersdorf
Montag bis Sonntag 10–22 Uhr

Anfahrt:
Buslinie 218 ab Theodor-Heuss-Platz (U2) alle 30 Minuten

Restaurant Grunewaldturm

Am Grunewaldturm. Hoch gelegene, große Aussichtsterrasse mit weitem Blick über die Havel. Lichtdurchflutete Gasträume.
Tel. 030/41 72 00 01
Fax 030/41 72 00 04
restaurant-grunewaldturm@gmx.de
www.restaurant-grunewaldturm.de
Montag bis Sonntag ab 10 Uhr

Grunewaldturm mit Blick über die Havel

werden die mehr oder weniger breiten Pfade, die mal diesseits, mal jenseits parallel zur Havelchaussee verlaufen, ihrem Namen gerecht: Havelhöhenweg. Auf der Straße ist das Parken mit dem Auto nur an einer Handvoll Stellen möglich. Zwei, drei Serpentinen hinab führt eine Stichstraße zur autofreien Halbinsel Schildhorn. Von Mitternacht bis morgens um sechs Uhr ist die Havelchaussee zwischen der Halbinsel und dem Kronprinzessinnenweg für den allgemeinen PKW-Verkehr gesperrt – wegen der vielen Wildschweinrotten, der Rehe und Hirsche und anderem Getier, das sich nächtens aus der Tiefe des Grunewaldes auf den Weg zu den Tränken direkt am Fluss macht.

Nomen est omen – die Insel Lindwerder verdankt ihren Namen den vielen Linden. Trockenen Fußes ist das Havel-Eiland von der Havelchaussee aus mit der inseleigenen Fähre zu erreichen – ohne Fahrplan, dafür ruft man den Fährmann ganz individuell und auf sehr charmante Weise mit einer Glocke am Steg herbei. Insel-Highlight ist das wunderbar gelegene Büfettrestaurant mit Ausblick auf die Havel. Nach dem Zweiten

SCHILDHORN

Neben dem Grunewaldturm und dessen Restaurant mit weiter Café-Aussichtsterrasse ist die hügelige Halbinsel Schildhorn ein Anziehungspunkt. Hier locken das gleichnamige Hotel und das »Wirtshaus Schildhorn« in direkter Wasserlage samt Sportbootanleger und Tretbootverleih, ein Badestrand, verschlungene Wege und das versteckte Schildhorndenkmal in waldiger Höhe: eine Säule mit Schild und Horn, entstanden nach Skizzen Friedrich Wilhelms IV. von Preußen (1795–1861) und von Friedrich August Stüler (1800–1865) realisiert. Erinnert wird hier an die Schildhornsage. 1157, dem Gründungsjahr der Mark Brandenburg, soll der heidnische Slawenfürst Jaczo vor dem Heer des christlich-askanischen Markgrafen Albrecht der Bär geflohen sein – und das in voller Rüstung über die Havel schwimmend, dahin, wo sich heute die Spandauer Ortsteile Gatow und Kladow erstrecken. Nur Schild und Horn hatte er zuvor an einen Baum gehängt. Als dem Manne auf halber Strecke die Kräfte zu verlassen drohten, schwor er, würde er lebend am anderen Ufer ankommen, zum Christentum überzutreten. Die Erfüllung des Schwurs nach seiner Rettung sollte den endgültigen Sieg der Christen über die seit alters her in dieser Region bestimmende slawische Herrschaft bedeuten.

Achtung:

- Von Mitternacht bis sechs Uhr morgens ist die Havelchaussee zwischen Schildhorn und Kronprinzessinnenweg für den Autoverkehr gesperrt (außer Taxis und Reisebusse).
- Die diversen gastronomischen sowie landschaftlich schönen Anlaufstellen sind auch zu erreichen mit den Doppeldecker-Traditionsbussen (Linie 218 im Auftrag der BVG), die zwischen den Endhaltestellen U-Bahnhof Theodor-Heuss-Platz/Messedamm und Pfaueninsel verkehren (www.traditionsbus.de/linie_218).

Wirtshaus Schildhorn

Denkmalgeschützte Restauranthallen von 1881 und 1894. Direkt an einer Havelbucht. Mit Terrasse, Steg, Bootsverleih und Bootsanleger.

Tel. 030/30 88 35 00
Fax 030/30 88 35 40
www.wirtshaus-schildhorn-berlin.de

Hotel Haus Schildhorn
Tel. 030/3 00 97 00
info@hotel-schildhorn.de
www.hotel-haus-schildhorn.de

Yachthafen Schildhorn
Einfahrt Havelchaussee 101
Tel. 030/30 82 35 47
Fax 030/30 82 35 46
www.yachthafen-schildhorn.de/13776.html
Gemeinsame Adresse: Straße am Schildhorn, 14193 Berlin-Grunewald (Wilmersdorf)

Weltkrieg wurden am Ostufer große Mengen Ruinenschutt abgeladen, was die kleine, 22 000 Quadratmeter große Insel um etwa 3 000 Quadratmeter vergrößerte.

Weiter südlich hat sich spätestens seit der Kaiserzeit die Insel Schwanenwerder als eine Art Promi-Insel positioniert. Einst wohnten hier Bankiers und Industrielle, in jüngeren Tagen der bereits verstorbene Verleger Axel Springer, Mäzenaten wie Barbara Monheim oder Künstler wie Dieter Hallervorden. Dazwischen langten die Nationalsozialisten nach den begehrten Wassergrundstücken. Jüdische Familien wurden enteignet und vertrieben. 1936 ließ sich unter anderem Joseph Goebbels, Hitlers Propagandaminister, im Landhaus an der Inselstraße 8–10 nieder, feierte hier, vermeintlich unbemerkt, seine ausschweifenden Feste – vornehmlich mit den weiblichen Ufa-Stars. Im Volksmund geriet Schwanen- zu Bonzenwerder. Nach dem fehlgeschlagenen Attentat auf Goebbels ließ dieser einen Bunker bauen, der unter Umständen besichtigt werden kann. Sonst erinnert auf diesem Grundstück nichts an diese Zeit. Die teils verfallenen Gebäude wurden bis auf die Grundmauern abgetragen. Zu West-Berliner Zeiten zog dafür in den Neubau das Aspen-Institut ein, eine internationale Denkfabrik für den Aufbau des Dialoges zwischen Ost und West (bis 2010).

Während der Potsdamer Konferenz der Alliierten wohnte der General und spätere US-Präsident Dwight D. Eisenhower in der Villa des Chemie-Industriellen Maximilian Baginski, dem Erfinder der Spalt-Tablette. Hier wurde durch den US-Oberbefehlshaber Lucius D. Clay auch die Idee der »Luftbrücke« während der sowjetischen Blockade West-Berlins (24. Juni 1948 bis 12. Mai 1949) geboren. Während der Luftbrücke landeten und starteten Versorgungs-Wasserflugzeuge nahe der Insel. Mit dem Zehlendorfer Ortsteil Nikolassee auf dem Festland durch eine Straßenbrücke verbunden, haben Inselhopper nur von dieser aus eine freie Sicht auf das Wasser – auch auf das relativ nahe, so schöne und idyllisch gelegene Strandbad Wannsee (→ Seite 57/58). Hier wollen die in Bentley und Co fahrenden Insulaner unter sich bleiben; Namensschilder an den Portalen: Fehlanzeige! Der Rundkurs führt vorbei an erhabener, unter altem Baumbestand sich verbergender Villenlandschaft und an avantgardistischer Architektur des 21. Jahrhunderts, so zum Beispiel an der umstrittenen UFO-ähnlichen Villa des international bekannten Architekturbüros »Graft« (Inselstraße 34).

INSEL LINDWERDER

Nicht zu verwechseln mit der namensgleichen Insel im Tegeler See. Insel-Restaurant mit großer Sonnenterrasse. Privat betriebene Fähre, deshalb gelten hier nicht die BVG-Fahrscheine. Segelclub.
Mittwoch bis Sonntag ab 11.30 Uhr (April/Mai bis September)
Freitag, Sonnabend und Sonntag ab 11.30 Uhr (Oktober)
Saison-Pause: etwa Mitte Oktober bis Anfang/Mitte April
Havelchaussee, 14193 Berlin-Grunewald (Wilmersdorf)
Tel. 030/8 03 65 84
Fax 030/80 49 08 25
info@lindwerder.de
www.lindwerder.de

Anfahrt:
Bus 218 ab U-Bahnhof Theodor-Heuss-Platz (U2) oder ab S-Bahnhof Wannsee (S1, S7); Parkplätze Havelchaussee/ Lieper Bucht

TUILERIENSCHLOSS AUF SCHWANENWERDER

Auch wenn es sich streng genommen gar nicht um ein Schloss handelt, wird unmittelbar hinter der Brücke eine Kunstruine sichtbar: eine Säule mit korinthischem Kapitell, Gesimsstück und einem Bogenteil samt Widderkopf, die eingebettet sind in einen künstlichen Mauerrest aus Klinkern – Fassadenteile des Pariser Palais des Tuileries, des ehemaligen, 1871 beim Aufstand der Commune zerstörten Königspalastes, die fast zeitgleich vom seinerzeitigen Inseleigner, dem romantisierenden Lampenfabrikanten Friedrich Wilhelm Wessel, erworben wurden. Wessel wollte auf der damals noch Cladower Sandwerder heißenden Insel zunächst sein preußisches Arkadien gestalten, widmete sich dann aber lieber dem überaus lukrativen Verkauf der insularen Landhaus-Parzellen.

Vor der Insel ankert das vielleicht ungewöhnlichste Berliner Bootshaus: ein 35 Meter langes und neun Meter breites, schneeweißes Ponton-Schiff mit zwei Decks, umlaufender öffentlicher Anlege-Plattform, mit einem Party-Raum und einer Wohnung – und vor allem mit vielen Abstellmöglichkeiten für die unterschiedlichen Surf-Utensilien. Die »Windanna« ist Klubhaus und eine Art Basisstation für Berlins Surfer. Von denen gibt es schätzungsweise 10 000, doch nur einige Hundert sind in Vereinen organisiert (vornehmlich im Yachtclub Berlin-Grünau, YCGB, und im Windsurfing Verein Berlin, WseV).

Kein Zufall, dass die teuerste Straße in der deutschen Version von »Monopoly« vor dem Zweiten Weltkrieg »Schwanenwerder« war.

Eigenartigerweise trägt die größte Berliner Insel den Namen einer Wasserfläche: Wannsee. Das ist ein Ortsteil des Bezirkes Zehlendorf. Die Ufer der Insel mit ihren vielen Marinas, mit viel ufernaher Gastronomie und hochkarätigen Wassergrundstücken stoßen – im Uhrzeigersinn – auf den Großen und den Kleinen Wannsee, den Pohle- und Stölpchensee, auf den Prinz-Friedrich-Leopold- und Teltowkanal, den Griebnitzsee und schießlich an die Havel.

Zu erreichen ist Wannsee über fünf Brücken. Zwischen der S-Bahnbrücke und der Wannseebrücke zweigt noch auf

STRANDBAD WANNSEE

Strandbad Wannsee

Wer es nicht kennt, erwartet nicht, was ihn erwartet! Durch parkähnliche Grünanlagen hindurch und über helle Freitreppen hinab erschließt sich den Besuchern das Strandbad mit weitem Blick über den Wannsee, der genau genommen Großer Wannsee heißt und eigentlich eine Bucht der Havel ist. »Wannsee« heißt auch der gleichnamige Ortsteil des Bezirkes Zehlendorf, der wiederum eine Insel ist. Im Strandbad Wannsee schließen sich Quantität und Qualität nicht aus, sondern ergänzen einander. Es ist Europas größtes Binnenseebad mit einem etwa 1,3 Kilometer langen, weißen und feinsandigen Strand – und es ist Europas schönstes. Es ist über 100 Jahre alt, erbaut im Stil der Neuen Sachlichkeit, pastellgelb strahlend, hat herrliche Sonnenterrassen und ist mittlerweile umfassend saniert. Hier gibt es Beachvolleyball, behindertengerechte Ausstattungen, einen Bootsverleih und FKK-Bereich, Fußball, Gastronomie, einen Kinderspielplatz und Rutschen im Tiefwasser, ein Schachspiel in Menschengröße, Stranduschen, Strandkörbe, die Uferpromenade, Verkaufs- und Dienstleistungseinrichtungen und eine 60 Meter lange Luftkissenrutsche, an deren Auslauf geschickte Rutscher surfen können. Also: »Pack' die Badehose ein, und dann nichts wie raus an'n Wannsee …«

Traditionsverdächtig: die »Seefestspiele«, die im Sommer 2011 mit Mozarts »Zauberflöte« auf imposanter Bühne vor flammendem Sonnenuntergang, glitzernder Wasserfläche und Tausenden Strandbadbesuchern ihre begeisternde Premiere hatten, samt Open-Air-Orchester und Feuerwerk. Als weitere »Seefestspiele« sind Aida, Bohème und Carmen (2012) geplant.

Strandbad Wannsee
Wannseebadweg 25, 14129 Berlin-Nikolassee
Saison: etwa Mitte April bis Mitte September/Anfang Oktober
Tel. 030/70 71 38 33
www.berlinerbaederbetriebe.de

Anfahrt:
Parkplätze liegen direkt am Haupteingang, sind aber schnell überfüllt. An der Zufahrtstraße durch den Wald gilt absolutes Halteverbot.
S-Bahnlinien S1 und S7 S-Bahnhof Nikolassee (Fahrrad-Transport möglich)
Bus 112, 218

dem »Festland« die unscheinbare Bismarckstraße ab. An der Grundstücksnummer 2 unmittelbar am Kleinen Wannsee befindet sich eine Grabstätte. Hier hatte am 21. November 1811 der 34-jährige Dichter Heinrich von Kleist erst seine 31 Jahre alte Freundin Henriette Vogel und dann sich selbst erschossen. Eine andere Dramatik symbolisiert die legendäre Glienicker Brücke. Die wuchtige Stahlkonstruktion stellt die kürzeste Verbindung nach Potsdam, also nach Brandenburg dar. Bis zum Fall der Mauer markierte eine weiße Linie in Brückenmitte die Grenzziehung zwischen West-Berlin und der DDR. Seinerzeit kurioserweise ausgerechnet von der DDR als »Brücke der Einheit« bezeichnet, war sie damals (und auch heute noch) als »Agentenbrücke« weltbekannt: Während des Kalten Krieges tauschten hier die Sowjetunion und die USA Gefangene und mutmaßliche Spione aus. Zwischen 1962 und 1986 wurden drei spektakuläre Aktionen durchgeführt. Das erste Mal am 10. Februar 1962. Da überquerte der enttarnte KGB-Agent

Rudolf Abel von West nach Ost die Demarkationslinie, in umgekehrter Richtung Gary Powers, der über der Sowjetunion abgeschossene Pilot eines Lockheed U-2 Spionageflugzeuges. Und letztmalig am 11. Februar 1986. Der Dissident Anatoli Schtscharanski wurde gegen acht verurteilte Spione ausgetauscht. Heute hat die Brücke einen sehr schönen Blick über die Havellandschaft zu bieten.

Die Insel Wannsee ist fast doppelt so groß wie die britische Enklave Gibraltar – zwar ohne Affenfelsen, dafür aber dicht bewaldet und für Berliner Verhältnisse ungemein hügelig. Auf dem Schäferberg reckt sich bis auf mehr als 300 Meter über Normalhöhennull (NHN) ein Funk-Fernsehturm als wuchtige Betonnadel mit mehrgeschossigem »Aussichtskorb« in die Höhe, der aber in der Regel nicht zugänglich ist. Die Insel birgt Kulturschätze wie das Jagdschloss Glienicke (1662; 1859 im barockisierenden Stil umgestaltet), den so weitläufigen Schlosspark Glienicke mit seinem klassizistischen Beiwerk und den diversen florentinisch nachempfundenen Bauten samt Schloss (1753; 1825 von Schinkel umgestaltet) – zusammen mit der umgebenden Potsdamer Landschaftsarchitektur ein Teil vom UNESCO-Weltkulturerbe. Wannsee lockt mit dem dunklen russischen Bauernblockhaus Nikolskoe (»dem Nikolaus gehörend«), heute ein beliebtes Ausflugsrestaurant, in luftiger Aussichtshöhe, das der spätere Zar Nikolaus I. für seine Frau, die Berliner Prinzessin Charlotte, 1819 samt der mit einem Zwiebelturm bewehrten Kirche St. Peter und Paul errichten ließ. Durchs Dickicht windet sich von hier hinab eine Stichstraße, die bei Moorlake und seinem traditionsreichen Terrassen-Restaurant endet. Hier hat man einen einmaligen Blick hinüber zur halb ins Havelwasser gebauten, vom aussichtsreichen Säulengang umschlossenen Sacrower Heilandskirche. Auf dem Böttcherberg steht versteckt die spätklassizistische, von Marmorsäulen flankierte und mit pompejanischen Fresken geschmückte Loggia Alexandra, ein erhabenes Belvedere, das auch als Teeterrasse diente und von wo aus man Einblicke auf die imposanten hölzernen Schweizerhäuser im tiefer liegenden Klein-Glienicke hat, das zu Mauer-Zeiten eine extrem abgeschottete DDR-Exklave auf West-Berliner Gebiet war. Prinz Carl hatte die Loggia Alexandra 1869 zum Gedenken an seine verstorbene Schwester im Stil der florentinischen Frührenaissance

Haus der Wannsee-Konferenz

erbauen lassen. Ferner (ver)birgt die Insel noch »BER II«, einen atomaren Forschungsreaktor vom »Helmholtz-Zentrum Berlin für Materialien und Energie«, sowie den 1895 gegründeten, ausgesprochen idyllischen »Golf- und Landclub Berlin-Wannsee e.V.« – schon immer der elegante Treffpunkt der Haute Volée (scherzhaft: Haute Volaute). Nahebei, fast am Ufer des idyllischen Stölpchensees, steht eine uralte Dorfkirche. Heckeshorn heißt ein Inselareal. Hier war (und ist) das Mikroklima so ideal für Lungenkranke und Menschen mit Atmungsproblemen, dass eigens große, heute nur noch für TV-Produktionen verwendete Krankenhauskomplexe gebaut wurden – und ein 1939 errichteter gewaltiger Bunker. Dann ist da noch die lichterflirrende Sommerresidenz des Malers Max Liebermann (1847–1935), heute samt Gartenanlage ein Museum in bester Wasserlage, in unmittelbarer Nachbarschaft zur Villa Thiede (ehemalige Villa Hamspohn) mit ihren exquisiten Kunstsalons. Das Haus der Wannsee-Konferenz, eine herrschaftliche, von den Nazis enteignete Villa am Wasser, liegt versteckt in einem parkähnlichen Garten. In nur eineinhalb Stunden verhandelten hier am 20. Januar 1942 hochrangige Vertreter der Ministerialbürokratie verschiedener Reichsministerien und der SS über die organisatorische Durchführung der Deportation und Ermordung der europäischen Juden. Heute wird in dieser Gedenk- und Begegnungsstätte über die Gräuel der Nazis informiert.

Ein paar Inselgrundstücke weiter führt ein breiter Spazierweg zu einer ausladenden, halbrunden Aussichtsterrasse hoch über dem Wannsee. Unten schaukeln die Boote an den Stegen einer Marina, direkt daneben ist ein Fischrestaurant (»Bolles Bootshaus«). Oben auf der Aussichtsterrasse gibt's einen schnellen Imbiss – und das alles zu Füßen eines überwältigend großen Löwen: sieben Meter hoch samt Sockel und bekannt als der »Flensburger Löwe«.

In der Havel werden zwei weitere Inseln von den Wellen umspült – vornehmlich von jenen, die die vielen Boote und auch die Fähre Wannsee-Kladow-Wannsee erzeugen. Hier heißt's in

FLENSBURGER LÖWE

Mitte des 19. Jahrhunderts fochten Deutsche und Dänen ihre Kriege aus. Deren Wappentier, der Löwe, wurde aus Bronze nach der Schlacht zu Idstedt (1850) gegossen, die die Dänen gewonnen und dann im (damals dänischen) Flensburg aufgestellt hatten. Nach wiederum späterem Sieg der Deutschen gelangte der »Flensburger Löwe« auf Geheiß des preußischen Ministerpräsidenten Otto von Bismarck nach Berlin. Hier am Wannsee steht allerdings eine Zink-Kopie, die der Bauherr der legendären und vornehmen »Alsenkolonie« am Wannsee in Auftrag gegeben und 1874 hatte aufbauen lassen (in Anspielung auf die Kapitulation der dänischen Insel Alsen im Jahr 1864). Der Originallöwe lagerte bis nach dem Zweiten Weltkrieg in Berlin, unter anderem in einer US-Kaserne im Ortsteil Lichterfelde, bis ihn der US-General Eisenhower als deutsche Beutekunst nach Dänemark zurückbringen ließ. Die Dänen restaurierten in jüngster Zeit ihren Löwen – und veranlassten wiederum den Rücktransport nach Deutschland. Dort steht er nun, allerdings nicht am Wannsee, sondern an alter Stelle: in Flensburg.

Die Kopie des Flensburger Löwen findet man am Ende des Spazierweges, der von der Straße Am Großen Wannsee abzweigt. Restaurants und Imbiss.

SCHLOSSPARK GLIENICKE

UNESCO-Weltkulturerbe. 1814 vom Staatskanzler Hardenberg erworben. 1816 wurde Peter Joseph Lenné (Gartenbaudirektor, Landschaftsgestalter; 1789–1866) beauftragt, ihm diesen Park anzulegen, der nach wie vor mit seinen romantischen Bauten und den abwechslungsreichen Aussichten auf die Havel, auf den Park Babelsberg und nach Potsdam seine Besucher besticht – und zwar zu allen Jahreszeiten!

Schlosspark Glienicke
Diverse Zugangsmöglichkeiten, hier: via Eingang Schloss Glienicke (Eintritt frei) Königstraße 36 (Wannsee), 14109 Berlin-Zehlendorf
Tel. 030/8 05 30 41
PKW-Parkmöglichkeiten nur entlang der Königstraße (B 1)

Anfahrt:
Berlin: Bus 316 ab S-Bahnhof Wannsee (S1, S7); Potsdam: Potsdamer Wassertaxi – Linienverkehr per Schiff mit festem Fahrplan (www.potsdamer-wassertaxi.de); Straßenbahn-Linie 93 von Potsdam bis Endstation vor der Glienicker Brücke

HAUS DER WANNSEE-KONFERENZ

Am 20. Januar 1942 verhandelten hier 15 Spitzenbeamte der NS-Ministerialbürokratie verschiedener Reichsministerien und der SS, unter dem Vorsitz von SS-Obergruppenführer Reinhard Heydrich, Chef des Reichssicherheitshauptamtes, über die organisatorische Durchführung der Entscheidung, die Juden Europas in den Osten zu deportieren und zu ermorden.
Am Großen Wannsee 56–58 (Wannsee), 14109 Berlin
Tel. 030/8 05 00 10, Fax 030/80 50 01 27
info@ghwk.de, www.ghwk.de
Täglich 10–18 Uhr, Eintritt frei; geschlossen: 1. Januar, Karfreitag, 1. Mai, Himmelfahrt, 3. Oktober, 24.–26. Dezember, 31. Dezember

LIEBERMANN-VILLA AM WANNSEE

Max Liebermann (1847–1935), einer der wichtigsten Wegbereiter der modernen deutschen Malerei, ließ sich 1909 dieses Sommerhaus mit dem fast 7000 Quadratmeter großen, von ihm oft gemalten Garten in wunderbarer Wasserlage nach eigenen Ideen bauen.
Colomierstraße 3 (Wannsee), 14109 Berlin-Zehlendorf
Tel. 030/80 58 59 00, Fax 030/8 05 85 90 19
info@liebermann-villa.de, www.max-liebermann.de

Oktober bis März: Mittwoch bis Montag (auch an Feiertagen) 11–17 Uhr (außer 24. und 31. Dezember)
April bis September: Mittwoch bis Montag (auch an Feiertagen) 10–18 Uhr, Donnerstag 10–20 Uhr
Öffentliche Führungen: Wochenende und feiertags 14 Uhr

VILLA THIEDE

Die Villa Thiede mit ihren sieben Salons ist ein »Haus der Begegnung«. Sie organisiert Events und zeigt die umfangreiche Sammlung der gemeinnützigen Dr. Jörg Thiede Stiftung – im Wesentlichen Gemälde vom Berliner Kunstschaffen um 1900 (unter anderem »Vereinigung der XI«, »Berliner Secession«, »Neue Secession«). Die Villa wurde 1906 für den Erfinder Johann Hamspohn vom Architekten Paul Baumgarten erbaut, der auch die unmittelbar benachbarten Sommervillen für die Familie Max Liebermann (1909) und für die Familie Marlier (1914) errichtete – heute Haus der Wannseekonferenz.
Am Großen Wannsee 40, 14109 Berlin-Zehlendorf
Auch vom Wasser aus erreichbar (sechs Bootsanleger und ein Anlegesteg für Fahrgastschiffe)
Tel. 030/80 58 39 30, Fax 030/80 58 39 60
Führungen: sonntags (14 Uhr bzw. 15 Uhr; Anmeldung erwünscht, Tel. 030/80 49 53 60)
Kulturforum@Thiede-Stiftung.de
event@villa-thiede.de, www.thiede-villa.de

MUTTER FOURAGE

Zwar nicht am Wasser gelegen, dafür ungemein stimmungsvoll in einem wirklich mediterran anmutenden Ensemble auf dem Hof einer um 1900 gegründeten ehemaligen Fouragehandlung (fourage, französisch: Futtermittel). Ein uriger kulinarischer Kunst- und Veranstaltungsort: Hofcafé und Naturkostladen, Galerie und Gärtnerei (einheimische und südliche Flora), Veranstaltungsscheune, Bilderrahmen- und Bildhauer-Atelier.
Hofcafé: täglich 9–19 Uhr (Mai bis September), 10–18 Uhr (Oktober bis April)
Öffnungszeiten der Galerie bei Ausstellungen: Freitag 14–18 Uhr, Sonnabend, Sonntag 12–17 Uhr und nach Vereinbarung, Eintritt frei
Chausseestraße 15a (Wannsee), 14109 Berlin-Zehlendorf

Anfahrt:
S-Bahnhof Wannsee (S1, S7), dann Buslinien 116, 118, 318 bis Haltestelle Rathaus Wannsee, noch etwa 150 Meter Fußweg
Tel. 030/8 05 23 11, Fax 030/80 58 77 18
galerie@mutter-fourage.de
www.mutter-fourage.de

der Regel: Inselhopping nur im Vorbeischauen. Die Mitglieder des »Ruderclubs am Wannsee« genießen ihr Robinson-Dasein mitten in der Havel auf der um die 5000 Quadratmeter umfassenden Insel Kälberwerder. Außer ihnen dürfen nur Gäste das Eiland betreten, da es in Privatbesitz ist. Im Windschutz von Kälberwerder, auf der einst Rinder weideten, woher auch der Name rührt, nutzen Segler die »maritimen« Gefilde oft als (nächtlichen) Ankerplatz. Die Insel Imchen ist seit 1933 ein Naturschutzgebiet, misst mitsamt dem umgebenden Wasserschutzgebiet etwa fünf Hektar und darf nicht betreten werden. Hier nisten viele Vogelarten, sogar ganze Graureiherkolonien. Der Inselname leitet sich wahrscheinlich von »Imme« ab – der alten Bezeichnung für die Honigbiene. Allerdings sind beide Inseln im Frühjahr regelrechte Wildschwein-Kinderstuben. Eher paddelnd als schwimmend machen insbesondere die Bachen

ESSEN UND TRINKEN

Die Insel Wannsee – Ortsteil vom Bezirk Zehlendorf – ist eher von gehobener Ausflugsgastronomie geprägt, oft in direkter Wasserlage.

Blockhaus Nikolskoe

Uralt-Traditionsrestaurant mit wunderbarer Höhenterrasse
Nikolskoer Weg 15 (Wannsee), 14109 Berlin-Zehlendorf
Täglich 11–22 Uhr
Tel. 030/8 05 29 14, Fax 030/8 05 20 29
email@blockhaus-nikolskoe.de
www.blockhaus-nikolskoe.de/

Anfahrt:

Per Dampfer: ab Landungsbrücken Wannsee (S-Bahnhof Wannsee) bis Station Pfaueninsel, dann etwa zehn Minuten Fußweg an der Kirche »St. Peter und Paul« vorbei
Per BVG: Bus 218 ab S-Bahnhof Wannsee (S1, S7) oder ab U-Bahnhof Theodor-Heuss-Platz (U2) bis vor die Tür
Per Auto: Königstraße bis Nikolskoer Weg, kurvenreiche Waldstrecke direkt bis Blockhaus Nikolskoe, Parkmöglichkeiten ausreichend vorhanden

Historisches Wirtshaus Moorlake

Über 100-jährige Gastronomie-Tradition. Sehr schöner Fachwerkbau mit großem Biergarten direkt am Wasser, umgeben von dichtem Wald. Zu jeder Jahreszeit attraktiv. Unter anderem: kulinarisch-literarische Abende mit bekannten Persönlichkeiten.
Kein Ruhetag

Anfahrt:

Königstraße bis Nikolskoer Weg (kurvenreiche Waldstrecke), dann den Moorlakeweg (Stichstraße) über Serpentinen abwärts bis zum Parkplatz (ausreichend Parkmöglichkeiten)
Moorlakeweg 6 (Wannsee), 14109 Berlin-Zehlendorf

Tel. 030/8 05 58 09, Fax 030/8 05 25 88
info@moorlake.de
www.moorlake.de

Wannseekrabbe

Das ist ungewöhnlich: ein Versorgungsschiff für Freizeitkapitäne, Segler, Inselhopper und sonstige Wasserfreunde der südwestlichen Berliner (und Potsdamer) Seenlandschaft zwischen Krampnitz- und Jungfernsee, an der Glienicker Brücke, auf dem Wannsee und der Havel bis in den Stößensee. Die »Wannseekrabbe« ist ein echter Büsumer Krabbenkutter mit typisch weißblauen Kutteraufbauten. Längsseits festgemacht, kann man sich auch an Bord verköstigen lassen (unter anderem Fischspezialitäten, Erfrischungsgetränke, Wein und Bier). Andocken und/oder bestellen: in Sichtweite Zeichen geben, anrufen, SMS oder Mail schicken.
Tel. 0176/62 30 97 71
info@wannseekrabbe.de, wannseekrabbe@gmx.com
www.wannseekrabbe.de

Inselhopping, werfen hier ungestört ihre Frischlinge und verbringen mit dem Nachwuchs rund eine Woche Inselurlaub, bis alle großen und kleinen Schwarzkittel wieder aufs Festland zurückkehren.

Auf dem Festland unmittelbar gegenüber der Insel Imchen, also auf der Spandauer Seite mit den Ortsteilen Kladow und Gatow, macht Berlin einen ländlichen Eindruck. Viele alte Dorfhäuser, aber auch italienisch anmutende, imposante und pastellfarbene neoklassizistische Villen stehen hier an den Uferhängen. Rustikale Gastronomie, etliche Badewiesen und einige Marinas schlängeln sich die kilometerlangen »Gestade« am Wasser entlang. Die Imchenallee, eine schnuckelige Uferpromenade, erwartet Inselhopper und Fährpassagiere, die quer von den weitflächig angelegten Landungsstegen am Wannsee hinüber nach Alt-Kladow geschippert sind. Open-Air-Restaurants direkt am Wasser, schaukelnde Segel- und Motorboote in der kleinen Marina, schöne weite Ausblicke über die Havel zur entfernten grünen und leicht hügeligen Ufersilhouette – das da drüben soll Berlin sein?! Gar die Bezirke Steglitz-Zehlendorf und Wilmersdorf mit ihren vielen Altbauten? Auch auf dieser Uferseite macht sich das Großstadt-Feeling rar. Dazu ein passender Tipp: nur eine Kehrtwendung und bergauf geht es nach Kladow. Dieser Ortsteil Spandaus ist zwar idyllisch, aber alles andere als ländlich-verschlafen und lohnt einen Landgang, lange Spaziergänge und Fahrradtouren (→ Seite 68).

Ungeahnte Begegnungen erwarten jene Inselhopper, die der Fährmann von der Insel Wannsee auf ein vorgelagertes romantisches Eiland gebracht hat. Uralte Bäume, klassizistische Wasserspiele, eine betagte, hölzerne Fährbootsgarage mit hübsch geschnitztem Dekor, edle Statuen, steinerne Vasen, ein duftender Rosengarten – das sind nur einige der zahlreichen »Eyecatcher«, mit denen die verwunschen wirkende Pfaueninsel aufwartet. Der Clou: Die idyllische Natur ist von Menschenhand geschaffen und also ein ganz starkes Stück Landschaftsarchitektur (ab 1793), an der der Gartenarchitekt Peter Joseph Lenné maßgeblich beteiligt war. Die insulare Ruhe wird weder von Autoverkehr noch von Radfahrern durchbrochen. Selbst Picknicken ist nur auf einer ausgewiesenen Liegewiese

Am zugefrorenen Wannsee

gestattet. Aber allenthalben durchfetzen schrille, wehklagende Schreie das Schweigen im Walde. Pfauen bevölkern zahlreich und zutraulich die Wege, Wiesen und das Unterholz und haben diesem romantischen Eiland gegenüber den dicht bewachsenen, hohen Uferhängen der Insel Wannsee zu ihrem Namen verholfen. Die »Pfaueninsel« heißt so seit 1795, als Friedrich Wilhelm II. die ersten dieser exotischen Vögel hierher bringen ließ. Und hätten sich diese nicht sesshaft gemacht, hieße die Stätte womöglich wieder wie vorher: Kaninchenwerder – oder gar Büffelinsel? Denn im Umfeld der Meierei grasen außer Ponys und schwarzen Schafen insbesondere friedliche asiatische Wasserbüffel mit ihren Kälbern, was den Weiden, den dunklen, struppigen Kolossen mit ihren geschwungenen Hörnern und dem Geldbeutel der notorisch klammen Landschaftspflege guttut.

FÄHRE F10 Wannsee – Alt-Kladow – Wannsee

Die meisten innerstädtischen Fähren werden von der BVG betrieben und können mit den Fahrscheinen des Berliner Nahverkehrs genutzt werden.
Die Fähre F10 wird wochentags von vielen Pendlern aus Kladow genutzt, um zum S-Bahnhof Wannsee zu gelangen (Ortsteil Wannsee/Bezirk Steglitz-Zehlendorf).
Achtung Radfahrer: An Sommerwochenenden sollte man sich abends vor der letzten Fähre von Alt-Kladow nach Wannsee rechtzeitig an der Anlegestelle einfinden. An Bord gibt es nur 25 Fahrrad-Stellplätze. Wer nicht mitgenommen wird, hat einen langen Rückweg über Spandau-Zentrum zur Innenstadt zu bewältigen. Brücken über die Havel gibt es sonst weit und breit nicht.
Ticket: Einzelfahrschein AB direkt auch an der Fähre
Anlegestelle Wannsee nahe dem S-Bahnhof (S-Bahnlinien S1 und S7): Landungssteg »BVG-Fähre«
Anlegestelle Alt-Kladow: Schnellbuslinie X34 ab Bahnhof Zoo (mindestens 40 Minuten)
Fährverkehr: ganzjährig (außer bei geschlossener Eisfläche, wenn auch die Eisbrecher keine Fahrrinne offen halten können)

Pfaueninsel mit Schloss

So bodenständig die namensgebenden Vögel auf ihrer Insel sind (sie können bekanntlich nicht fliegen), so sehr lässt sich Berlins Inselwelt für andere aus luftiger Höhe erkunden. Den Kopf im Nacken, folgen die Blicke einem fliegenden Amphibium. Es hat zwei Schwimmer unterm Rumpf, einen Propeller und Platz für vier Personen. Ein Wasserflugzeug, das man (mitsamt dem Piloten) mieten kann! Der kleine Flieger brummt relativ niedrig auch über die Pfaueninsel hinweg, zieht seine weiten Kreise über Stadt, Land, Fluss und ermöglicht seinen Passagieren ein Inselhopping der besonderen Art: erst aus der Vogelperspektive erschließt sich die weite Insel- und Wasserlandschaft von Berlin. Über die Liebesinsel und ein Eiland namens Kratzbruch im Rummelsburger See vor den Ufern der Halbinsel Stralau hinweg landet die Maschine gischtend unweit der Insel Berlin, wo sie auch gestartet ist – durch Paddler, Ausflugsschiffe und Motorjachten hindurch. Berlin ist die einzige Stadt in Deutschland, vielleicht sogar in Europa, wo Wasserflieger innerhalb der Stadt abheben und landen dürfen. Der Wasserflieger-Steg ist Teil einer urigen Uferpromenade mit Gastronomie auf Restaurantschiffen, terrassierten Ausflugslokalen und grillenden Mitbürgern auf den ufernahen

PFAUENINSEL

Das »Naturschutzgebiet Pfaueninsel« samt seiner ufernahen Gewässer ist etwa 88 Hektar groß. Seit dem Mauerfall wird die Insel von der »Stiftung Preußische Schlösser und Gärten Berlin-Brandenburg (SPSG)« verwaltet und ist seit 1990 als UNESCO-Weltkulturerbe eingestuft. Einige Stichworte: Der Gartenarchitekt Peter Joseph Lenné hat das Wegenetz und die Sichtachsen so angelegt, dass die über die Insel verstreuten Bauten nur aus unmittelbarer Nähe oder aus weiter Entfernung zu sehen sind: das schon als Ruine gebaute, schneeweiße Schloss mit den asymmetrischen Türmen (1794) und vorgetäuschtem Mauerwerk wirkt wie eine Filmkulisse. In den 1960er-Jahren wurden hier auch »echt englische« Nacht- und Nebel-Filmszenen gedreht – für die legendären Edgar-Wallace-Streifen mit Joachim Fuchsberger als englischem Serien-Kommissar. Auch die absichtlich an ein (verlassenes) Kloster erinnernde »Meierei« (1794) gotischer Ausprägung (daher hat auch der angrenzende Kuhstall die Form einer Kapelle), das von Karl Friedrich Schinkel geschaffene idealisierte »Schweizer Haus« sowie sein »Kavalierhaus« (1824–1826) mit der spätgotischen Fassade eines Danziger Patrizierhauses und das Kastellanhaus (1796) wirken kulissenhaft.

Sich schlängelnde Bachläufe waren ein beliebtes Stilelement für Landschaftsgärten. Speziell hier kamen sie mit Wasserfällen, Fontänen und Kaskaden zu ihrer idyllischen Geltung, als ab 1825 die Erfolgsstory der Gartenbewässerung durch dampfbetriebene, in unterschiedlichste architektonische Hüllen »verpackte« Wasserwerke begann, woran das Dampfmaschinenhaus am Südufer erinnert. Die 1824 erbaute riesige Voliere mit Papageien und anderen Vogelarten ist Überbleibsel der einstigen Menagerie mit ausschließlich exotischen Tieren.

Die Insel war Liebesnest für König Friedrich Wilhelm II. und seine lebenslange Mätresse, die zu Beginn der Beziehung 15-jährige Wilhelmine Encke und spätere Gräfin von Lichtenau. An die junge Königin Luise, die in der Meierei selber Butter hergestellt und zusammen mit ihrer Familie das Landleben genossen hatte, erinnert der 1829 hierher versetzte

Luisentempel – einst Teil vom Mausoleum im Schlosspark Charlottenburg. Mit nur 34 Jahren war sie 1810 an einer Lungenentzündung gestorben. Und dann gab es da noch einen geheimnisvollen Alchimisten! Johannes Kunckel (1630–1703). Der gelernte Glasmacher sollte in der insularen Abgeschiedenheit im Auftrag des Großen Kurfürsten Gold herstellen. Heraus kam aber etwas anderes: Rubinglas von besonderer Leuchtkraft und andere hochwertige Glasprodukte, die die böhmische Konkurrenz nicht zu fürchten brauchten und die sich für den Großen Kurfürst als kassenfüllende Exportschlager erwiesen. Deswegen wurde Johannes Kunckel 1685 die Pfaueninsel geschenkt. Doch leider gingen alsbald Haus und Laboratorium in Flammen auf. Kunckel verarmte, emigrierte nach Schweden, hatte wieder Erfolg und wurde vom Schwedenkönig Karl XI. zu »Johann Kunckel von Löwenstern« geadelt. Ein Gedenkstein auf der Pfaueninsel erinnert an den verhinderten Goldmacher.

Die Pfaueninsel ist nur mit der Fähre erreichbar (stündlich bzw. bei Bedarf).
November bis Februar: 10–16 Uhr, März und Oktober: 9–18 Uhr, April und September: 9–19 Uhr, Mai bis August: 8–21 Uhr
Nur für Fußgänger. Radfahren ist untersagt. Picknick nur auf ausgewiesener Liegewiese gestattet. Keine Gastronomie, aber mehrere Toiletten.

Anfahrt:
Bus 218 ab S-Bahnhof Wannsee (S1, S7) oder ab U-Bahnhof Theodor-Heuss-Platz (U2)
Kaum PKW-Parkplätze in unmittelbarer Nähe

Wirtshaus zur Pfaueninsel
Gartenlokal und Restaurant direkt an der Fähre zur Pfaueninsel.
Pfaueninselchaussee 1 (Wannsee), 14109 Berlin-Zehlendorf
Täglich ab 10 Uhr (Dienstag Ruhetag)
Tel. 030/8 05 22 25, Fax 030/8 05 34 84
info@pfaueninsel.de
www.pfaueninsel.de

Rasenflächen vom ausgedehnten Treptower Park. Eine originelle Fußgängerbrücke führt hinüber zur Insel Berlin (→ Info-Kasten rechts). So lautet der Name dieses kleinen Eilandes allerdings erst seit kürzerer Zeit. Die um die südliche »Nase« der Halbinsel Stralau in der Rummelsburger Bucht liegenden Liebesinsel und Kratzbruch dürfen nicht betreten werden, da sie als »geschützter Landschaftsbestandteil« gelten, auf denen Tiere (zum Beispiel Graureiher) leben und sich neben vielen unterschiedlichen Bäumen eine artenreiche Flora hält.

Spreeabwärts, also nach Südosten (obwohl die Spree genau genommen aufwärts nach Nordwesten fließt), gelangt man nach Köpenick. Salopp formuliert, ist dieser Stadtteil wohl deutschlandweit bekannt wegen Heinz Rühmann – als dieser den legendären Hauptmann von Köpenick im gleichnamigen Film (1956) nach einer Bühnenvorlage des Dramatikers Carl Zuckmayer verkörperte. In einer Berliner Zeitung konnte man am 17. Oktober 1906 lesen: »Ein als Hauptmann verkleideter Mensch führte gestern eine von Tegel kommende Abteilung Soldaten nach dem Köpenicker Rathaus, ließ den Bürgermeister verhaften, beraubte die Gemeindekasse und fuhr in einer Droschke davon.« Dahinter verbarg sich das tragikomische Schicksal des Schusters Wilhelm Voigt, das schließlich Anlass war, den preußischen Beamtenstaat mit seinen eigenen Waffen zu schlagen und worin Carl Zuckmayer den Stoff für sein erfolgreichstes Theaterstück fand. Weitestgehend unbekannt hingegen dürfte die Topografie von Köpenick sein: Im Kernbereich machen drei Inseln diesen Bezirk zu einer Wasserstadt. Die eine ist die Baumgarteninsel und wurde dereinst künstlich angelegt, später nochmals angeschüttet und beherbergt seit 1922 Kleingärten. Seit 2001 führt zwar der sogenannte Katzensteig von Spreeufer zu Spreeufer über einen Inselzipfel hinweg, stellt aber keine Verbindung zur Insel her. Deshalb gelangen die Kleingärtner auch weiterhin nur mit Booten zu ihren Parzellen. Die andere Insel ist die Altstadt von Köpenick selbst. Die breite, verkehrsreiche Schneise, die die Müggelheimer Straße bildet, schneidet regelrecht die dritte Insel, Köpenicks schmuckes Aushängeschild, von der Altstadt ab: die Schlossinsel. Sie liegt in der Dahme kurz vor der Einmündung in die Spree und ist nur über eine Fußgängerbrücke zu erreichen. Hier steht Berlins einziges komplett restauriertes Wasserschloss

INSEL BERLIN

Gegenüber dem Treptower Park gelegen, gelangt der Inselhopper trockenen Fußes über eine hoch aufgewölbte Brücke mit dem merkwürdigen Namen »Abteibrücke« auf die idyllische Insel Berlin. Gleichermaßen auf dem Festland wie auf der Insel durchschreitet man unterschiedlich gestaltete Türme, die einen mit ihren Fachwerkgiebeln an mittelalterliche Stadttore erinnern lassen. Ursprünglich trug diese Spreeinsel den Namen »Abteiinsel«, benannt nach einem 1896 im Stil einer schottischen Klosterruine eröffneten Restaurant. Das wurde 1914 ein Raub der Flammen, doch die gleichnamige Brücke – eine der ersten Stahlbetonbrücken in Deutschland – von 1915 erinnert noch immer daran. Zu DDR-Zeiten wurde aus der Abteiinsel die »Insel der Jugend« mit allerlei Freizeitangeboten. Heute befinden sich auf ihr ein Café, ein Freilichtkino, ein kleiner Sandstrand und Liegewiesen. Betreiber der grünen Spree-Oase ist »kulturALARM e.V.« – laut Selbstdarstellung ein »Tempel der Kreativität und Plattform der breiten Kulturförderung, … aber genauso ein Ort zum Verweilen, Entspannen und Erholen.«
kulturALARM e.V.
Alt Treptow 6, 12435 Berlin-Treptow
www.inselberlin.de
Die Insel Berlin (samt Örtlichkeiten) kann privat gemietet werden, mit Kanu- oder Bootstour-Reservierung (www.kanuliebe.de).

Anfahrt:
S-Bahnhof Plänterwald (S8, S9, S85) und Treptower Park (S8, S9, S41, S42, S85); Bus 166, 167, 265, N65 bis Rathaus Treptow, Bulgarische Straße/Alt-Treptow, dann weiter bis an die Uferpromenade

(1677–1689) mit angegliederter Kirche und stilvollem Schlosscafé samt Caféterrasse – eingebettet in den Schlosspark mit seiner aussichtsreichen Uferpromenade. Die glänzend weißen, barocken Fassaden spiegeln sich in den Wellen. Hier

ESSEN UND TRINKEN

Segelschiffrestaurant Klipper

Ganzjährig geöffnet und fest vertäut am Spreeufer, war der »Klipper« ein niederländisches Segelschiff (1890), das im holländischen Wattenmeer die friesischen Inseln mit leicht verderblichen Waren versorgte. Seit 2001 ist der restaurierte, fast 32 Meter lange Zweimaster zum Restaurant umgebaut, mit Gastronomie unter und auf dem Deck. Im Winter treffen zwei Urelemente aufeinander, Wasser und Feuer: Im gläsernen Pavillon heizt ein Kamin ein, unter Deck feuert ein Ofen. Individualisten können sich kreisrunde Grillboote mieten, die an riesige Gummireifen erinnern, und auf Fahrt gehen – bei Bedarf schon mit allem ausgestattet, was des Grillers Herz (und Magen) erfreut (für mehrere Personen).
Bulgarische Straße, 12435 Berlin-Treptow
Ganzjährig täglich 10–01 Uhr
Tel. 030/5 32 16 49
www.klipper-berlin.de

Anfahrt:
S-Bahnhof Treptower Park (S8, S9, S41, S42, S85) und Plänterwald (S8, S9, S85); zumeist ausreichend Parkplätze vorhanden; 24h-Sportbootanleger für Besucher per Boot

Zenner Eierschale

»Zenner« ist ein großes Traditionsrestaurant unweit der Insel Berlin an der Uferpromenade vom Treptower Park. Der Biergarten fast direkt an der Spree ist einer der größten Berlins. Unterhaltungsprogramm. Monatlich wechselnde Events zu unterschiedlichen Tages- und Nachtzeiten.
Alt-Treptow 14–17, 12435 Berlin-Treptow
Restaurant: Montag bis Donnerstag 10–23 Uhr, Freitag und Sonnabend 10–04 Uhr, Sonntag 10–21.30 Uhr (April bis Oktober)
Freitag und Sonnabend 12–04 Uhr, Sonntag 10–19.30 Uhr (November bis April)
Tel. 030/5 33 73 70, Fax 030/5 33 77 71

hauszenner@web.de
www.hauszenner.de

Wasserflugzeug
Cessna 206 (bis zu vier Passagiere)/Air Service Berlin
Wasserflugstation Berlin-Treptow

Anfahrt:
Siehe »Segelschiffrestaurant Klipper«
www.air-service-berlin.de

herrscht reger Schiffsverkehr. In den können sich Inselhopper selbst einreihen und nicht nur das Wasserschloss umfahren, sondern – beispielsweise – die Altstadt Köpenick vom Wasser aus betrachten, auch die vielen neuen Wohnbauten direkt an den Spreeufern mit individuellen Bootsanlegern, was vom Festland aus weder so gesehen noch vermutet werden kann. Umweltfreundlich und originell geht das mit einem Solarboot (→ Seite 80)!

Der Name sagt es schon: Müggelspree. Sie verbindet die Köpenicker Altstadt-Inseln mit dem (Großen) Müggelsee – eine Herausforderung für diejenigen, die sich auf das Inselhopping eingelassen haben. Berlins größter See wartet nämlich mit keinem einzigen Eiland auf! Eher umgekehrt. Diese Wasserfläche umschließt zusammen mit der Dahme, dem Langen und dem Seddinsee, dem Gosener Kanal und dem Dämeritzsee große Teile vom Bezirk Treptow-Köpenick, der damit seinerseits eine abwechslungsreiche Insellandschaft bildet. Die sich verengende Mündung vom Müggelsee in die Müggelspree hat es indessen in sich, genauer gesagt, unter sich. Dahin führt ein schmaler Pfad von der Josef-Nawrocki-Straße (kleine Nebenstraße der Verkehrsader Müggelseedamm), wo Uferrestaurants, eine Beach-Bar und Dampferstationen auf Gäste warten. Genau dazwischen geht es etliche Treppenstufen hinab, etwa 120 Meter unterhalb des Flussbetts (8,5 Meter) unter der schmalen Mündung entlang, dann etliche Treppenstufen wieder hinauf. Der »Spreetunnel« war 1927 der erste Eisenbeton-Tunnel Deutschlands, der in der sogenannten Senkkastenbauweise

Wasserschloss in Köpenick

errichtet wurde. Jenseits, also von Friedrichshagen mit seinem wassernahen Stadtteil-Boulevard Bölschestraße herkommend, geht es urban zu. Hier, auf der Inselseite, sind die westlichen Ausläufer des riesigen Waldgebietes vom Köpenicker Stadtforst, wo es unter anderem den legendären, verfallenden Müggelturm und die Müggelberge mit ungeahnter Weitsicht gibt. Rechterhand, vom Ausgang dieses Spreetunnels aus gesehen, führt ein Uferweg an Badestränden (vulgo »Der Teppich«) stadteinwärts, ohne dass es spürbar würde. Im Gegenteil. Hinter ein paar Windungen scheint sich die Zivilisation verabschiedet zu haben. So wie ein Schiffbrüchiger allein auf weiter Meeresfläche sich auf ein Inselchen mit der obligaten Palme hat retten können und als bärtiger Zausel die Erlösung versprechende Rauchfahne eines Dampfers herbeisehnt, taucht am hiesigen Müggelspree-Horizont die eigenartig aussehende Silhouette wie die eines gestrandeten Geisterschiffes auf. Aber weit gefehlt – hier ist Leben an Bord, findet man Rettung vor der heranwogenden Einsamkeit des dunklen Waldes. Wie auf einer Arche. Sie heißt auch so: »SpreeArche« und ist ein schwimmendes Blockhausrestaurant. Am Ufer drückt man einfach auf die Klingel und wird dann mit dem Boot abgeholt.

SCHLOSS KÖPENICK

Heute Teil des Kunstgewerbemuseums birgt das Wasserschloss unter anderem eine feuervergoldete, 35 edle Stücke umfassende Handwaschgarnitur und das umfangreiche Große Silberbüfett. Beides mit eigener wechselvoller Geschichte. Von Kurfürst Friedrich III. bei einer Goldschmiedefamilie in Augsburg gegen Ende des 17. Jahrhunderts in Auftrag gegeben, diente das Büfett im Rittersaal des Berliner Stadtschlosses als Dekoration, wurde während der Napoleonischen Kriege zu Beginn des 19. Jahrhunderts nach Königsberg verlagert, geriet nach dem Zweiten Weltkrieg 1946 als Teil der Beutekunst ins (damalige) Leningrad und kam wieder zurück – nach Köpenick. Die DDR hatte derweil das teilzerstörte, aber wieder aufbaubare Berliner Stadtschloss gesprengt. Die Insel und das Schloss selbst waren Stätte manch historischer Ereignisse: Im Dreißigjährigen Krieg hatte der Schwedenkönig Gustav Adolf im Vorgängerbau, einem Renaissance-Jagdschloss, sein Hauptquartier.

1730 fand im Wappensaal des heutigen Schlosses auf Betreiben des »Soldatenkönigs« Friedrich Wilhelm I. das Kriegsgerichtsverfahren gegen seinen Sohn, Kronprinz Friedrich (später »der Große«), und dessen Freund Hans Hermann von Katte statt. Beide waren vor dem erbarmungslosen Regiment des Preußenkönigs geflüchtet, aber gefangen genommen worden. Das Kriegsgericht verurteilte Katte zu lebenslanger Haft, was der König, um ein Exempel zu statuieren, selbst zur Todesstrafe schärfte. Katte wurde am 6. November unter den Augen des Kronprinzen in Küstrin enthauptet.

In der weiß-goldenen Schlosskapelle, mit ihren Gottesleuten eingebunden in die reformierte Kirche, wurde der Gottesdienst über lange Zeiten hinweg auf Deutsch und Französisch abgehalten – wegen der vielen in Frankreich verfolgten und in Preußen willkommen geheißenen Religionsflüchtlinge (»Hugenotten«). Besonders zu Beginn der Nazi-Herrschaft fanden in der reformierten Gemeinde der Schlosskirche viele Verfolgte Unterschlupf, versuchte ein Pfarrer sogar, Köpenicker NS-Politiker vor Gericht zu verklagen.

Schloss Köpenick
Dependance des Kunstgewerbemuseums
Schlossinsel 1, 12557 Berlin-Köpenick
Rollstuhlgeeignet
Sonnabend und Sonntag 10–18 Uhr
Wechselnde Ausstellungen: Dienstag bis Sonntag 10–18 Uhr
Dienstag bis Freitag: jeweils um 11 und 15 Uhr Führungen in der ständigen Ausstellung
www.smb.museum/smb/standorte/index.php?n=5&objID=26&typeId=2&p=2

Schlosscafé & Restaurant
auf der Schlossinsel
Mai bis September: Dienstag bis Sonntag 10–23 Uhr; Oktober und April: Dienstag bis Sonntag 10–19 Uhr; November bis März: Dienstag bis Sonntag 11–18 Uhr

Anfahrt:
S-Bahn S47 (Spindlersfeld); Straßenbahn 27, 60, 61, 62, 67 (Schlossplatz Köpenick); Bus 164, 167 (Schlossplatz Köpenick)

Der Müggelseedamm führt zwar direkt am nördlichen Ufer des Müggelsees entlang, aber eine freie Sicht auf das Wasser ist durch den dichten Baumbestand kaum möglich. Parallel zum Ufer verläuft teilweise ein Fußweg. Den Zugang zum Spreetunnel im Rücken, hat man zunächst die Wahl, im fast unmittelbar angrenzenden Seebad Friedrichshagen in die Fluten zu springen (mit Sprungturm!) oder sich ein paar Kilometer weiter im weißen Sand des Strandbads Müggelsee zu aalen und in das klare Wasser zu tauchen. Wer sich auch anderweitig für das nasse Element interessiert, darf dieses Müggelsee-Highlight nicht links liegen lassen: das Museum in einem Teil des historischen, außen wie innen wunderbar erhaltenen Wasserwerks Friedrichshagen, gelegen in einer parkähnlichen Anlage direkt am Müggelsee.

Die Spree fließt westlich an Neuseeland vorbei. Neuseeland liegt am Dämeritzsee. Durch diesen verläuft die Grenze zwischen Berlin und Brandenburg. Die Berliner Spree verlässt als

ESSEN UND TRINKEN

Entlang der Altstadt-Uferpromenade der von vielen Schiffen befahrenen Dahme reihen sich Open-Air-Restaurants. Anlegestelle für Ausflugsschiffe.

Restaurantschiff arsVivendi

Holländischer Zweimaster. Reines Event-Schiff mit Deck und Salon. Sonntags 11–15 Uhr kalt-warmes Brunch-Büfett
Freiheit 15, 12555 Berlin-Köpenick
Tel. 030/65 88 78 26
www.freiheit15.de/arsvivendi.html

Restaurantschiff arsVivendi in Köpenick

Restaurant und Café Krokodil/ Hostel Flussbad Gartenstraße

Von außen erschließt sich dem Unkundigen nicht, wie ungewöhnlich diese Stätte in altem architektonischen Gewand geworden ist: große Fensterfronten mit bravouröser Sicht aufs Wasser und zur gegenüberliegenden Schlossinsel, geschwungene emporenartige Open-Air-Holzterrasse über weißem Bade-Sandstrand. Restaurantbesucher, Wasser- und Radwanderer kehren hier ein, können im angegliederten, geschmackvoll restaurierten »Hostel am Flussbad« auch zu moderaten Preisen übernachten. Seminare, Events und diverse kulturelle Angebote ergänzen dieses »Kommunikations- und Ausbildungszentrum und anerkannter Träger der Jugendhilfe« mit Schwerpunkt Betreuung, Bildung und Ausbildung für Kinder, Jugendliche und Familien.

Tel. 030/65880094
Fax 030/65880093
coepenicker@online.de
www.der-coepenicker.de
Montag bis Sonnabend 16–24 Uhr (im Winter ab 17 Uhr), Sonntag 10–23 Uhr (im Winter ab 11 Uhr)
Sonntags-Brunch 10 –15 Uhr (im Winter ab 11 Uhr)
Reservierung wird empfohlen.

Anfahrt:
Entlang der Straße »Kiez« mit ihren restaurierten ehemaligen Fischerhäuschen in die verlängerte Gartenstraße 46–48, 12557 Berlin-Köpenick

Solarboot-Pavillon Köpenick

Bootsverleih (stunden- oder tageweise) von umweltfreundlichen, lautlosen und CO_2-freien Solarbooten. Vom Solarbootpavillon (mit Wasserterrassen-Café) bieten sich beispielsweise diese Touren an: auf der Spree, auf der Dahme, auf dem Langen See, auf dem Seddinsee, auf dem Dämeritzsee oder auf dem Großen Müggelsee. Bootsführerschein ist nicht erforderlich. Einweisung durch den Verleih.
Solarbootpavillon Berlin Köpenick (in unmittelbarer Nähe zur Schlossinsel).
Montag bis Freitag 12–19 Uhr, während der Sommerferien 10–19 Uhr, Sonnabend, Sonntag und an Feiertagen 10–19 Uhr
Empfehlung für Kurzentschlossene (zum Beispiel am Wochenende bei gutem Ausflugswetter): Kontakt unter Tel. 0160/6309997
Müggelheimer Straße 1d, 12555 Berlin-Alt Köpenick
pavillon@solarwaterworld.de
www.solarwaterworld.de/solarwaterworld/vermietung/bootsvermietung-berlin-koepenick-der-solarbootpavillon.html

Anfahrt:
Siehe Info-Kasten »SCHLOSS KÖPENICK« (S. 78)

Blockhausrestaurant SpreeArche

Müggelspree den Dämeritzsee, fließt um eine namenlose, aber bewohnte Insel (auf die die düster wirkende Russenbrücke führt) bis hin zum Mündungsbereich Müggelspree/Müggelsee. Wie kommen nun Inselhopper auf die Kelchsecke, den Entenwall oder Dreibock? Das sind hiesige Inseln, wie der Schilfwall und die Insel am Bauersee auch. Des Rätsels Lösung: im Prinzip gar nicht. Es sei denn, man ist mit dem Boot unterwegs. Der rege Betrieb auf dem Wasser mit kleinen Nussschalen, unwahrscheinlich großen Motorjachten und den urigsten Gefährten lässt vermuten, dass im näheren und etwas weiteren Umfeld viele Anrainer äußerst boots- und wasseraffin sein müssen. Was auch naheliegend ist. Hier ist eine einzigartige Spree-Deltalandschaft zu entdecken: So etwas gibt es in keiner anderen Stadt Europas, zumal nicht im Binnenland! Um diese zu erkunden, muss aber zuerst die Fährstation der Fähre F23 am Müggelsee gefunden werden, die am Müggelwerderweg liegt, doch nur durchs schmiedeeiserne Tor von Nachbars Garten erreicht werden kann.

Am Ende der Fährüberfahrt mit der F23, in Rahnsdorf, kann man auf die Fähre F24 umsteigen – ein Unikum. Der Fährmann muss die maximal acht Passagiere hier in einem Ruderboot von der Kruggasse in Rahnsdorf bis zu den Spreewiesen in Müggelheim und wieder zurück bringen. Seit 1908 gibt es diesen Fährbetrieb. Zwischen Karfreitag und dem 3. Oktober rudert

ESSEN UND TRINKEN

SpreeArche

Schwimmendes Blockhausrestaurant und Café. Zwei Etagen, Tresen, Außenterrasse. Einfach Funkklingel am Ufer drücken und mit dem Boot-Shuttle übersetzen.

April bis Oktober: Montag bis Freitag ab 13 Uhr, bei Bedarf (ab 10 Personen) auch früher, Sonnabend, Sonntag und an Feiertagen ab 12 Uhr

November bis März: Montag bis Freitag ab 12 Uhr, Sonnabend und Sonntag ab 11 Uhr

Individuelle Absprachen möglich; bei schlechtem Wetter tagesaktuelle Öffnungszeiten: Tel. 0172/3 04 21 11

info@spreearche.de

www.spreearche.de

Anfahrt:

Von Friedrichshagen aus: zu Fuß durch den Spreetunnel, danach rechts

Von Müggelheim/Köpenick aus: Müggelschlößchenweg (Krankenhaus Köpenick), am Wendehammer der BVG-Busse vorbei (Verbot für Fahrzeuge aller Art), etwa weitere 900 Meter am Ufer entlang

Per Boot: ausreichend Anlegemöglichkeiten

Berliner Bürgerbräu

Geblieben ist von diesem riesigen Bauwerk, bis zur Schließung im März 2010 die älteste Brauerei Berlins, das Restaurant (solide Hausmannskost) mit schöner Terrasse direkt an der Spree. Gute Atmosphäre.

Müggelseedamm 164, 12587 Berlin-Friedrichshagen (in unmittelbarer Nähe vom Eingang zum Spreetunnel)

Tel. 030/64 08 20

Museum im Wasserwerk Friedrichshagen

er etwa 40 Mal am Tag die sage und schreibe rund 30 Meter »lange« BVG-Fährstrecke, die demzufolge mit einem BVG-Fahrschein zurückgelegt werden kann (nicht geeignet für Rollstuhlfahrer). Tickets gibt es auch direkt an der Fähre. Auf der Rahnsdorfer Seite geht die »Schnitzeljagd« weiter: der Besucher schlägt sich durch bis zum Plutoweg, wo er in eine kleine, feuchte Wunderwelt abtaucht, bildlich gesprochen. Denn es geht über etliche Brücken hinweg, zum Beispiel über die Rialtobrücke am Rialtoring. Lässt da Venedig grüßen? In der Tat. Neu-Venedig heißt ganz offiziell diese idyllische Lagunenlandschaft zwischen Rahnsdorf und Hessenwinkel, die vom Lagunenweg im Osten und dem Rialtoring im Süden und Westen umschlossen wird. Hier gab es nur sumpfige, von der Müggelspree durchweichte Wiesen, die ab 1926 durch ein verzweigtes, mehrere Kilometer umfassendes Kanalsystem entwässert wurden. So entstanden die Inseln, erhielt Neu-Venedig seinen Namen und wurde besiedelt. Heutzutage verfügt jedes Wassergrundstück über Bootsanleger und mitunter auch eine Bootsgarage.

Wer nicht individuell mit dem eigenen oder gemieteten Boot unterwegs ist, nimmt einfach Platz auf einem Ausflugsdampfer, der offiziell etwas ungelenk »Fahrgastschiff« heißt.

MÜGGELSEE

Seebad Friedrichshagen

Müggelseedamm 216, 12587 Berlin-Friedrichshagen
Täglich ab 9 Uhr, Eintritt
www.seebad-friedrichshagen.de

Strandbad Müggelsee

Fürstenwalder Damm 838, 12559 Berlin-Friedrichshagen
Saison: täglich 9–19 Uhr, kein Eintritt
Neben dem Strandbad Wannsee mit einer Wasserfront von etwa einem Kilometer eines der größten Strandbäder Berlins (unter anderem FKK-Strand, Restaurants, Fahrradausleihe, Sauna, Surfschule), die Straßenbahn 61 hält direkt vor dem 1929/30 errichteten terrassenförmigen Hauptgebäude.
Tel. 030/6 55 75 50
www.berlin.de/badegewaesser/detail/mueggelstrand.html

Museum im Wasserwerk

Herrliche Wasserlage. Beeindruckende Industriearchitektur und blitzende Technik, Natur und Müggelsee bilden eine Art »Wasserkunstwerk«. Auf etwa 7000 Quadratmeter verteilen sich drei ehemalige Maschinenhäuser, ein Brunnenhaus sowie die einmalige, im Originalzustand erhaltene Maschinenhalle mit drei Schöpfmaschinen von 1893 (Inbetriebnahme des Wasserwerkes). Ständige Ausstellung »Wasser für Berlin« (1850–1950/Geschichte und Gegenwart der Wasserversorgung und Stadtentwässerung). Umfangreiche Exponate-Sammlung, Archiv, die wassertechnische Teilung Berlins zu Mauerzeiten und Fluchtwege von Ost- nach West-Berlin durch unterirdische Kanäle. Führungen.
Müggelseedamm 307, 12587 Berlin-Friedrichshagen
Tel. 030/86 44 76 95, Fax 030/86 44 77 46
info@museum-im-wasserwerk.de
www.museum-im-wasserwerk.de
Sonntag bis Donnerstag 10–16 Uhr (1. November bis 28. Februar bis 15 Uhr)

Bootsverleihe

Am Großen Müggelsee und den angrenzenden Gewässern gibt es einige Bootsverleihstationen mit den unterschiedlichsten Wasserfahrzeugen – vom Floß und Kajütsegelboot über Jollen, Kanus, Kajaks und Ruderboote bis zu Drachenbooten, Windsurf und Elektrobooten.
Motorboote bis 5 PS (bis 3,68 kW) können in den Berliner/Brandenburger Gewässern auch ohne Motorbootführerschein gefahren werden (führerscheinfrei bis 15 PS geplant ab Mitte 2012).

Seebad Friedrichshagen
Müggelseedamm 216, 12587 Berlin-Friedrichshagen
Telefon: 030/6 45 57 56
www.flossundlos.de

Müggelboote.de
Dorfstraße 21, 12589 Berlin-Rahnsdorf/im alten Fischerdorf vor der Kirche
Tel. 030/40 04 43 33
kontakt@mueggelboote.de
www.müggelboote.de

Bootsverleih Hessenwinkel
Triglawstraße 30, 12589 Berlin-Hessenwinkel
Tel. 030/64 84 92 82
www.bootsverleih-hessenwinkel.de

Segelyachtcharter Berlin
Tel. 030/36 42 04 16 und 0172/8 97 78 17
info@segelyachtcharter-berlin.de
www.segelyachtcharter-berlin.de

Bootsverleih »Historisches Fährhaus«
Müggelbergallee 1, 12557 Berlin-Köpenick
Tel. 0174/6 86 58 70, Fax 030/6 55 57 79
www.bootsverleih-berlin-koepenick.de

Surf- und Segelschule Müggelsee
Fürstenwalder Damm 838, 12589 Berlin-Rahnsdorf
Tel: 030/64 16 91 65
www.bootsverleih-müggelsee.de

Bootsverleih Spreepoint
Müggelseedamm 70, 12587 Berlin-Friedrichshagen
(im Wassersportzentrum)
Tel. 030/6 41 12 91 oder 0171/7 14 08 16
info@bootsverleih-spreepoint.de
www.bootsverleih-spreepoint.de

Aquaris Wassertouristik Berlin
Katzengraben 19/Spindlergasse, 12555 Berlin-Köpenick
Tel. 030/67 81 80 84, Fax 030/67 81 80 85
info@aquaris.info
www.aquaris.info

Anna Blume Bootcharter
Görlitzer Ufer 1, 10997 Berlin-Kreuzberg
mail@sloep.de
www.sloep.de

Spree-Safari
Strandpromenade 7 und Rüdersdorfer Straße 65, 15569 Woltersdorf
neumeyer@spree-safari.de
www.spree-safari.de

Yachthafen Wendenschloß
Pension & Yachthafen
»Historisches Fährhaus Wendenschloß«
Müggelbergallee 1, 12557 Berlin-Friedrichshagen
Tel. 030/65 47 44 25, 0172/8 76 98 03,
Fax 030/6 55 57 79
www.charter-berlin.de
www.yachthafen-pension-berlin.de

Bootsverleih Imbiss Sturzbach
Triglawstraße 58, 12589 Berlin-Hessenwinkel
Tel. 030/6489071
www.sturzi.de

Wassersportzentrum Friedrichshagen/Segelschule Braun
Müggelseedamm 68–70, 12587 Berlin-Friedrichshagen
Tel. 030/64094310

Soll es eine Nummer größer sein?

Neben den vielen Linienschiffen (zum Beispiel »Stern und Kreisschiffahrt«) bieten zahlreiche Reedereien die Möglichkeit, kleinere oder größere Schiffe für ihre Events zu mieten.

M.S. Schiffskontor GmbH
www.schiffskontor.de

Reederei Kutzker
www.reederei-kutzker.de

Mila Charterschifffahrt GbR
www.mila-charterschiffe.de

Berlin-Schiff-Tours
Eine Party feiern mit bis zu 18 Personen auf einer ehemaligen Hamburger Barkasse oder auf einem Heckraddampfer?
www.berliner-schiffscharter.de

Die etwa drei Dutzend Berliner Reedereien bieten unterschiedlichste Touren an (→ Seite 135). Unter anderem geht es von der weitläufigen Fährstation Wannsee aus (wenige Fuß-Minuten vom S-Bahnhof Wannsee entfernt) auf die Sieben-Seen-Rundfahrt, fährt man von der Greenwichpromenade am Tegeler See die Havel entlang bis zur Inselstadt Werder, schippert man auf der Spree rund um die Müggelberge oder verbringt ganztägige Ausflugsfahrten (beispielsweise nach Woltersdorf) auf dem Wasser samt garantierter Sonnenbräune (sofern die Sonne scheint).

FÄHRE F23 Müggelsee – Rahnsdorf

Die F23 quert die äußerste östliche »Ecke« vom Großen Müggelsee, fährt durch eine ungeahnt schöne Wasserlandschaft, vorbei an naturbelassenen Ufern und teuren Wassergrundstücken, stoppt auch an den Stationen Müggelhort und am mehr als 100 Jahre alten Tradtions-Hotel-Restaurant »Neu-Helgoland« mit seinen Wasserterrassen › Neuhelgoländerweg 1, Tel. 030/6 59 82 47, Fax 030/6 59 85 88, Montag bis Freitag ab 11.30 Uhr, Sonnabend, Sonntag und an Feiertagen ab 11 Uhr ‹, passiert in einiger Entfernung das hügelige, weißsandige Freibad am Kleinen Müggelsee hin zur Station Rahnsdorf, wo der alte Kirchturm in der Dorfmitte steht und Restaurants zu beiden Seiten des Anlegers ihre Gäste drinnen wie draußen am Wasser bewirten.
Fähre F23 Müggelsee/Müggelwerderweg – Rahnsdorf/Kruggasse (Karfreitag bis 3. Oktober)

Anfahrt Anlegestelle Müggelwerderweg:
Straßenbahn 61 bis Endstation Rahnsdorf/Waldschänke, Bus 161 oder N64; Anfahrt und Fähre: BVG-Tarifzone AB, nur Fährüberfahrt: BVG-Kurzstrecke; von der Haltestelle bis zur Fährstation: etwa 800 Meter
Fahrräder können mitgenommen werden. Hunde kosten nichts und brauchen auch keinen Maulkorb.

Je nach Seestrecke sollten also ein paar Stündchen eingeplant werden; gastronomische Betreuung an Bord versteht sich von selbst. Hier, am südöstlichen Zipfel von Berlin, sollte ab/bis Köpenick eine entsprechende Fahrt unternommen werden, die – je nach Ablegestation – den Dämeritz- und den Seddinsee durchquert. Dass man mit dem Boot zwischen diesen beiden Gewässern unterwegs sein kann, ist einem denkwürdigen Ereignis geschuldet. Das Internationale Olympische Komitee (IOC) hatte die »Spiele der Jugend« am 13. Mai 1931 an Deutschland vergeben, ohne zu ahnen, dass die Weimarer Republik 1933 von einer Diktatur abgelöst würde. Die Nationalsozialisten sahen dann in der erfolgreichen Durchführung der XI. Olympischen Spiele vom 1. bis 16. August 1936 eine

Neu-Venedig im Südosten Berlins

propagandistische Möglichkeit. In Charlottenburg entstand das »Reichssportfeld« mit dem Olympiastadion, in Köpenick auf dem 1896 vom Regatta-Verein gepachteten Gelände die 2000 Meter lange Regattastrecke Grünau auf der Dahme als Austragungsort der Ruder- und Kanuwettbewerbe mit ihren sechs Bahnen und der neu errichteten Tribüne für 9000 Besucher. Nichts sollte den Ablauf der Wettbewerbe stören, gar zu Auseinandersetzungen mit den Binnenschiffern wegen der Sperrung für den Schiffsverkehr zwischen km 37,10 und km 39,10 auf dieser wichtigen Wasserstraße führen. Ein halbes Jahr nach der Machtergreifung Hitlers begannen deshalb am 15. August 1933 die Bauarbeiten für den Gosener Kanal, der seitdem als alternativer Wasserweg den Dämeritzsee mit dem Seddinsee verbindet. Letzterer umgibt einige Inseln mit so charmant-eigenartigen Namen wie die gerade mal sandbankgroße Insel Nixenwall, Weidenwall, Werderchen, Berg, Dommelwall, Kleiner Seddinwall. Der Große Seddinwall ist seit mehr als 40 Jahren Refugium für mehr oder weniger wilde Camper – aber mit System. Die meisten sind Kanuten, die einem Verein angehören. Sie achten entsprechend einem Pachtvertrag darauf, dass die Natur der Insel erhalten bleibt.

NEU-VENEDIG

Restaurant-Café Neu-Venedig
Idyllisch mitten in den lagunenartigen Wasserwegen von Neu-Venedig gelegen. Sommergarten direkt am Wasser. Bootsanleger.
Tel. 030/6 48 93 09
Ganzjährig geöffnet ab 10 Uhr

Anfahrt per Boot:
Bei Müggelspree-Kilometer 10.25 die Rialtobrücke ansteuern, diese durchfahren, an der nächsten Kreuzung rechts in den Kanal 1 abbiegen, dann links in den Kanal 2 einbiegen bis zur nächsten Brücke. Schiff nur an den dafür vorgesehenen Haltevorrichtungen vertäuen. Zufahrt mit Booten über 2,50 Meter Breite/7 Meter Länge/2,10 Meter Höhe und mehr als 1 Meter Tiefgang nur schwer möglich.

Anfahrt zu Land:
Finkenweg 348, 12589 Berlin-Rahnsdorf
Von der Fürstenwalder Allee in den Rialtoring abbiegen; Bus 161 (Haltestelle Schönblicker Straße)

Kanu-Verleih für Neu-Venedig (und Umgebung)
13Kanus.de
Am Küstergarten 18, 12589 Berlin-Rahnsdorf
Ganzjähriger Verleih
Tel. 0162/4 85 03 10
info@13kanus.de
www.13kanus.de

Motorboote dürfen hier nicht anlegen, dafür Wasserwanderer. Jeder muss seinen Müll wieder mitnehmen, und regelmäßig wird das abgestorbene Holz der über 100 Jahre alten Bäume in Eigeninitiative der Wassersportler aufgelesen. Anders bei der benachbarten Insel Kleiner Seddinwall: die Hinterlassenschaften der wahrlich »wilden Camper« sind oft unübersehbar. Naturschutz besteht für die Insel Weidenwall. Die Insel Dommelwall lässt Erinnerungen an den Berliner Gartenbauarchitekten

Leberecht Migge aufkommen. Der hatte, weit weg von hier, im Bezirk Zehlendorf unter anderem die Grünanlagen für die Großsiedlung Onkel Toms Hütte gestaltet. Auf diesem Eiland versuchte er, seine Vision von einem Robinson-Leben in Berlin zu realisieren. Anfang der 1930er-Jahre »stieg er aus«, machte sich zum Selbstversorger, entwickelte eine Art grüner Philosophie, konnte diese aber nicht lange ausleben: Er starb 1935.

Ob nun per Ausflugsdampfer, Linienschiff oder individuell per (Miet-)Boot unterwegs, sind aus- bzw. eingangs vom Seddinsee stets Abstecher möglich – zum Beispiel nordwärts in die Große Krampe. Oder nach Rauchfangswerder, der Südspitze von Schmöckwitz – von Theodor Fontane als eine Insel beschrieben, an der sich vier Seeflächen »ein Rendezvous geben«. Dieser Ortsteil von Köpenick liegt zwischen dem Langen See, dem Seddinsee, dem Zeuthener, dem Krossinsee und dem Oder-Spree-Kanal. Beiderseits der Schmöckwitzer Brücke hat man wunderschöne Ausblicke auf die märkische Seenlandschaft. Rundherum Natur satt! Im Zeuthener See liegt der Zeuthener Wall: ein mehrere Tausend Quadratmeter großes ungestörtes Inselidyll – Betreten verboten. Nach (und von) Rauchfangswerder, die südlichste Spitze Berlins mit zahlreichen Badestellen und ihrer abgeschiedenen Siedlung, gelangt man auf dem schnurgeraden kilometerlangen Schmöckwitzer Damm auch mit dem BVG-Bus 168. Aber auch so kann ein Teil vom Berliner Südosten erkundet werden: In Alt-Schmöckwitz klettert man in einen der schon angejahrten Wagen der Straßenbahn 68 (oder steigt dort aus), rumpelt durch den Berliner Stadtforst vorbei am Strandbad Grünau und der einstigen Olympia-Regattastrecke, streckenweise direkt am Ufer der Dahme entlang. Die lange Zeit von der Stilllegung bedrohte Linie gilt als landschaftlich schönste Straßenbahnstrecke Berlins.

Mit welchem Wassergefährt auch immer, letztlich gelangt man via Langer See wieder auf die Hauptroute und schippert entlang der Dahme Richtung Altstadt Köpenick (oder in umgekehrter Richtung). An den Ufern der Dahme und an jenen des von ihr durchflossenen Langen Sees (mit den wohl alsbald unter Naturschutz stehenden Inseln Weidenwall und Werderchen) haben sich etliche Bootshäuser und Ausflugsrestaurants angesiedelt. Ob hier allerdings die Grünauer Hafenstadt »Puerto

ESSEN UND TRINKEN

Restaurantschiff Strandlust
Seddinpromenade 3a, 12527 Berlin-Treptow-Köpenick (Ortsteil Schmöckwitz)
Terrassen-Deck mit weitem Ausblick auf den Seddinsee. 1872 in Holland gebautes Schiff. Umgerüstet zum Restaurant-Schiff.
März bis Oktober: Dienstag bis Sonntag ab 11 Uhr
Tel. 030/6 75 86 26
www.strandlust-schmoeckwitz.de

Anfahrt:
Via Adlergestell und Wernsdorfer Straße oder direkt über den Wasserweg per Boot

DÄMERITZSEE

Individuelle Bootstouren
Funcharter am Dämeritzsee
Kanalstraße 38, 12589 Berlin-Rahnsdorf
Tel. 030/6 16 74 40
Fax 030/6 16 74 44
funcharter@daemeritzseehotel.de
www.daemeritzseehotel.de
Führerscheinfreie 5-PS-Boote, Wassertreter und Badeboote, Kajaks und Kanus, 145-PS-Bayliner oder 50-PS-Partyboot mit Sportbootführerschein bzw. mit Skipper

Verde« (Grüner Hafen) auf dem ehemaligen, riesigen Industriegrundstück des VEB Berlin Chemie trotz Baugenehmigungen und den Zusagen einer deutsch-spanischen Investorengruppe entsteht, ist noch offen. In der Flussmitte schwimmen zwei Inseln: Kleiner und Großer Rohrwall. Beide Inseln haben Bootsstege, letzter ist Heimstatt für den Segelclub Rohrwall e.V. Die circa 10 000 Quadratmeter ruhige Insellage bieten genügend Fläche für den intensiven Segelsport › Wochenende/Urlaub-Gäste-Info: Tel. 030/6 75 82 95; info@sc-rohrwall.de ‹.

Zwischen Müggelheim und Krampenburg sowie zwischen Grünau und Wendenschloß überqueren Fähren den Langen See.

Bis die Dahme bei Köpenick in die Spree mündet, sollten Freizeitkapitäne aufpassen und nicht die Rohrwallinsel rammen (52°26'01.15"N/13°34'27.96"O). Sonst kann es Ärger mit dem Amt für Umwelt und Natur vom Bezirksamt Treptow-Köpenick geben. Das hat erst kürzlich in Abstimmung mit dem Wasser- und Schifffahrtsamt (WSA) Berlin diese (und andere) der um 1900 entstandenen und maroden Uferanlagen naturbelassen saniert und an den Uferbereichen heimische Gehölze angepflanzt.

Köpenick im Rücken, ein Ahoi auf den Lippen, setzt man zur langen Flussfahrt auf der Spree stadteinwärts an. Westwärts, vorbei an einer Insel, deren Name allein schon vor dem Betreten abschrecken dürfte: Bullenbruch steht unter Naturschutz. Vorbei an der Insel Berlin (→ Seite 73), parallel zum Treptower Park, unter der Elsenbrücke hindurch, grüßen am östlichen Ufer die ehemaligen Kaianlagen vom Osthafen – eine lang gestreckte Uferzone, deren Neubebauung regelmäßig für Diskussionen sorgt. Soll Berlin hier nun sein internationales Media-Profil weiter ausbauen, diesen Teil des Spreeufers bebauen und umstrukturieren, oder soll »Mediaspree versenkt« werden, wie es sich so manche (noch sehr) junge Partygänger auf die wehenden Fahnen geschrieben haben? Am westlichen Ufer, unweit des 125 Meter hohen Bürohochhauses der »Treptowers«, öffnet sich das riesige Multifunktions-Areal »Arena« – 1927 als Omnibushauptwerkstatt Berlins erbaut › Konzerte, Theateraufführungen, Modemessen, Produktionspräsentationen, Partys, Ausstellungen und andere Veranstaltungen; Eichenstraße 4, 12435 Berlin-Treptow, Tel. 030/5 33 20 30 und 5 33 73 33, Fax: 030/53 32 03 27, www.arenaberlin.de ‹. Davor ankern das diesem Komplex angegliederte Restaurant- und Clubschiff »Hoppetosse« › Montag bis Freitag 12–16 Uhr/Mittagstisch bis 15 Uhr, Sonnabend geschlossen, Sonntag 12–16 Uhr/Kuchen und Snacks, www.arena-berlin.de/hoppetosse.aspx ‹ und das ganzjährig betriebene außergewöhnliche Badeschiff: ein schwimmender Pool inmitten der Spree mit Sandstrand und Open-Air-Bar › täglich 8–24 Uhr, Bar: Open End ‹. In der Wintersaison wird das Badeschiff umgerüstet zu einer

FÄHRE F21 Schmöckwitz – Krampenburg

Nördlich liegt der Lange See, im Süden der Seddinsee. Die Gegend bietet sich für ausgedehnte Wanderungen oder Fahrradtouren um die Seen und durch den Berliner Stadtforst an. Die Fähren werden vor allem von Campern genutzt. Da der Waldweg von Müggelheim im Sommer für Autos gesperrt ist, sind sie die einzige Möglichkeit, zum Campingplatz Große Krampe zu kommen.
Fährlinie F21: Dienstag bis Sonntag (Karfreitag bis 3.Oktober), Rollstuhlfahrer benötigen fremde Hilfe; Anfahrt und Fähre: BVG-Tarifzone AB, nur Fährüberfahrt: BVG-Kurzstrecke

Anfahrt zur Anlegestelle Schmöckwitz:
S-Bahnhof Grünau (S8, S46, S85), dann Straßenbahn 68 Richtung Alt-Schmöckwitz bis Haltestelle »Reifenwerk« oder »Zum Seeblick«, dann weiter zu Fuß

FÄHRE F12 Grünau – Wendenschloß

Die F12 erfüllt in diesem wasserreichen Gebiet die Funktion einer Brücke, so dass man ohne kilometerlange Umwege vom Ortsteil Grünau nach Wendenschloß und umgekehrt gelangen kann.
Fährlinie F12: täglich (ganzjährig), für Rollstuhlfahrer geeignet Anfahrt und Fähre: BVG-Tarifzone AB, nur Überfahrt: BVG-Kurzstrecke.

Anfahrt zur Anlegestelle Grünau (Wassersportallee):
S-Bahnhof Grünau (S8, S46, S85), dann Straßenbahn 68 bis Anlegestelle Oder: ab S-Bahnhof circa ein Kilometer Fußweg, gegenüber: Müggelbergallee Bus 62 und Straßenbahn 62

UFO-ähnlichen Saunalandschaft mit Pool und Panoramablick › Montag 12–22 Uhr/22– 03 Uhr Herren-Saunen, Dienstag 12–24 Uhr, Mittwoch 14–24 Uhr/10–14 Uhr Damen-Saunen, Donnerstag 12–24 Uhr, Freitag 12–03 Uhr, Sonnabend 14–03 Uhr/10–14 Uhr Damen-Saunen, Sonntag und an Feiertagen

Arena-Areal bei den Treptowers

10–24 Uhr, www. arena-berlin.de/badeschiff ‹. In Sichtweite zieht sich längs durch die Spree ein langer Steg. Der steht auf 258 Stahlbetonpfählen, die in einem maroden Zustand sind. Wegen zu hoher Sanierungskosten sollte dieser 480 Meter lange »Wasser-Weg« abgerissen werden; in den Planungen ist er als Anlegestelle für einen Jachthafen vorgesehen. Kaum jemand weiß, dass es sich um den alten DDR-Zollsteg handelt, Zeugnis der Teilungsgeschichte von Berlin. Hier wurden einerseits die in Ost-Berlin ankommenden oder ausfahrenden Binnenschiffer kontrolliert. Andererseits stellte das 1962 errichtete Bauwerk eine Grenzbarriere mit Wachtturm, Lichtmasten und unpassierbaren Geländegittern zu West-Berlin dar. Denn zuvor war es 13 Ost-Berlinern gelungen, das Ausflugsschiff »Friedrich Wolf« der »Weißen Flotte« zu kapern und an der Lohmühleninsel vorbei durch den hier mündenden Landwehrkanal ins westliche Kreuzberg zu flüchten. Über vier Brücken hinweg (drei davon stehen unter Denkmalschutz) ziehen heute Party- und Clubgänger auf die Lohmühleninsel und an deren Ufer zum Flutgraben – die Insel ist mit ihren von dichter Vegetation umgebenen pfahlbauartigen Uferrestaurants, die an Stadtkanäle in Bangkok erinnern, ein angesagter Treffpunkt.

BADEN

Strandbad Grünau
Sportpromenade 9, 12527 Berlin-Grünau
Sandstrand, Liegewiese, FKK-Teilbereich, Steg mit Turm, diverse Gastronomie, Strandkörbe, Liegen, Kinderspielplatz, Klettergerüst, Volleyball
Tel. 030/25 09 06 83
www.berlinerbaederbetriebe.de

Das urbane Ensemble vom Arena-Areal und seinen Schiffen, den Treptowers, der Lohmühleninsel, der Elsen- und Oberbaumbaumbrücke, der Stralauer Allee und den vorüberführenden Bahnlinien wird von einem Monumentalkunstwerk überragt: Aus der Wasseroberfläche erhebt sich seit 1999 der 30 Meter große »Molecule Man« des amerikanischen Künstlers Jonathan Borofsky, eine durchlöcherte, silbern glänzende Aluminiumskulptur. Sie »soll daran erinnern …, dass sowohl der Mensch als auch die Moleküle in einer Welt der Wahrscheinlichkeit existieren und das Ziel aller kreativen und geistigen Traditionen ist, Ganzheit und Einheit innerhalb der Welt zu finden«, so ein Zitat des Bildhauers. Ganz konkret symbolisieren die drei Figuren des »Molecule Man« die hier in der Spree seit 1920 zusammentreffenden Grenzen der Bezirke Kreuzberg, Friedrichshain und Treptow, seit der Verwaltungsreform von 2001 die Bezirksgrenzen Friedrichshain-Treptow und Treptow-Köpenick. Stadteinwärts, zwischen der an eine Ritterburg erinnernde Oberbaumbrücke und dem Ostbahnhof, erstreckt sich am östlichen Ufer die berühmte »East Side Gallery«. Die Hinterlandmauer in der Mühlenstraße war Teil der DDR-Grenzanlagen. 1990 wurde dieser Mauerstreifen von Künstlern und Sprayern aus

LOHMÜHLENINSEL

Anfahrt:
Bus 265, N 65, U-Bahnhof Schlesisches Tor (U1), S-Bahnhof Treptower Park (S8, S9, S41, S42, S85)

Restaurant und Wasserlounge Freischwimmer

Der terrassierte Freischwimmer ist direkt am – nahezu im – Wasser gelegen. In den 1930er-Jahren Bootsverleih, zu Zeiten der Teilung Berlins unzugänglich, erfreuen sich Bar und Restaurant enormer Beliebtheit.

Vor dem Schlesischen Tor 2a, 10997 Berlin-Treptow
Dienstag bis Freitag ab 16 Uhr, Sonnabend und Sonntag ab 10 Uhr Brunch, Montag Ruhetag
Tel. 030/61 07 43 09, Fax 030/69 51 67 35
pool@freischwimmer-berlin.de
www.freischwimmer-berlin.de

Club der Visionäre

Der Club der Visionäre am gegenüberliegenden Ufer kommt als Zilling des Freischwimmer daher. Wie früher gibt es auch heute mit dem »Ableger« wieder einen Bootsverleih für Kajaks und Canadier sowie das Charter-Club-Schiff MS Klaus (Baujahr 1938) für bis zu 20 Personen (Sound, WC, auf Wunsch mit Grill).

Am Flutgraben, 12435 Berlin-Treptow
Montag bis Freitag ab 14 Uhr, Sonnabend und Sonntag ab 12 Uhr, Open End
Tel. 030/69 51 89 42, Fax 030/69 51 89 43
www.clubdervisionaere.com

Restaurant Anhalt

In Klarheit und Strenge neu gestaltet, spiegelt das Terrassenrestaurant das Lebensgefühl der 20er-Jahre wider. 1928 im unverwechselbaren Baustil der Moderne errichtet, ist es äußerlich die älteste noch erhaltene Berliner Tankstelle mit Raststätte. Innenraum auf zwei Etagen, verbunden durch eine umlaufende Galerie.

Vor dem Schlesischen Tor 2, 10997 Berlin-Kreuzberg
Montag bis Freitag 12–16 Uhr (sonst: Reservierung, Koch-Events) Tel. 030/61 20 23 60
Fax 030/61202358
info@anhalt-berlin.de

Molecule Man auf der Spree

aller Welt mit vielen großformatigen, teils politischen, zumeist skurrilen und ironischen Bildern versehen und wurde als East Side Gallery bald international bekannt › www.eastsidegallery-berlin.de ‹, gerade so, wie man es bis zum Mauerfall nur von westlicher Seite her kannte (und von wo aus dieses ja auch nur möglich war). Zwischen East Side Gallery, der längsten Galerie der Welt, und dem Ufer, wo auch zwei Hostel-Boats für eher junge Leute ankern (»Eastern Comfort« und »Western Comfort«), tummeln sich in der warmen Jahreszeit die unterschiedlichsten Menschen in den Strandbars, tanzen Salsa, trinken Cocktails, von Sonnenuntergang bis Sonnenaufgang. Eine breite (und umstrittene) Öffnung in der denkmalgeschützten Hinterlandmauer gibt es nur als wasserseitigen Zugang zur »O_2 World«, einer multifunktionalen Riesenarena jenseits der Ausfallstraße. Gegenüber, auf Kreuzberger Seite, fällt eigentlich nur bei genauem Hinsehen eine eigenartige Konstruktion auf. Eine rote Leuchtkugel wirkt wie auf den Mast aufgespießt, bewegt sich aber abhängig vom Schiffsverkehr auf der Spree auf und ab und erinnert symbolisch an den im Zweiten Weltkrieg zerstörten Leuchtturm. Hier, am May-Ayim-Ufer und dem Herzstück der künftigen Kreuzberger Uferpromenade, wurde

HOSTELSCHIFFE

Eastern Comfort und Western Comfort

Zwischen den Szenebezirken Friedrichshain und Kreuzberg an der East Side Gallery/Oberbaumbrücke gelegen.

Hostelschiff Eastern Comfort: moderne Vierer-, Dreier-, Zweier- und Einzelkabinen mit Bullaugen, Duschen und WCs, auch Erste-Klasse-Doppel- und Einzelkabinen.

Ganzjährig geöffnet

Hostelschiff Western Comfort: 18 Drei- und Doppelbett-Kabinen mit großen Fenstern. Duschen und WCs außerhalb der Kabinen. Frühstück, Rezeption, Internet etc. im Eastern Comfort.

Mühlenstraße 73–77, 10243 Berlin-Friedrichshain
Tel. 030/66 76 38 06, Fax 030/66 76 38 05
www.eastern-comfort.com

die 1895 errichtete historische Doppelkaianlage denkmalgerecht saniert und für eine neue Nutzung ausgebaut. Die mit ihr verbundenen »Katakomben« – einst offene, unterirdische Warteräume – dienen nun als Galerie und als Räumlichkeit für das Restaurant »RioGrande«. Durch den Ausbau der durchgehenden Kreuzberger Uferpromenade mit plateauartigen Erweiterungen samt einer vorgelagerten Steganlage sollen sowohl das Restaurant mit seiner wasserseitigen Café-Terrasse wie die Gesamtanlage angesteuert werden.

Stadteinwärts – auf dem Wasser – geht es unter einigen Brücken hindurch und nach einem linkskurvigen Schlenker hin zur Spreegabelung. Da sind auf der einen Seite die Anlagen der viel befahrenen Mühlendammschleuse und am Flussufer die eigenwillige niederländische Botschaft des Architekten Rem Koolhaas. Gegenüber öffnet sich ein Seitenarm, 1681 von holländischen Spezialisten zur Friedrichsgracht fertig ausgebaut. Die Fassade der modernen brasilianischen Botschaft spiegelt sich in der Flussgabelung.

Ein paar Kilometer weiter treffen Hauptstrom und Nebenarm an der historisch restaurierten Monbijoubrücke wieder zusammen. Dazwischen liegt natürlich eine Insel. Und was für eine! Auf sie gelangt man über 14 Straßen- und Fußgängerbrücken.

O_2 WORLD

Die modernste Multifunktionsarena Europas.
Mühlenstraße 12–30/Tamara-Danz-Straße, 10243 Berlin-Friedrichshain
Per Boot:
Bootsanleger am Spreeufer mit zwei Anlegestellen für Linienfahrten verschiedener Reedereien (unter anderem Riedel, Micky Tours, Exclusiv Charter, VOC) sowie für Privatanleger (Tel. 030/20 60 70 83 12, Mail: s.nieper@anschutz-entertainment-group.de.)
www.o2world-berlin.de

Auch zwei S-Bahnbrücken docken an. Berlins älteste erhaltene Brücke ist hier: die im Stil einer holländischen Klappbrücke errichtete Jungfernbrücke (1798) oder auch die von Karl Friedrich Schinkel erbaute Schlossbrücke (1821–1824). Die zum einstigen (und als »Humboldtforum« wieder zu errichtenden) Schloss führende Brücke wird flankiert von acht Kriegergruppen aus weißem Marmor, deren Kampf und Tod von den Siegesgöttinnen Nike, Iris und Athena begleitet werden. Die Skulpturen wurden gleichfalls von Schinkel konzipiert, aber in etwas veränderter Form erst 1842–1857 ausgeführt. Acht Berliner Bildhauer aus den Schulen Johann Gottfried Schadows und Christian Daniel Rauchs waren daran beteiligt. Die Insel besteht verwirrenderweise aus vermeintlich drei Eilanden. An

ESSEN UND TRINKEN

Restaurant RioGrande
Speisen direkt auf Spreehöhe, Wasser-Terrasse, eingebunden in die historische Doppelkaianlage.
May-Ayim-Ufer 9 (ehemals Gröbenufer), 10997 Berlin-Kreuzberg
Montags bis Sonntag 10–24 Uhr
Tel. 030/61 07 49 81
info@riogrande-berlin.de
www.riogrande-berlin.de

Oberbaumbrücke

der Südspitze heißt sie Fischerinsel. Das dortige, zum ältesten Teil der Stadt gehörende Grachtenufer und der gesamte Fischerkiez wurden 1965–1973 von der DDR plattgemacht und Plattenbauten hochgezogen. Nur ein Haus, die Friedrichsgracht 15 mit der Altberliner Freitreppe, ist auf der Festlandsseite wieder aufgebaut worden (Märkisches Ufer 12).

Hier hat eine mächtige Flotte historischer Schiffe festgemacht. Zu zweit und zu dritt drängen sie sich beiderseits der Inselbrücke, einem 1912–1913 errichteten, beeindruckenden Bauwerk mit Balustraden und Bögen. Die schwimmenden »Oldtimer« mit ihren Tauen, Ankern, Trossen und Rettungsringen sind imponierende Exponate des Historischen Hafens Berlin, einem Museumshafen (→ Seite 103/104).

An wahrlich prominenter Stelle, in der historischen Mitte Berlins, geht die Fischerinsel in die Spreeinsel über. Jeder weiß, was gemeint ist, aber offiziell gibt es diese Bezeichnung gar nicht, weder auf dem Stadtplan noch im Straßenverzeichnis. Sie ist streng genommen ein namenloser Inseltorso zwischen Lustgarten und Gertraudenstraße/Mühlendamm. Mittendrin prangt der Berliner Dom, die größte Kirche Berlins und oft als der »Petersdom der Protestanten« bezeichnet. Gegenüber breitet sich eine riesige Brachfläche aus. Dort soll sich wie Phoenix aus der Asche das wiederaufgebaute Stadtschloss erheben und als museale Multifunktionsstätte (»Humboldt-Forum«) dem geschichtsträchtigen Ort neues Leben einhauchen. Und da ist noch die nördliche Inselspitze – unter diesem Namen genießt sie Weltruf: die Museumsinsel. Auf Berlins spektakulärster wasserumgebener Landzunge findet – wohl eher unbewusst – das Inselhopping tagtäglich tausendfach statt, jährlich zählt man mehrere Millionen Besucher!

Sie strömen in das 1830 nach Plänen von Karl Friedrich Schinkel fertiggestellte Alte Museum, das der erste Inselbau und das erste öffentliche Museum Preußens war. Ihm folgten das Neue Museum (1843–1859) und die Alte Nationalgalerie (1866–1876). Etwa zwei Jahrzehnte später wurde das Kaiser-Friedrich-Museum (1897–1904), das heutige Bode-Museum, errichtet. Es wurde 1956 nach dem Museumsgründer und Generaldirektor Wilhelm von Bode umbenannt. Der wiederhergestellte Kolonnadenhof zwischen Alter Nationalgalerie und dem Neuen Museum mit seinen Säulenreihen lädt zum Flanieren ein. Und schließlich das Pergamonmuseum (1910–1930), gleichsam das Herzstück der Museumsinsel und ein Publikumsmagnet sondergleichen.

Uferpromenade mit Blick auf den Dom

HISTORISCHER HAFEN BERLIN

Bis zum Zweiten Weltkrieg war Berlin die größte Binnenhafenstadt Deutschlands. An die mehr als 200 Jahre alte schifffahrtsgeschichtliche Tradition knüpft im »Historischen Hafen Berlin« ein in Deutschland einzigartiges Ensemble von alten, für die Berliner Schifffahrt charakteristischen historischen Binnenschiffen verschiedenster Bauart und Herkunft an. Alle Schiffe sind fahrtüchtig und werden schrittweise nach denkmalpflegerischen Gesichtspunkten restauriert. Über zwei Dutzend Dampfschlepper, typische Berliner Ausflugsschiffe um 1900 und historische Maßkähne – mitunter mit originalen Segeleinrichtungen – liegen an den Kais des Märkischen Ufers und an der Fischerinsel. Darunter auch das Museumsschiff »Anna-Angelika«. Unter Deck hat die Berlin-Brandenburgische Schiffahrtsgesellschaft e.V. (BBSG) eine Ausstellung über die Binnenschifffahrt auf Spree und Havel mit Schiffsschrauben, Anschlagkrallen, Schlepphaken und originaler Schiffsküche mit Schlafstube eingerichtet. Auch sonst ist an das leibliche Wohl gedacht. Über schwankende Planken ist der Heckradschlepper zu erreichen, umgerüstet zum Bistro- und Caféschiff »Deckshaus«, wie das Märkische Ufer selbst mit allerlei »schiffsaffiner« Gastronomie aufwartet. Und auf dem Museumsschiff »Heinrich Zille« wird immer wieder mal eine Zille-Revue dargeboten. Jeweils Anfang Mai wird eine internationale Lastensegelregatta mit Museumsschiffen und einem umfangreichen Kulturprogramm ausgerichtet, allerdings auf dem Müggelsee. Dafür findet direkt am Museumshafen, immer Ende August, ein Hafenfest mit Schiffsfahrten, einem Nautiquitätenmarkt und einem Rahmenprogramm (unter anderem ein »Piratenfest«) statt. Die historischen Schiffe sind nicht nur zu besichtigen, sondern auch in voller Fahrt zu erleben.

Für Besucher mit eigenem Boot: Wer am Anlegesteg festmachen will, sollte einen Termin online bzw. per E-Mail im »Anlegebuch« reservieren (hafenmeister@historischer-hafen-berlin.de, www.historischer-hafen-berlin.de/brueckenbenutzungsordnung.pdf).

Historischer Hafen Berlin
Märkisches Ufer, Anlegestelle: Fischerinsel, 10778 Berlin-Mitte
Mai bis Oktober: Dienstag bis Freitag 14–18 Uhr, Sonnabend, Sonntag und an Feiertagen 11–18 Uhr
Führungen nach Voranmeldung
Tel. 030/2 13 80 41, Fax 030/2 13 80 42
info@hhberlin.de
www.hhberlin.de, www.historischer-hafen-berlin.de

Bistro- und Caféschiff Deckshaus
Dienstag bis Sonntag ab 12 Uhr
Tel. 030/21 79 14 04, 0176/64 67 72 20, Fax 030/69 51 52 45
info@deckshaus.de
www.deckshaus.de

Anfahrt:
U-Bahn: U-Bahnhof Märkisches Museum (U2), U-Bahnhof Heinrich-Heine-Straße (U8)
Bus: 265 (U-Bahnhof Märkisches Museum/Inselstraße), N65, N8 (U-Bahnhof Heinrich-Heine-Straße), 147, 248, 265, N42 (U-Bahnhof Märkisches Museum/Inselstraße), 147, 248, 265, N42, M48 (Haltestelle Fischerinsel)

Tipp: In der näheren Umgebung des Hafens befindet sich der U-Bahnhof Spittelmarkt (U2), unmittelbar in bzw. an den Spreearm gebaut. Innen ist er mit großformatigen Wandbildern des historischen Berlin geschmückt, auch der Berliner Schifffahrt. Bei Dunkelheit lohnt der Spaziergang auf der Fischerinsel gleich gegenüber, denn das dürfte der einzige U-Bahnhof mit riesigen, illuminierten »Bullaugen« sein, die Sicht auf die Bahnsteige geben und deren Unterkanten direkt an die Wasseroberfläche stoßen, so dass sie fantastische Reflexe hervorrufen.

Die Bauten auf der Museumsinsel, die im Zweiten Weltkrieg unterschiedlich stark zerbombt wurden und zu DDR-Zeiten kaum restauriert worden waren, sind seit dem Fall der Mauer in großen Teilen wiederhergestellt worden – samt zeitgemäßer

Museumsinsel mit Bode-Museum

Um- und Anbauten. Dazu zählen auch der Bau eines völlig neuen, zentralen Empfangsgebäudes, eines Verbindungsflügels für das Pergamonmuseum und die zunächst heftig umstrittenen Pläne des britischen Stararchitekten David Chipperfield für die Rekonstruktion des Alten Museums. Die Arbeiten werden sich noch einige Jahre hinziehen. Dieses klassizistisch-schöne Ensemble und sein »klassisches Innenleben« hat die UNESCO zum Weltkulturerbe erklärt. Wenn die Museumsinsel auch »nur« einen Teil der sich zwischen Kupfergraben und Spree hinwindenden langen Insel ausmacht, hat Berlin dieser einmaligen insularen Nordwestspitze seinen Beinamen zu verdanken: Spree-Athen.

Flaschenpost & Treibgut

Aussichtsreich. Die kleine Straße ist gesäumt von Einfamilienhäusern. Sie endet als Sackgasse. An und für sich nichts Besonderes. Doch etwa 20, 30 Meter weiter geradeaus, der »Höhenweg«: Hier öffnet sich, wie auf einem Hochplateau, ein beeindruckendes Panorama. Da ist die hügelige Silhouette des Grunewaldes, aus der linkerhand ein paar reichlich entfernte Hochhausetagen herausragen. Da ist die breite Havel mit ihrem regen Schiffsverkehr zu fast jeder Jahreszeit. Und die große Marina Lanke mit Steganlagen und den vielen Sport- und Segelbooten. Daneben eine Bootstankstelle. Weit schweifen die Blicke nach links und rechts, das heißt südwestwärts der Havel folgend. Diese Kombination von Höhe, Horizont, Landschaft und Wasser hat man selten in Berlin. Die kleine Straße, die einen nach oben führt, heißt »Zur Haveldüne«. Sie zweigt ab von der Gatower Straße in Spandau. Haveldüne? Ein Höhenzug, ja, und ein vielfältig bewachsener. Aber nichts erinnert an eine Düne. Dennoch gab bzw. gibt es sie. Nach der sowjetischen Blockade West-Berlins (24. Juni 1948 bis 12. Mai 1949) wurde die Düne teilweise abgetragen und zu Bausand vermengt, bis die recht steilen Abhänge drohten in die Havel abzurutschen. Die Arbeiten wurden deshalb eingestellt und die Düne mit Humus belegt und bepflanzt. Leider nicht mit Weinstöcken. Sehr viel früher wurde hier nämlich sogar Wein angebaut. Straßennamen wie Weingartenweg, Weinmeisterhornweg, Küfersteig und Keltererweg erinnern noch daran.

Kunst für nass. »Ein Mädchen … greift genießerisch in ihre knittrige Papiertüte, es raschelt und knistert. Sie holt eine handvoll Brotkrumen hervor. Da sie dabei recht sorglos ist, krümelt eine Menge auf den Boden und ein bisschen bleibt in ihrem fussligen, bunten Wollschal hängen. … Was sie noch auf der Hand hat, wirft sie mit einem plumpen Schwung ihres Armes in das Hafenbecken. Acht fette Schwäne umsegeln dort das auf der Oberfläche schwebende Futter. … Die grüne Boje wiegt sich in den glänzenden, unruhigen Wellen. Unter einem löchrigen, graublauen Himmel kreisen Möwen, schnarzen und krächzen. Wieder fliegt eine Wolke alten Brotes ins

Wasser. Im Sturzflug mit aufgesperrten Schnäbeln fallen sie vom Himmel, … Der ältere Mann … schaut auf die weichen Wogen im Hafenbecken und den darauf wankenden ollen Kutter. Rostig, von Wind und Wetter stark gezeichnet, er wartet auf den Sommer. Der Kutter auch. …« Dieses und anderes wird uns auf einem DIN-A-5-Zettel mitgeteilt – altertümlich mit der Schreibmaschine getippt und von Hand verbessert, vielfach fotokopiert und mit Klebebändern am Kreuzberger Urbanhafen befestigt. »Berlin, Urbanhafen« nennt der Dichter August-J. Herbst, ein Pseudonym, seine Betrachtungen. Als »Sta(d)tpoet« › www.statpoet.de ‹ pinnt und klebt er unerkannt mal hier, mal da seine Poesie und Kunst in die Straßen von Berlin. Ähnlich überraschend begegnen Passanten jener eigenartigen metallenen Plastik mit dem stilisierten gespaltenen Kopf, die nur bei genauem Betrachten auszumachen ist. Am Neuen See im Tiergarten, am Bootsverleih vorbei, spiegelt sie sich am Inselufer im Wasser. Mit bloßem Auge ist nicht zu entziffern, was auf der kleinen Plakette steht: »die Stumpf-Geteilte«. Und: »m. Ritthoff-Lienau«. Kein Pseudonym. Manfred heißt der gelernte Maler und Lackierer mit Vornamen. Er fährt, um seine Kunst zu finanzieren, Taxi in Hamburg, wo er etliche seiner Skulpturen ungefragt und klammheimlich positioniert; sagt aber: »Ich hatte nie den Anspruch, ich sei Künstler. Mir geht es … darum, etwas entstehen zu lassen. Die Ergebnisse … werden von anderen beurteilt.« Die Tiergartenverwaltung hat das Wasserobjekt zwar auch entdeckt, enthält sich indes jeglicher Bewertung und hat es nüchtern als »OBJ-Dok-Nr.: / Teil-Nr.: 09046318,T,026« katalogisiert.

Hafen mit Lese-Speicher und U-Bahn mit Bibelzugang. Die Wahrscheinlichkeit ist eher gering, dass hier Komponisten zu Liedern inspiriert worden wären – zu Schlagern wie Melina Mercouris »Ich bin ein Mädchen von Piräus und liebe den Hafen, die Schiffe und das Meer …« oder zu Freddy Quinns Schluchzer »Junge, komm bald wieder … in jedem Hafen kam ein Brief an Bord …«. Die Rede ist vom Westhafen in Moabit. Romantische Sehnsüchte lösen diese 1914 begonnenen maritimen Zweckbauten und Kaianlagen nicht aus. Dafür beeindrucken die Ausmaße des größten Berliner Hafens. Etwa 430 000 Quadratmeter umfassen die Hafenbecken dieses wichtigen

Umschlagplatzes für die Binnenschifffahrt, gesäumt von imposanten, unter Denkmalschutz stehenden Gebäuden, zum Beispiel riesigen Getreidespeichern. Ein umgebautes Speichergebäude beherbergt übergangsweise einen Standort der Berliner Staatsbibliothek mit ausgelagerten Magazinbeständen, einem Lesesaal und der Kinder- und Jugendbuchabteilung. Die Stiftung Preußischer Kulturbesitz lagert hier die Zeitungsabteilung des »Geheimen Preußischen Staatsarchivs«. Im Rahmen des Berliner Hafenkonzepts von 2001 wurden eine Container-Verladestation, eine Roll-on-Roll-off-Anlage und ein Anleger für Flusskreuzfahrtschiffe errichtet. Integriert in das überregionale Wasserstraßennetz zwischen Elbe und Oder, fahren die Schiffe die Havel und Elbe entlang nach Hamburg, an die Nordsee oder zum Atlantik. Oder umgekehrt.

Na bitte! Wenn es da doch den einen oder anderen Seebären packt – in Berlins einziger Schiffer- und Hafenkirche (sogar mit unmittelbarem Zugang zum U-Bahnhof Westhafen) können die Matrosen ihren Gefühlen freien Lauf lassen.

Wo Autofahrer noch wahre Kapitäne sind. Wahrscheinlich würden alle Umweltbewegten schaudern, wenn jemand mit einem Auto, versehen mit zwei Schiffsschrauben, von der Havelchaussee querfeldein zu einer Strandbucht abböge und die Fahrt in der Havel fortsetzte. Oder von dort auftauchte.

Autos als Motorboote? Gibt's nicht. Gab's aber. Das Gefährt namens Amphicar 770 wurde von 1960 bis 1963 in Berlin gebaut und war eigentlich (und alles in allem vergeblich) als fünfsitziges Sportboot-Cabrio für den US-Markt konzipiert. 4,50 Meter lang, kostete es seinerzeit kaum weniger als ein Porsche 356. Zu Land war es mit bis zu 120 Sachen unterwegs, hatte Hinterrad- und Doppelschraubenantrieb, wurde mit dem Lenkrad über die Vorderräder durch die Fluten bugsiert, erreichte im Wasser 12 km/h und durfte problemlos die Berliner Gewässer durchqueren. Zurück an Land mussten jedoch erst die Trommelbremsen trocknen, bevor sie wieder richtig griffen und die Fahrt fortgesetzt werden konnte. Was aus dieser Erfindung geworden ist? Der Amphicar-Club Berlin e.V., ein »Oldtimer-Verein mit echtem Tiefgang«, restauriert, erhält und pflegt diese schwimmenden Gefährte(n) und informiert gern › www.amphicars.com/Germany/home.html ‹.

Am Neuen See im Tiergarten

Meer in Sicht. Von der Sandhauser Straße in den Elchdamm und dann an fast beliebiger Stelle zu Fuß rechts abbiegend, kann man eine einzigartige Entdeckung machen. Steil hinauf und über Stock und Stein geht es zu fast schneeweißen und von allerlei Grün gesäumten Hügeln. Hier, im Reinickendorfer Landschaftsschutzgebiet Tegeler Forst, wirft sich eine weitläufige Dünenlandschaft auf, nahe dem Heiligensee (mit schönem Strandbad) und der Havel. Diese Sandberge, wie sie auch genannt werden, sind Binnendünen und entstanden, wie anderswo in der Region auch, am Nordrand des Berliner Urstromtales vor etwa 12 000 Jahren nach der letzten Eiszeit. Infolge der abschmelzenden Gletscher wurden die frei liegenden Sandflächen von den aus Westen her kommenden starken Winden zu über 30 Meter hohen Wanderdünen aufgetürmt. Deren Wanderlust wurde an heutiger Stelle gestoppt, als sich befestigende Gräser, später auch Wacholder, Weiden und Sanddorn in den Dünen verankerten. Jetzt versenkt man hier gern seinen Picknick-Korb im feinsandigen Untergrund, und spätestens beim zweiten Glas Rotwein ist auch irgendwie schon das Meer in Sicht.

Ein Kanal, der keiner ist. Der Luisenstädtische Kanal begann (oder endete) quer zur Köpenicker Straße, wohl eine der hässlichsten Verkehrsadern. Er mündete in Sichtweite des heute so angesagten Kaimauer-Hotspots »Radialsystem«, ein ehemaliges Pumpwerk direkt an der Spree, nun ein erstklassiger Kultur- und Event-Ort › Radialsystem-V-space for arts and ideas, Holzmarktstraße 33, 10243 Berlin-Friedrichshain, www.radialsystem.de ‹. Seit 1852 verband der Luisenstädtische Wasserweg den Landwehrkanal mit der Spree, wurde 1926 aber wegen seines übel riechenden Kanalwassers zugeschüttet. Heute spaziert man im parkähnlich umgestalteten Kanalbett vom Kreuzberger Oranienplatz aus in Richtung der teilzerstörten, gleichwohl imposanten St.-Michael-Kirche. Hier öffnet sich ein gewaltiges Halbrund, umgeben von (wieder entstandenen) Häusern. Mittig dehnt sich eine unerwartet große Wasserfläche aus.

Der idyllische See heißt »Engelbecken«, wurde in den 1990er-Jahren ausgehoben und geflutet, Schilf wurde angepflanzt und eine hohe Fontäne eingesetzt. Im Winter kann man hier Schlittschuh laufen. Auch für Kulinarisches ist gesorgt: unterhalb des Straßenniveaus gibt es ein schnuckeliges Café-Restaurant › Café am Engelbecken, täglich 10–24 Uhr, Tel. 030/28 37 68 16, www.cafe-am-engelbecken.de ‹.

Aus dem Ruder gelaufen. Berlins einziger Ort, der Hafenplatz heißt, hat keinen Hafen. Wasser gibt es auch nicht. In dieser verkehrsberuhigten Öde erinnern weder Poller oder Kais an die Historie des vor einem halben Jahrhundert zugeschütteten, damals bereits reichlich verlandeten Beckens. Der seinerzeitige Schöneberger Hafen war entstanden, als Peter Joseph Lenné in den Jahren 1850 bis 1852 den Landwehrkanal anlegen ließ und abseits davon eine Wende- und Verladestation für Schiffe benötigt wurde. Dieses erste große infrastrukturell verzahnte Vorhaben Preußens (Kähne, Eisenbahn, Lagerflächen, Verbindungsrampen) erwies sich bald als zu eng dimensioniert. Die boomende Stadt Berlin nahm das Ruder in die Hand, löste sich vom preußisch-staatlichen Gängelband und errichtete ein paar Kilometer entfernt einen eigenen »Stadt-Hafen« – den nämlichen »Urbanhafen« in Kreuzberg. Heute warten nun Restaurantschiffe auf Gäste. Am Hafenplatz hingegen hat eine Hochbahnstation angedockt: der U-Bahnhof Mendelssohn-

Bartholdy-Park. Indessen hat's die Stadt in jüngerer Zeit auf zwei temporäre Häfen gebracht – beide namenlos. Ersterer befindet sich da, wo heute unter anderem das Jakob-Kaiser-Haus steht. Hier dehnte sich in den 1990er-Jahren westlich der Wilhelmstraße und rund um die Dorotheenstraße in Richtung Reichstag eine enorme Wasserfläche mit Anbindung an die Spree aus. Schiffe mit Baumaterialien waren darauf unterwegs, und sogar hoch spezialisierte Taucher waren unter Wasser tätig, um riesige wannenartige Fundamente für die parlamentarischen Neubauten im wässrigen Berliner Untergrund zu errichten. Der andere »No-Name-Hafen« ist noch im Entstehen begriffen: Um das größte Infrastrukturprojekt bis 2019 zu realisieren – der Bau der U-Bahnlinie U5 zwischen Brandenburger Tor und Alexanderplatz – ist ein neu anzulegendes Spree-Becken gegenüber dem Schlossplatz vonnöten. Frachtschiffe sollen die Betonfertigelemente anliefern und die errechneten 120 000 Kubikmeter Sand, Schlamm und Stein abtransportieren, um so der Stadt Tausende von LKW-Fahrten zu ersparen.

Gesiebtes Karat. Die Eiszeit machte vor 15 000 Jahren mit einigen Gletscherzungen unter anderem am Tegeler See halt, auch am Kaulsdorfer und am Müggelsee. Und ließ Edelmetall zurück. Das siebten (und sieben) Hobby-Goldsucher heraus. Sie dürfen ihre Schätze auch behalten, die »immerhin« so um die 0,5 Millimeter breit sind. Wer also als Berliner Goldwäscher Millionär werden möchte, wende sich an den »Goldsucherklub« › Tel. 030/99 27 43 82 ‹.

Hausboote. Die gibt es gleich kolonienweise, ganz wie in Amsterdam, doch nahezu unbemerkt. Zum Beispiel nur einen Steinwurf weit entfernt vom Hauptgebäude der Technischen Universität (Straße des 17. Juni) an der Schleuseninsel mit ihrer unter Denkmalschutz stehenden, riesigen »Rosa Röhre«, Teil der (ehemaligen) Versuchsanstalt für Wasser- und Schiffbau. Oder am Treptower Hafen, wo die Hausbootler immer wieder mal von einer der führenden Reedereien »ausgetrocknet« werden sollen, weil sie über deren Stege in ihre schwimmenden Heimstätten gelangen. Und auch in Moabit, auf richtig großen »Pötten«: nahe dem Plötzensee am Spandauer Schifffahrtskanal, jenseits der Einfahrten in den großen Westhafen.

Schiffsbug an der Emil-Schulz-Brücke

Schiffsbug im Bürgersteig. Das abgesägte Vorderteil eines Schleppkahns samt Steuerrad steckt, fast verborgen im Gebüsch, in den Pflastersteinen der Königsberger Straße fest › Emil-Schulz-Brücke/Ecke Fußweg zum Teltowkanal in Lichterfelde ‹. Unter Bäumen, gleich nebenan, steht in einem großen Glasverschlag ein originales »Dampfross«. Beide erinnern daran, dass in der ersten Hälfte des 20. Jahrhunderts die Transportkähne vom verschienten Ufer aus mit zwanzig 8-PS-Treidellokomotiven entlang dem Teltowkanal gezogen wurden.

City-Hafen mit U-Bahnanschluss. Gemeint ist der Tempelhofer Hafen, ein einzigartiges urban-maritimes Gelände; vom verkehrsumtosten Tempelhofer Damm nicht zu sehen. Wo einst an den Kais Getreide, Mehl, Tabak und Öl umgeschlagen wurden, sind die Hafenanlagen, die Kräne und das riesige Speichergebäude (1908) sowohl restauriert als auch als vielseitige Shopping-Mall umgestaltet worden. Samt Restaurantschiffen, Cafés und einer Beachbar unter Palmen › Marina Beach Lounge, in der kalten Jahreszeit Berlins erste überdachte Strandbar, April bis Oktober täglich 11–Open End, Tempelhofer Damm 227, 12099 Berlin, info@marinabeach.de, www.marinabeach.de ‹. Außerdem gibt es einen Jachthafen, wo Freizeitkapitäne für ihren Landgang die ersten Stunden kostenlos andocken dürfen.

An der Hafeneinfahrt der Westmole prangt ein Unikum – ein kantiger, sandsteinfarbener Leuchtturm. Seine Spitze wirft in der Dunkelheit im Sieben-Sekunden-Takt das Licht auch auf die Wasserfassade vom Modecenter Berlin. Doch so richtig hoch ist er mit seinen etwa sechs Metern nicht. Dieses schön gestaltete Leuchtfeuer ist funktionslos, nicht begehbar; ist ein Kunstwerk, indes resistent gegen peitschenden Regen und stürmende Winde. Kein Fels in der Tempelhofer Brandung, sondern angefertigt aus einer 50 Tonnen schweren Spezialsandmixtur. U-Bahnhof Ullsteinstraße.

Mit und ohne Taucherbrille. Hallenbäder gibt es reichlich in der Wasserstadt Berlin. Doch nicht jedes Schwimmbad ist auch eins. So heißt das seit 2005 geschlossene »Berliner Luft- und Badeparadies (BLUB)« in der Neuköllner Buschkrugallee zwar immer noch so, hat sich aber in die edle Saunalandschaft »Al Andalus« verwandelt. Eine Wiederbelebung der Badelandschaft ist in Planung › www.blub-berlin.de ‹. Ein besonderes

Stadtbad Neukölln

Schmuckstück ist das »Stadtbad Charlottenburg – Alte Halle« in der Krummen Straße › www.berlinerbaederbetriebe.de ‹. Das Jugendstilbad (1898) mit riesigem Oberlicht ist ein Architekturklassiker. Nämliches gilt für das »Stadtbad Schöneberg«, das seit 2012 und nach Abschluss der Sanierung den Namen »Hans Rosenthal« trägt, weil der Showmaster hier Schwimmen gelernt hatte › Hauptstraße, www.berlinerbaederbetriebe.de ‹. Erbaut im Stil der Neuen Sachlichkeit (1928–1930) und ausgestattet mit allen Komfort- und Technikanforderungen des 21. Jahrhunderts. Das »Stadtbad Neukölln« zählt ebenfalls zu den schönsten Bädern Berlins › Ganghofer Straße, www.berlinerbaederbetriebe.de ‹. Die neoklassizistische Architektur (1914) erinnert an römische Bäder. Und an einen Märchenzoo. Den Eingang bewachen zwei unheimliche Fabelwesen, halb Fisch, halb Wurm. Ein Frosch aus Stein speit in hohem Bogen Wasser. Und zwei mächtige Seelöwen mit riesigen Hauern beobachten die Badegäste. Das kavernenähnliche »Liquidrom« im Untergrund des »Tempodrom« › S-Bahnhof Anhalter Bahnhof, www.liquidrom-berlin.de ‹ besticht durch Kontraste: warmes Salzwasser in unterkühlter Architektur, dazu Lichtspiele und Unterwassermusik. Ein atmosphärisch reizvolles Jugendstilbad (1908) ist das in einen Innenhof gebaute »Stadtbad Steglitz« › Bergstraße, www.stadtbad-steglitz.de ‹ mit seiner kuppelförmigen Apsis, einer Wannen- und Brauseabteilung, römischen Rundbögen, Wandmosaiken und kunstvoll verzierten Säulen. Zwar wurde das Bad 2002 geschlossen, glücklicherweise aber 2004 von der Besitzerin des »Bewegungsbades Marienfelde« erworben. Sie lässt seitdem für das unter Denkmalschutz stehende Gebäude ihre Ideen sprudeln: Lesungen, Theateraufführungen, Konzerte und Privatfeiern. Und mit einem Tresen aus Startblöcken und Tischen in gekachelten Schwimmbahnen hat man im »Café Freistil« den Eindruck, mitten im Schwimmbecken zu sitzen.

Insel-Koordinate 52°49'81.35"N 13°36'73.89"O. Berlins versteckteste Insel hat eine Zugangsbrücke, ringsum ein Geländer und Platz für eine Sitzbank und einen Baum à la Inselwitz. Das Mini-Eiland liegt mitten im Schöneberger Häusermeer gegenüber der American Church (Bülowstraße) im Nelly-Sachs-Park.

Berlins koketteste Insel im Tiergarten

Berg-Insel. Viele Dutzend Meter über Berliner NHN (Normalhöhennull) kann man sich setzen und die Füße ins sprudelnde Wasser baumeln lassen – auf Berlins höchst gelegener Insel! Mitten im Bezirk Kreuzberg und auf gleichnamiger Anhöhe hat man nicht nur einen phänomenalen Blick über die Stadt, sondern auch einen Wasserfall, der hier rund ums felsige Eiland entspringt.

Kontrastprogramm. Über die Straße des 17. Juni tost der Verkehr. Doch nur ein paar Meter weiter links oder rechts taucht man in die Idylle des Großen Tiergartens. Hier verstummt das Großstadtgetöse, betören Wasserläufe die Sinne. Da diese Anlage als »Gartendenkmal« eingestuft ist, wundert es wenig, dass sich hier Berlins kunstvoll-prächtigste und Berlins koketteste Insel befinden, nämlich die »Luiseninsel« und jenes kleine namenlose Eiland (in größerer Sichtweite zum »Haus der Kulturen der Welt«) mit der Skulptur eines nackten Jünglings.

Calciumcarbonat $CaCO_3$, Ton und Visionäres. Die portugiesische Algarveküste besticht mit einmaligen Felsformationen. Bei diesem vermeintlichen Gestein handelt es sich um Millionen Jahre alte, gepresste Fossilien. Wer sich nur angesichts versteinerter Muscheln und Schnecken dem Meer nahe fühlt, braucht aber nicht unbedingt die Reise an die Algarveküste anzutreten. Ein Abstecher nach Tempelhof reicht aus, genauer zu den Hangars und Gebäudeteilen vom ehemaligen Flughafen. Wer kommt schon auf die Idee, sich den Außenmauern dieses riesigen, in der Ambivalenz von Monumentalität und Moderne angesiedelten Komplexes auf Nasenspitzenlänge zu nähern? Die Flughafenanlage, weltweit immer noch einer der größten zusammenhängenden Baukörper, changiert optisch zwischen Sandfarben und einem hellen Ocker. Das rührt nicht vom Putz her. Sondern alle der Stadt zugewandten Fassaden sind mit großflächigen Platten aus »geriebenem«, also geglättetem Sedimentgestein verkleidet – das heißt aus Muschelkalk. Der besteht nahezu vollständig aus versteinerten Überresten von Muscheln, Schnecken und Amphibien. Übrigens: Könnte ein visionäres Nutzungskonzept für den »Zentralflughafen Tempelhof« (wie er immer noch heißt) nicht auch so aussehen? Das ehemalige Flugfeld wird ausgehoben, mit Meerwasser gefüllt und eine Wellenanlage installiert. Strände werden angeschüttet. Und Berlin läge endlich am Meer. Zumindest die »Felsformationen« gibt es ja schon.

Das schwimmende Klassenzimmer. Das wäre doch was! Schüler/innen hockten nicht mehr in dumpfen Klassenzimmern, sondern der Unterricht fände auf dem Wasser statt, auf und in einem großen, weißen Boot, und die Sonne lacht vom Himmel. Zu schön, um wahr zu sein. Stimmt, jedenfalls können die Pennäler aller europäischen Staaten nur davon träumen. Bis auf diejenigen aus den Berliner Bezirken Wedding, Neukölln, Charlottenburg, Friedrichshain-Kreuzberg und Pankow. Auf die wartet nämlich »Cormoran«. So lautet der Name des gemeinnützigen Jugendforschungsschiffes, auf dem nicht gepaukt wird. Vielmehr vermitteln Bord-Labore die Naturwissenschaften als echte Abenteuer: Chemie, Physik und Biologie, auch Gewässerschutz und erneuerbare Energien. Damit nicht genug. Das »schwimmende Klassenzimmer« wird auch als

Fassadendetail am ehemaligen Flughafen Tempelhof

fahrendes Erlebnisschiff eingesetzt. Dabei können Kinder und Jugendliche von der Grundschule bis zur Oberschule ihre sozialen Kompetenzen trainieren. Und wenn sie wollen, auch Sprachen wie Vietnamesisch, Arabisch, Polnisch, Russisch oder Türkisch lernen › www.jugendforschungsschiff.com ‹.

Flüssig reden. Falls es jemandem ganz die Sprache verschlagen hat, wird einem auf der »Agora« weitergeholfen: ein ehemaliges, weiterhin in Berlin fahrtüchtiges Schubschiff mit versenkbarem Steuerhaus, umgerüstet zum »Seminarschiff« der »Deutschen Rednerschule« – mit Bar, Wintergarten und zur Sonnenterrasse umgestaltetem Oberdeck. Auch genutzt vom »Förderkreis politische Rhetorik & Kommunikation« und von Abgeordneten des Deutschen Bundestages, liegt es sinnigerweise mitten im Regierungsviertel. › Seminarschiff Agora, Liegeplatz an der Marschallbrücke, 10117 Berlin-Mitte, Tel. 030/32 70 27 23, berlin@deutsche-rednerschule.de, www.deutsche-rednerschule.de ‹

Beachbars & mehr

Zusätzliche Infos von A bis Z

Anlegestellen

Stadtrund-, Ausflugs- und Kreuzfahrten
Zentrale Anlegestellen

- an der Schloßbrücke (Mitte)
- am Dom/Museumsinsel (Mitte)
- Friedrichstraße bzw. Weidendammer Brücke (S-/U-Bahnhof Friedrichstraße)
- am Hauptbahnhof (Moabit)
- am Haus der Kulturen der Welt (Tiergarten)
- an der Jannowitzbrücke (S-/U-Bahnhof Jannowitzbrücke)
- Hafen Treptow, Puschkinallee 16–17, Berlin-Treptow (nahe S-Bahnhof Treptower Park)
- an der Schlossbrücke/Charlottenburger Ufer (nahe U-Bahnhof Richard-Wagner-Platz)

Wichtige Anlegestellen außerhalb des Zentrums

- am Wannsee, Königstraße (nahe S-Bahnhof Wannsee)
- am Tegeler See/Greenwichpromenade (nahe U-Bahnhof Alt-Tegel)
- am Lindenufer (U-Bahnhof Rathaus Spandau, S-/Fernbahnhof Berlin-Spandau)
- am Müggelsee/Friedrichshagen, Josef-Nawrocki-Straße, Friedrichshagen (Köpenick)

Anlegebrücken für Flusskreuzfahrtschiffe

- am Spandauer Burgwall (Spandau)
- an der Greenwichpromenade (Tegel)
- im Westhafen (Moabit)

Autofähre

Diese Autofähre an der Oberhavel hat wegen mangelnder Brücken weit und breit eine echte Brückenfunktion. Pendelverkehr zwischen Jörsstraße, Berlin-Tegelort (Reinickendorf) und Aalemannufer, Berlin-Hakenfelde (Spandau).
Montag bis Sonnabend 6–20 Uhr, sonn- und feiertags 8–20 Uhr
Tel. 030/3 61 66 95
www.faehre-berlin.de

Beach-Bars am Wasser

Beach at the Box

Mehr als 10 000 Quadratmeter feinster Quarzsand direkt an der Spree. Strohschirme, Palmen, Liegen, zwei Beach Bars, Restaurant mit Selbstbedienung, Sundowner Club Terrasse.
Geöffnet (warme Jahreszeit) täglich 12–23 Uhr, am Wochenende bis Mitternacht, danach Open-End-Loungen in der Box – ein großer, weißer, begehbarer Kubus.
Englische Straße 21–23, 10587 Berlin-Tiergarten
Tel. 030/25 04 15 15
office@boxberlin.com
www.boxberlin.com

Capital Beach

Entlang der Spree-Promenade. Unweit vom Bundeskanzleramt und mit direktem Blick auf den Hauptbahnhof. Kein Sand, dafür weite Ufergrasflächen. Reichlich Liegestühle und Strandkörbe. Bar für cirka 800 Gäste. Donnerstag bis

Strandbar am Bundeskanzleramt

Sonntag Live-DJs, an Wochenenden Open-Air-Tanzfläche.
Geöffnet (ab April) täglich 10–01 Uhr
Am Hauptbahnhof, Ludwig-Erhard-Ufer, 10557 Berlin-Moabit
Tel. 0163/5 65 41 22, 0163/5 65 41 35
Info@capital-beach.eu
www.capital-beach.eu

Gestrandet am Müggelsee

Strandbar – auch mit bestuhlter Holzterrasse – am Spreetunnel direkt beim Anleger der »Stern und Kreisschiffahrt«. Weite Aussicht auf den Müggelsee. Imbiss-Gastronomie und Kuchen. Vor Anker liegt »Kaiser Friedrich«, ein alter Ausflugsdampfer (Eigentümer Deutsches Technikmuseum Berlin), auf dessen Sonnendeck etwa der Sonnenuntergang genossen werden kann (auch für private Veranstaltungen zu mieten).
Geöffnet (warme Jahreszeit) täglich (außer bei Regen) ab 10 Uhr
Müggelpark via Josef-Nawrocki-Straße (Müggelseedamm), 12587 Berlin-Friedrichshagen
Tel. 0175/3 35 09 64
info@gestrandet-in-berlin.de
www.gestrandet-am-mueggelsee.de

Gestrandet an der Jannowitzbrücke

Biergartenähnliche Strandbar auf einem terrassierten Spreeufer. Ohne Sand, dafür Treppen und Holzmöbel. Familiäres Ambiente. Direkt an der Dampferanlegestelle. Schiffsrundfahrten und viel Schiffsverkehr.
Jannowitzbrücke/Rolandufer, 10179 Berlin-Mitte
Tel. 0151/50 62 98 93
www.gestrandet-in-berlin.de

Ku'damm Beach

Zwar nicht am Kurfürstendamm gelegen, sondern etwas versteckt am Rande des Grunewalds und direkt am Halensee, ist der

Ku'damm dennoch nicht weit (was sich wohl auf die Preisgestaltung auswirkt). Weiße Loungemöbel und Betten auf drei auf dem Wasser schwimmenden Pontons. Integriert: Ristorante La Forchetta. Ku'damm Beach war über Jahrzehnte ein Freibad mit Strand, bis die Wasserqualität das nicht mehr zuließ. Offiziell darf im Halensee (noch) nicht gebadet werden, aber nach langen Filtersystemarbeiten gilt die Wasserqualität seit Mitte 2011 als völlig unbedenklich, was sicherlich Auswirkungen auf die Strandbar haben dürfte.
Geöffnet (Sommersaison) täglich 12–24 Uhr
Ristorante La Forchetta mit Terrasse/Wintergarten
Geöffnet April bis Oktober: täglich 12–24 Uhr, November bis März: Montag bis Freitag 15–23 Uhr, Sonnabend 12–24 Uhr
Königsallee 5b, 14193 Berlin-Halensee (Charlottenburg)
Tel. 030/8 92 85 97
info@la-forchetta-berlin.de
www.kudammbeach-berlin.de

Licht und Luft Bar

Unvermutete Romantik am Rand eines Industriegeländes. Das »LiLu« ist eine Beach-Bar im Wortsinn: hellgelber Strand und die Wasserfläche der Havel. Tolle Sonnenuntergangskulisse, auch mit Blick auf die Zitadelle Spandau. Regiestühle, Sofas, Hollywoodschaukeln, Daybeds. Strandbar und Biergarten. Cocktails, Pizza, Eis, Kaffee und mehr. Familienfreundlich. Bei Live-Events Eintritt möglich.
Geöffnet (Sommersaison) Montag bis Freitag 11/13Uhr–Open End, an Wochenenden und Feiertagen 10 Uhr–Open End
Telegrafenweg 21, 13599 Berlin-Haselhorst (Spandau)
Tel. 030/35 13 62 63,
0177/4 40 41 32 (bei unbeständigem Wetter telefonisch anfragen)
info@licht-und-luft-bar.de
www.licht-und-luft-bar.de

Metaxa Bay

Etwa 12 000 Quadratmeter feiner Quarzsand. Kapazität: cirka 2 500 Personen. Knallgelbe Sitzmöbel. Unter anderem: Daybeds und Loungeinseln, zwei Beachbars mit VIP-Dachterrassen, Dancefloor, BBQ-Stationen, Außenduschen. Täglich wechselndes Partyprogramm. Eintritt frei, außer zu Sonderveranstaltungen.
Geöffnet (etwa ab Anfang Mai) täglich bei schönem Wetter ab 12 Uhr–Open End
Invalidenstraße 78, gegenüber Hauptbahnhof/Hamburger Bahnhof, 10559 Berlin-Moabit
Tel. 030/30 25 04 15 15,
Reservierung für Sonnenliegen
Tel. 0176/32 96 98 53
www.metaxabay.de
Achtung: Info mit Vorbehalt; die gesamte Gegend rund um den Hauptbahnhof befindet sich nämlich in städteplanerischer Neugestaltung.

Oststrand

Weitläufiger Strand am Ufer der Spree. Genügend Platz für Frisbee, Federball, Volleyball. Originell: Unter bunten Lichterketten entspannen auf der »Agnes«, ein alter Lastkahn aus dem Jahr 1907. Essen: Steinofenpizza.
Geöffnet (warme Jahreszeit) täglich ab 10 Uhr–Open End.
Mühlenstraße 22 (hinter der East-Side-Gallery), 10243 Berlin-Friedrichshain
Tel. 030/28 38 55 88
info@ballhaus.de
www.oststrand.de

Playa Paradiso City Beach

Ein wenig versteckt an der Spree-Mündung des Charlottenburger Schifffahrtskanals und des Landwehrkanals. Weitläufiges Gelände, Beachvolleyballfeld, viel Grün. Grill, Salate, Sommerküche.
Geöffnet (ab 1. April) täglich ab 11 Uhr
Goslarer Ufer 1–5, 10589 Berlin-Charlottenburg
Tel. 030/88 68 18 63
www.paradiso-beach.de

Ressort

Die Strandbar Ressort liegt etwas versteckt hinter dem Hamburger Bahnhof (Museum für Gegenwart) direkt am Spandauer Schifffahrtskanal. Zwei Sonnendeck-Ebenen, Liegestühle im Sand und Hängematten laden zum Entspannen ein. Wird es dann draußen zu kühl, kann in einem kleinen Club-Raum weitergefeiert werden. Grillspezialitäten.
Geöffnet (Sommersaison, zumeist ab 1. Juni) täglich ab 11 Uhr
Invalidenstraße 50–51 (Eingang über Heidestraße 14),
10557 Berlin-Mitte
Tel. 030/25 76 24 71,
0176/63 35 51 63
info@ressort-bar.de
www.ressort-berlin.de

Strandbar Mitte

Palmen, Oleander, Olivenbäume, Liegestühle, einige Strandkörbe und Lichtgirlanden. Teil einer Promenade entlang der Spree und deshalb ohne Sand. Schöner Blick aufs Bode-Museum. Essen (an Tischen): Steinofenpizza. Tanz ab Mitte Mai unterm Sternenhimmel, jeden Abend anderer Stil: Tango, Salsa, Cha-Cha-Cha, Walzer und Gesellschaftstanz, Swing, Schwof (ab 20.30 Uhr, Eintritt frei).
Geöffnet (ab 1. April bis Ende September) täglich bei schönem Wetter ab 10 Uhr
Angeschlossen: Hexenkessel Hoftheater im Amphitheater (April bis September; Juni bis August Montagskonzerte; www.amphitheater-berlin.de). Die Märchenhütte ist der Winterspielort des Hexenkessel Hoftheaters (November bis März; www.maerchenhuette-berlin.de).
Monbijoupark (Monbijoustraße 3) gegenüber dem Bode-Museum,
10117 Berlin-Mitte
Tel. 030/28 38 55 88
info@ballhaus.de
www.strandbar-mitte.de

Traumstrand Moabit

Cirka 3000 Quadratmeter Strand und Gastronomiefläche direkt im Spreebogen am Hauptbahnhof. Nachts beleuchtete Kuppelzelte. Buntes Party-Rahmenprogramm, das zum Barfuß-Tanzen im Sand einlädt.
Geöffnet (warme Jahreszeit)
Montag bis Freitag 14–05 Uhr, am Wochenende 12–05 Uhr
Friedrich-List-Ufer 6a, 10557 Berlin-Moabit
Tel. 030/75 65 16 47
www.traumstrand-berlin.de

Barrierefreie Ausflugsschiffe

Drei Berliner Ausflugsschiffe besitzen das Zertifikat »Berlin barrierefrei«, das zugleich eine Plakette ist. Ein Pfeil auf gelbem Grund zeigt auf den Schriftzug »Berlin barrierefrei« und macht darauf aufmerksam, dass hier alle Menschen, auch solche mit den unterschiedlichsten Behinderungen, klar kommen und bei Bedarf Unterstützung erhalten – hauptsächlich zu Lande. Unter anderem geht es um stufenlose Zugänge, gegebenenfalls mit zulässiger Rampe, barrierefreie Aufzüge mit Selbstbedienung, um ausreichend breite Türen, große Bewegungsflächen sowie Markierungen von Glasflächen und Stufen. Von der Barrierefreiheit auf dem umgerüsteten Motorschiff »Peacock«, auf der »Havel Queen« und »Moby Dick« profitieren natürlich auch Passagiere, die zum Beispiel mit dem Kinderwagen unterwegs sind.

MS Peacock

Cabrio-Schiff mit Plätzen im Salon und auf dem Vorschiff.
Anlegestelle Schiffbauerdamm 12 (S-Bahnhof Friedrichstraße)
Spree- & Havelschiffahrt Reederei Grimm & Lindecke
Tel. 030/28 88 58 92
spreeundhavel@t-online.de
www.spree-havelschiffahrt.de

MS Havel Queen

Einem nostalgischen Raddampfer nachempfunden. Drei Salons, Bar, Sonnendeck, Aufzug.

MS Moby Dick

Ein »Wal-Schiff« mit schwarzen Schuppen auf glänzender »Fischhaut« und mächtiger silberner Schwanzflosse. Zwei Salons, Buffet.
Beide Ausflugsschiffe:
Hauptsächliche Anlegestellen: Brücken-Station Wannsee (nahe S-Bahnhof Wannsee) und Greenwichpromenade (nahe U-Bahnhof Alt-Tegel)
Stern und Kreisschiffahrt GmbH Berlin
Tel. 030/5 36 36 00
info@sternundkreis.de
www.sternundkreis.de

Barrierefreie Hausboote

Weder Vorkenntnisse noch Führerschein nötig. Für bis zu 6 Personen. 2 bzw. 4 feste Betten in separatem Schlafzimmer, Schlafcouch für 2 Personen im Wohnbereich (Typ 990 bzw. Typ 1160). Heizung. Rollstuhlgerechter Sanitärbereich, separate Warmwasserdusche, Kühlschrank, zweiflammiger Kocher. Extras buchbar (Beiboot, Kanus, Fahrräder, Angelausrüstungen etc.).
Handicaptravel – Reisen auch mit Handicap
Tel. 030/57 70 93 82
www.handicaptravel.de

Bootsmesse

Boot und Fun Berlin

Eine der großen Bootsmessen Deutschlands. Jährlich zehn Tage im November auf dem Messegelände am Funkturm.
www.bootundfun.de

Bootstankstellen

Flüssiggas

Umweltschäden praktisch unmöglich.
Betckestraße 13 (am Kanal zur Oberhavel), 13595 Berlin-Spandau
Tel. 0177/3 16 85 38
info@inselgas-bootsumruestung-berlin.de
www.inselgas-bootsumruestung-berlin.de

Marina Lanke

Scharfe Lanke 109–131, 13595 Berlin-Spandau
Tel. 030/3 62 00 90
info@marina-lanke.de
www.marina-lanke.de

Schiffsservice Berlin
Spandauer Burgwall 23,
13581 Berlin-Spandau
Tel. 030/3 31 50 17
gersbeck@schiffsservice.de
www.schiffsservice.de

Bootsvermietung

Aquaris
Tret-, Ruder und Paddelboote.
Katzengraben 19, 12555 Berlin-Köpenick
Tretboote, Ruderboote
Tel. 030/67 81 80 84
info@aquaris.info
www.aquaris.info

Assmann's Piratenstation
Kanadier, Surfbike (siehe *Surfbike*), Ponton Boot.
Königstraße 3b–4, 14109 Berlin-Wannsee (Zehlendorf)
Tel. 0172/9 99 59 52
aps-berlin@web.de
www.piratenstation.de

Boots-Charter Lüders im Strandbad Wannsee
Tret-, Ruder und Paddelboote.
Wannseebadweg, 14129 Berlin (Zehlendorf)
Tel. 030/8 03 45 90

Bootsverleih am Strandbad Wannsee
Tret-, Ruder und Paddelboote.
Wannseebadweg 12, 14129 Berlin (Zehlendorf)
Tel 0157/74 24 76 89
www.solarwaterworld.de

Bootsverleih Manfred Mühl
Tretboote, Ruderboote.
An der Sechserbrücke/Greenwich-promenade, 13507 Berlin (Tegel)
Tel. 030/4 33 76 90

Bootsverleih Rübezahl
Ponton-Grillboote, Segelboote, Motorboote, Tretboote, Ruderboote.
Müggelheimer Damm 143,
12559 Berlin-Köpenick
Tel. 030/65 66 16 88 16,
0151/55 64 69 00
info@bootsjunge.de
www.bootsjunge.de

Bootsverleih Schlachtensee
Ruderboote.
Am Marinesteig 5, 14129 Berlin (Zehlendorf)
Tel. 030/8 03 73 04

Bootsverleih Spreepoint
Ruderboote und mehr.
Müggelseedamm 70, 12587 Berlin-Köpenick
www.spreepoint.de

Bootsvermietung Fangrot
Unter anderem: Heiraten auf dem Wasser, individuelle Stadtrundfahrten (auch mit fremdsprachigen Guides und Catering).
Im Saatwinkel 31, 13599 Berlin-Tegel
Tel. 030/3 34 35 80,
0171/6 22 61 08
info@bootsvermietung-fangrot.de
www.bootsvermietung-fangrot.de

Bootsvermietung »Rent a' Boat«
Ruderboote, Wassertreter, Motorboote, Paddelboote. Biergarten. Geöffnet (in der Saison) täglich 10 Uhr bis mindestens 22 Uhr, Verleih: bis eine Stunde vor Sonnenuntergang, Abgabe: bis spätestens zum Sonnenuntergang.
An der Abteibrücke, 12435 Berlin-Treptow
Tel. 0177/2 99 32 62
www.rent-a-boat-berlin.com

Bootsverleih an der Abteibrücke

Café am Neuen See

Ruderboote.
Lichtensteinallee 2, 10787 Berlin (Tiergarten)

Seebad Friedrichshagen

Ruderboote, Tretboote.
Müggelseedamm 216,
12587 Berlin-Köpenick
www.seebad-friedrichshagen.de

Segelschule Berlin

Ruderboote, Tretboote, Paddelboote.
Friederikestraße 24, 13505 Berlin (Tegelort/Reinickendorf)
Tel. 030/4 31 11 71
www.segelschule-berlin.de

Stadtboote

Offene Ausflugsboote für bis zu 8 Personen, Salonboot für bis zu 15 Personen, historischer Schlepper für bis zu 30 Personen.
Zur Alten Flussbadeanstalt 5,
10317 Berlin-Rummelsburg
Tel. 030/50 91 20 35
kontakt@stadtboote.de
www.berliner-bootsverleih.de

Surf- und Segelschule Müggelsee

Katamarane, Segelboote, Kanus, Surfbretter, Wassertreter, Ruder-, Tret-, Paddelboote.
Fürstenwalder Damm 838,
12589 Berlin-Rahnsdorf (Köpenick)
Tel. 030/64 16 9 1 62, 64 16 91 64
info@wassersport-berlin.de
www.wassersport-berlin.de

U96-Bootservice Berlin

Das Ganze liest sich so: »Erstwasserung: 2008, Länge: 12,00 m, Breite: 3,00 m, Tiefgang: 1,80 m, Gewicht: ca. 10 t, Antrieb: Diesel an starrer Welle, Passagiere: max. 10 Personen«. Ein Boot namens U96, genauer: ein U-Boot. So sieht es auch aus. Und das kann man mieten, um dann auf den Berliner Gewässern (und Umgebung) zu kreuzen! Dass die Veranstaltung allerdings ins Wasser fällt, also im Tauchgang die Havel erkundet wird, ist nicht im Sinne des Klabautermannes.
Tel. 0178/1 96 11 16,
0163/9 13 13 22, 03305/5 20 86 17
info@u96-berlin.de
info@bootservice-berlin.de
www.u96-berlin.de

Dampfeisbrecher

Der Dampfeisbrecher »Anna« von 1911 ist einer der letzten Zeitzeugen der märkischen Schifffahrtsgeschichte und war bis zur Außerdienststellung in den 1990er-Jahren als Schlepper und Eisbrecher auf Havel, Elbe und Kanälen im Einsatz. Sorgfältig restauriert, können nun individuell abgestimmte Touren unternommen werden (inklusive Gastronomie).
Familie Brodthagen
Tel. 030/29 00 05 85,
0160/7 87 82 48
info@dampfeisbrecher-anna.de
www.dampfeisbrecher-anna.de

Drachenbootsport

Berlin Dragonboat Company e.V.

Die Berlin Dragonboat Company e.V. besteht aus dem Damen-Team »Spree Sisters Berlin« und dem Berliner Männer-Team »Wann-Sea Dragons«.
http://www.bdc-ev.de/

KC Dragonfly – Kanuklub Charlottenburg e.V., Drachenboot (Berlin)

http://www.kanuklub-charlottenburg.de/drachenboot.html

Spree Sisters Berlin Germany – Drachenbootteam

http://www.spreesisters.de/

Wann-Sea-Dragons (Berlin) – Drachenbootteam

http://www.wann-sea-dragons.de/

DVD-Bootsreise

Die City-Bootsrundfahrt der anderen Art. Für Berliner und Berlinbegeisterte. Eine etwa halbstündige filmische Dokumentation zeigt Berlin vom Wassertaxi aus.
»Wassertaxi Berlin« (DVD)
FTV. Fischer-Teubner Film- & Fernsehproduktion
Milanstraße 27, 13505 Berlin-Konradshöhe (Tegel)
Tel. 030/4 31 05 37, 0172/8 09 50 57
teubner.ftv@t-online.de
www.ftv-natur.blogspot.com/p/kontakt.html

Essen und Trinken am Wasser

Altes Zollhaus

Ein Edelrestaurant (verfeinerte regionale Küche), etwas versteckt in Kreuzberg am Landwehrkanal. Einst Quartier und Depot für die Straßenreinigung, danach Zahlkontrollstelle für Dampfer und Schlepper. Sehr idyllische Grünlage. Sorgfältig restauriertes altes Fachwerkhaus. Landhausatmosphäre. Auch erreichbar mit dem Schiff (hauseigener Anlegesteg). Garten und Terrasse, Schmugglerscheune für Veranstaltungen.
Geöffnet Dienstag bis Sonnabend ab 18 Uhr (für Gruppen ab 30 Personen täglich)
Carl-Herz-Ufer 30, 10961 Berlin-Kreuzberg
Tel. 030/6 92 33 00
info@altes-zollhaus.com
www.altes-zollhaus-berlin.de

Ankerklause

Uriges Kneipen-Restaurant. Balkon bzw. Veranda ragt über den Landwehrkanal hinaus – vom Esstisch schaut man auf den Schiffsverkehr hinunter. Dampferanlegestelle. Biermarke: »Quartiermeister« (der volle Gewinn von »Quartiermeister« fließt in soziale Kiezprojekte; www.quartiermeister.org). Turbulent-urbane Atmosphäre – besonders dienstags und freitags, wenn hier der basarähnliche »Türkenmarkt« seine Stände aufschlägt (Maybachufer).
Geöffnet Montag 16–03 Uhr, Dienstag bis Sonntag 10–03 Uhr. Küche (herzhaft) 10–23 Uhr, Mittagszeiten Dienstag bis Freitag 10–16 Uhr
Kottbusser Damm 104, 10967 Berlin-Neukölln (direkt an der Kottbusser Brücke/Ecke Maybachufer)
Tel. 030/6 93 56 49
www.ankerklause.de

Bahnhof Friedrichstraße/ Schiffbauerdamm

Vom Bahnhofszugang aus über die Spree hat sich entlang dem Schiffbauerdamm eine vielfältige und bunte Kneipen- und Restaurantszene entwickelt. In der warmen Jahreszeit quellen die Open-Air-Terrassen an den Ufermauern förmlich über von Tischen, Stühlen, Bänken und Sonnenschirmen. Und Menschen – aber Platz ist für alle da. Öffnungszeiten: von den Morgenstunden bis in die Morgenstunden.

Café und Restaurantschiff Spreeblick

Idyllische Uferlage. Sonnendeck. Wasserterrasse unter Weiden.
Geöffnet 1. März bis 31. Oktober: täglich 9–22 Uhr, 1. November bis 31. Dezember: Dienstag bis Sonntag 12–21 Uhr
Zwischen Altonaer Straße und Levetzowstraße an der Hansabrücke, 10555 Berlin-Tiergarten
Tel. 030/3 92 40 60
info@reederei-riedel.de
www.spree-blick.de

Die Hafenküche

Restaurant. Terrasse. Familienboot/Grillboot: für bis zu 12 Personen mit Grillpaket, Catering oder Picknickkörben und Bierkühler.
Geöffnet Montag bis Freitag ab 10 Uhr, am Wochenende ab 9 Uhr
Zur Alten Flussbadeanstalt 5, 10317 Berlin-Lichtenberg
Mit dem Boot: km 23,9/Spree, Einfahrt Rummelsburger Bucht, 10 reservierte Liegeplätze; auch: kostenloser Boot-Shuttle von Alt-Stralau oder vom Bootsanleger
Tel. 030/42 21 99 26
office@hafenkueche.de
www.hafenküche.de

East-Side-Blick

Bistro und Restaurant mit Dach- und Uferterrasse auf der Spreepromenade an der O_2 World und East-Side-Gallery.
Geöffnet (im Sommer) Montag bis Sonntag 9–24 Uhr, (im Winter) Montag bis Sonntag 10–19 Uhr
Mühlenstraße 70–71, 10243 Berlin-Friedrichshain
Tel. 030/20 68 79 63
info@reederei-riedel.de
www.east-side-blick.de

Fabrics

Im nhow Hotel Berlin, ein ungewöhnliches Design-Hotel. Öffentliches Restaurant mit schöner Terrasse (Loungemöbel). Wunderbarer Blick auf Spree, Oberbaumbrücke und Kreuzberger Ufer.
Geöffnet Montag bis Freitag 6.30–10 Uhr, 12–14 Uhr, 18–23 Uhr, am Wochenende 6.30–14 Uhr, 18 Uhr–Mitternacht
Stralauer Allee 3, 10245 Berlin-Friedrichshain
Tel. 030/2 90 29 90
berlin@nhow-hotels.com
www.nhow-hotels.com, www.livebooking.com

Forsthaus Paulsborn

Großer, malerischer Neorenaissancebau (1905) am autofreien Grunewaldsee. Behagliches Restaurant und Hotel. Innen wie außen architektonische Anspielungen auf das nahe Jagdschloss Grunewald. Sobald es das Wetter zulässt: schöner Sommergarten unter Bäumen mit Blick auf den See.
Parkplatz.
Geöffnet täglich ab 11 Uhr
Hüttenweg 90/Am Grunewaldsee, 14193 Berlin-Zehlendorf
Tel. 030/8 18 19 10
c.ebert@mosaik-berlin.de
www.mosaik-berlin.de/forsthaus-paulsborn

Kaffee Liebig

Einziges im Original erhalten gebliebenes Jugendstil-Kaffeehaus in Berlin (1870; steht unter Denkmalschutz) in fast direkter Wasserlage am Ufer des Langen Sees.
Geöffnet Dienstag bis Freitag 11–20 Uhr, an Wochenenden und Feiertagen 12–20 Uhr
Regattastraße 158, 12527 Berlin-Grünau
Tel. 030/67 82 09 36
www.kaffee-liebig.de

Kapitän's Kajüte

Restaurant und Hotel. Große Havelterrasse. Veranstaltungen. Eigener Anleger für 10 Boote.
Alt-Gatow 23, 14089 Berlin-Spandau
Täglich ab 12 Uhr
Tel. 030/36 99 16 48 (Restaurant),
Tel. 030/3 61 80 40 (Hotel)
info@kapitaenskajuete.de
www.kapitaenskajuete.de

Landhaus Söhnel

Gehobene Landhaus-Gastronomie. Restaurant mit Uferterrasse und Biergarten.
Geöffnet April bis Oktober: täglich ab 11 Uhr–mindestens Sonnenuntergang, November bis März: Dienstag bis Sonnabend 12 Uhr–mindestens 21 Uhr, Sonntag (auch Frühstück) von 10–21 Uhr, Montag Ruhetag, Biergarten ab März je nach Wetterlage
Neue Kreisstraße 50, 14109 Berlin-Kohlhasenbrück/Wannsee (auch mit dem Dampfer zu erreichen, Anlegestelle »Kohlhasenbrück« direkt neben dem Biergarten)
Tel. 030/8 03 51 56
info@landhaus-soehnel.com
www.landhaus-soehnel.com

Loretta am Wannsee

In höherer Terrassenlage mit wunderbarem Blick auf den Wannsee. Riesiger Biergarten. Restaurant. Ansprechendes Ambiente. Für Vierbeiner eigene »Hundebar«.
Geöffnet täglich ab 11 Uhr, warme Küche: Montag bis Sonnabend bis 22 Uhr, Sonntag bis 21 Uhr, auf Anfrage flexible Öffnungszeiten, Mittags-Lunch Montag bis Freitag 11–14 Uhr, Biergarten nur im Sommer
Kronprinzessinnenweg 260, 14109 Berlin-Wannsee (Zehlendorf), direkt am S-Bahnhof Wannsee
Tel. 030/80 10 53 33
info@loretta-berlin.de
www.loretta-berlin.de

Maisel's Biergarten

Preiswerte bayerische Biergartenkultur an der Uferpromenade vom Sportboothafen Kladow und der BVG-Fährstation in Richtung Wannsee. Mehr als 200 Plätze unter Kastanien und großen Schirmen. Sehr schöne Aussicht auf Havel, Wannsee und die unbewohnte Insel Imchen. Weitere Uferrestaurants in unmittelbarer Nachbarschaft.
Geöffnet (ab Anfang März bis Ende Oktober) täglich 9 Uhr–Open End
Imchenallee 44, 14089 Berlin-Kladow (Spandau)

Marina-Restaurant Skippers

Direkt am Ufer der Dahme. Maritimes Interieur und mediterrane Farben. Restaurant, Club-Zimmer, Terrasse.
Geöffnet Montag bis Freitag 11.30–14.30 Uhr, Freitag 16–22 Uhr, Wochenende 11.30–22.00 Uhr
Wendenschloßstraße 350–354, 12557 Berlin-Köpenick
Tel. 030/6 51 34 15
info@bwsg-berlin.de
www.bwsg-berlin.de

Müggelsee Terrassen Rübezahl

Traditionsreiches Ausflugsrestaurant. Biergarten. Direkt am Ufer des Großen Müggelsees. Marina mit Bootsverleih (siehe *Bootsverleih Rübezahl*) und Schiffsanleger.
Geöffnet Mai bis August: Montag bis Sonntag 12–20 Uhr (außer bei Firmen- und Familienfeiern), September bis April: Montag bis Sonntag 12–18 Uhr
Müggelheimer Damm 143, 12559 Berlin-Köpenick
Tel. 030/65 66 16 88 11
info@art-creators.com
www.ruebezahl-berlin.de

Restaurant Fährhaus

Über 100 Jahre alt. Etwas versteckt, aber idyllische Lage direkt am Tegeler See. Seeterrasse.
Geöffnet Mai bis Oktober: täglich 9–22 Uhr, sonst: Dienstag bis Sonntag ab 11 Uhr, Montag Ruhetag.
Im Saatwinkel 15, 13599 Berlin-Tegel (Reinickendorf)
Tel. 030/35 13 27 97
info@restaurant-faehrhaus.de
www.restaurant-faehrhaus.de

Restaurant Fährhaus Spandau Berlin

Biergarten. Terrasse.
Geöffnet Montag bis Freitag 11–21 Uhr, Wochenende 8.30–21 Uhr
Aalemannufer 31, 13587 Berlin-Spandau
Tel. 030/35 13 56 66
faehrhaus-spandau@gmx.de
www.faehrhaus-spandau.de

Restaurant Igel

Hotel-Restaurant mit großer Wasserterrasse direkt an der Havel und unweit vom Tegeler See. Pavillon. Wild- und Fischspezialitäten. Die Schiffsanlegestelle wird auch von Ausflugsdampfern angesteuert (ab/bis Landungsstege Greenwich-promenade/Tegel).
Täglich geöffnet.
Friederikestraße 33/34, 13505 Berlin-Konradshöhe/Tegelort (Tegel)
Tel. 030/4 36 79 80 (Restaurant), 030/4 36 00 10 (Hotel)
information@hotel-restaurant-igel.de
www.hotel-restaurant-igel-berlin.de

Restaurant Klabautermann

Auf dem Gelände des Yachtclub Wendenschloß e.V. Sommerterrasse mit Blick auf die Dahme und Regattastrecke. Anlegemöglichkeiten am Gästesteg. Stilvolle Räumlichkeiten.
Geöffnet April bis Oktober: Montag bis Donnerstag 14–22 Uhr, Freitag bis Sonntag 11–22 Uhr, November bis April: Mittwoch bis Freitag 16–22 Uhr, Wochenende 11–22 Uhr, Montag und Dienstag Ruhetag
Niebergallstraße 34, 12557 Berlin-Grünau (Köpenick)
Tel. 030/6 51 35 80
zumklabautermann@yahoo.de
www.restaurant-klabautermann.com

Restaurant Shezan

Im Sommer Speisen und Getränke auf der Bootsterrasse.
Geöffnet täglich 11–24 Uhr
Neue Roßstraße 13, 10179 Berlin-Mitte
Tel. 030/24 60 09 50

Restaurantschiff Patio

Gute Wasserlage. Elegant und originell. Terrassen, Wintergarten, verglastes Restaurant.
Geöffnet Montag bis Freitag 12–01 Uhr (Küche bis 22 Uhr), am Wochenende 9–01 Uhr
Helgoländer Ufer/Kirchstraße,

10557 Berlin-Moabit
Tel. 030/40 30 17 00
info@patio-berlin.de
www.patio-berlin.de

Restaurantschiffe Van Loon, Philippa, Josephine

van Loon
Restaurantschiff mit großer Wasserterrasse im Urbanhafen. Parkähnliche Umgebung. Ehemaliger holländischer Frachtensegler (1914).
Geöffnet (ganzjährig) täglich 10–01 Uhr

Philippa
Restaurant-Schiffsneubau. Die äußere Erscheinung erinnert durch den Clippersteven an Konstruktionen der 1920er-Jahre, verstärkt durch das überhängende Jachtheck und das amerikanische Steuerhaus. Ebenfalls im Urbanhafen, in unmittelbarer Nähe der »van Loon«.
Geöffnet (ganzjährig) täglich 10–01 Uhr (sofern nicht »auf Fahrt«)

Josephine
Restaurant-Sommerschiff längsseits der »van Loon«. Buffets und Menüs. Hamburger-Hafen-Barkasse (1954–1993). Umbau in Berlin zum Gastronomieschiff; das erste, das seine Bordelektrik mit Solarenergie versorgt.
Geöffnet (im Sommer) täglich 10–01 Uhr (sofern nicht »auf Fahrt«)

Mit »Josephine« und »Philippa« werden auch regelmäßig Fahrten durchgeführt (»Philippa« ganzjährig, »Josephine« von Ostern bis Mitte Oktober). Kulinarische Buffets. Telefonische Reservierung erforderlich.
Brunchfahrten: Sonnabend von 12–15 Uhr und Sonntag von 10–13.30 Uhr; Brückentour mit Buffet kalt/warm; Abendfahrten: Montag bis Freitag von 19– 22.30 Uhr; kommentierte Buffet-Sonderfahrten: ein- bis zweimal im Monat sonntags »Berlin: gestern-heute-morgen«.
An der Baerwaldbrücke, Carl-Herz-Ufer, 10961 Berlin-Kreuzberg
Tel. 030/6 92 62 93
info@vanloon.de
www.vanloon.de

Richtershorn am See

Westernrestaurant mit Blockhütte, Dance Hall, Wintergarten und mehr. Seeterrassen und Bootsstege. Streichelzoo.
Geöffnet Mai bis September: täglich ab 12 Uhr, Oktober bis April: Montag bis Freitag 16–22 Uhr, Wochenende ab 12 Uhr (im März, April und Oktober je nach Wetterlage veränderte Anfangszeiten – telefonisch nachfragen)
Sportpromenade 15, 12527 Berlin-Grünau
Tel. 030/6 75 99 24, 67 53 94 88
www.richtershorn.de

Schoenbrunn

Am idyllischen Schwanenteich mitten im grünen Volkspark Friedrichshain.
Pavillon mit Restaurant (österreichische Küche) und großer Sonnenterrasse.
Geöffnet Ende März: täglich 10–24 Uhr (Küche bis 23 Uhr), im März 10–20 Uhr, im Winter nur am Wochenende
Am Schwanenteich im Volkspark Friedrichshain, 10249 Berlin-Friedrichshain
Tel. 030/4 53 05 65-10/25
www.schoenbrunn-berlin.de
www.schoenbrunn.net

Spindler & Klatt

Sehen und gesehen werden. Aber erst nach Einbruch der Dämmerung. Der einstige Kornspeicher der Heeresbäckerei hat sich in eine Location der ganz besonderen Art verwandelt, vom Designer-King-Size-Restaurant über Lounge, Bar und großer, weißer Uferterrasse bis zum schwimmenden Restaurant auf den Spree-Pontons. Gerechnet werden muss mit Türstehern und Dress-Code.
Geöffnet Donnerstag bis Sonnabend (Dinner) ab 20 Uhr, Freitag und Sonnabend »Clubbing« ab 23 Uhr
Köpenicker Straße 16–17,
10997 Berlin-Kreuzberg
Tel. 030/69 56 67 75
contact@spindlerklatt.com
www.spindlerklatt.de

Zollpackhof

Restaurant, zwei Terrassen und großzügiger Biergarten (Selbstbedienung) direkt an den Ufermauern der Spree und gegenüber dem Bundeskanzleramt mit einer etwa 130 Jahre alten, naturgeschützten Rosskastanie. Historienträchtiges Gelände mit über 300-jähriger gastronomischer Geschichte.
Geöffnet täglich ab 11 Uhr (Ruhetage im Januar und Februar: Montag und Dienstag, Biergarten öffnet ab April)
Elisabeth-Abegg-Straße 1,
10557 Berlin-Moabit
Fähre: Stationen »Paul-Löbe-Ufer«, »Moltkebrücke«
Tel. 030/33 09 97 20
mail@zollpackhof.de
www.zollpackhof.de

Event-Floß

Hauptstadtfloß

75 Quadratmeter großes, überdachtes Holzfloß. Zusätzlich: begehbares Sonnendeck. Bis zu 50 Personen. Lounge-Ecken, Sitz- und Liegeplätze. Tanzmöglichkeiten. Floß-Bar und Gastronomie.
Verschiedene Anlegestellen. Heimathafen vom »Hauptstadtfloß«: Rummelsburger Bucht.
info@hauptstadtfloss.de
www.hauptstadtfloss.de

Fischerei-Verband

Zum Erhalt und zur Entwicklung der Fischerei, Aquakultur, Erwerbs- und Angelfischerei und der fachlichen Praxis in der Binnenfischerei: Landesfischereiverband Brandenburg Berlin e.V.
Tel. 03328/31 91 50
info@lfvb.org
www.lfv-brandenburg.de

Flusskreuzfahrten

»Leinen los« gilt an drei speziellen innerstädtischen Anlegern für die großen Flusskreuzfahrtschiffe. Die Kreuzer fahren in alle Himmelsrichtungen (siehe *Anlegestellen*).

Aktives Reisebüro Netzwerk eG

Berlin – Stralsund – Berlin.
Vermittlung durch eines der angeschlossen Reisebüros.
www.ar-exklusive-reisen.de

Hanseat Reisen GmbH

Bremen – Berlin/Ostsee-Inseln – Berlin.
Langenstraße 16, 28195 Bremen
Tel. 0421/16 06 06

reisen@hanseat-bremen.de
www.hanseatreisen.de

kreuzfahrten.de
Berlin-Spandau – Schwerin (Mildenberg, Waren, Banzkow), Schwerin – Berlin-Spandau (Parchim, Waren, Zehdenick).
Hauptstraße 101a, 63829 Krombach
Tel. 06024/67180
info@kreuzfahrten.de
www.kreuzfahrten.de/Kreuzfahrtgebiete/Havel-24.html

kreuzfahrten-pool.de
Unter anderem: Havel-Flusskreuzfahrten, Ostsee, Mecklenburgische Seenplatte, Berlin – Niederschlesien (Polen) – Berlin.
kreuzfahren-pool.de ist kein Reisebüro. Alle Angebote stammen von Partnerunternehmen.
www.kreuzfahrten-pool.de/havel-118-DST-1.html

Lion Tours GmbH
Citykreuzfahrt in Berlin (drei Schiffs-Übernachtungen).
Königsberger Straße 3a, 63839 Kleinwallstadt
Tel. 6022/50670
post@loewenstark-reisen.de
www.flusskreuzfahrten-leserreisen.de

Lüftner Reisen GmbH
Budapest – Berlin/Berlin – Budapest (über Bratislava, Wien, Salzburg, Prag, Dresden).
Dr. W. Lüftner Reisen GmbH
Menardi Center/Amraser-See-Straße 56, 6020 Innsbruck
Tel. 0043 512/365781
lueftner@lueftner-cruises.com
www.lueftner-cruises.com
www.lueftner-cruises.com/kreuzfahrten/reise/best-of-europe

Pasagena Tours
Havel-Kreuzfahrten von Berlin nach Schwerin oder von Berlin an die Ostseeküste.
Kreutzerstraße 2, 50672 Köln
Tel. 0221/16996532
info@top-kreuzfahrten.eu
www.top-kreuzfahrten.eu/flusskreuzfahrten.html

Phoenix Reisen
Unter anderem: Bonn – Berlin – Bonn, Berlin – Ostsee/Polen – Berlin.
Phoenix Reisen GmbH
Pfälzer Straße 14, 53111 Bonn
Tel. 0228/92600
info@PhoenixReisen.com
www.phoenixreisen.com

Seereisebüro Meere und Flüsse GmbH
Unter anderem: Berlin – Tschechien – Berlin, Berlin – Schwerin – Berlin.
Nürnberger Straße 49, 10789 Berlin-Wilmersdorf
Tel. 030/21915615
urlaub@seereisebuero.de
www.seereisebuero.de

Sewert Reisen Schwerin
Berlin-Spandau – Ostsee
Mecklenburgstraße 39, 19053 Schwerin (Filiale in Lübeck)
Tel. 0385/568705
buero@sewert-reisen.de
www.sewert-reisen.de

Gehörlosen-Wasserfahrsport

In Berlin gibt es circa 50000 Hörgeschädigte. Ihre Integration im Ruder- und Kanusport ist in Deutschland bisher einmalig (in Treptow-Köpenick/Wassersportzentrum am Bruno-Bürgel-Weg und Spandau am Tiefwerderweg).

Turngemeinde in Berlin/TiB
Columbiadamm 111, 10965 Berlin-Neukölln
Tel. 030/61 10 10 20
info@tib1848ev.de (Geschäftsstelle der Turngemeinde in Berlin)
www.tib1848ev.de/tib-wassersportzentrum

Grillboote

Berlin Grillboot

16 unterschiedlich große Grillschiffe – vom Grillen auf dem Freideck bis zum Barbecue in Buffetform.
Detaillierte Infos unter: www.schiffvermietung.de/berlin/grillboot-grillparty/index.html

Bootsverleih Spreepoint

Unterschiedlich große Grillboote bis zu 12 Personen. Rollstuhlgerecht.
Müggelseedamm 70 im Wassersportzentrum, 12587 Berlin-Friedrichshagen
Tel. 030/6 41 12 91, 0171/7 14 08 16
info@bootsverleih-spreepoint.de, info@spreepoint.de
www.bootsverleih-spreepoint.de

Floß und los

Flöße bis zu 15 Personen.
Seebad Friedrichshagen, Müggelseedamm 216, 12587 Berlin-Friedrichshagen
Tel. 030/6 45 57 56
www.flossundlos.de

Grill-Boot.de

Bis zu 10 Personen können auf einem kreisrunden Grillboot (Durchmesser 3,60 m, Elektro-Außenborder) Würstchen und Co brutzeln (raucharmer Holzkohle-Kugel-Grill).
Spree in Treptow: Gustav-Holtzmann-Straße 10, 10317 Berlin-Rummelsburg
Havel: Kladower Promenadenhafen, Imchenallee, 14089 Berlin-Kladow (Spandau)
Tel. 0176/99 53 56 16
info@grill-boot.de
www.grill-boot.de

Spreefloss.de

Spreefloß (bis zu 10 Personen). Führerscheinfrei. Vermietung mehrstündig und tageweise.
Cityhafen: Wilhelminenhofstraße 92, 12459 Berlin-Oberschöneweide
Tel. 0157/73 66 00 77
Stadtrandhafen Hessenwinkel: Triglawstraße 30, 12589 Berlin-Köpenick
Tel. 0173/1 04 39 17
www.spreefloss.de

Kinder und Jugendliche in Berliner Segelvereinen

Dahme Jacht Club e.V.

Regatta- und Fahrtensegeln: Optimist, Laser, 420er, Surfen.
Tel. 030/4 23 95 96
Jan_Treutler@gmx.de
www.dahme-jacht-club.de

Freie Vereinigung der Tourensegler Grünau 1898

Regatta und Fahrtensegeln, Opti, Laser.
Tel. 030/6 75 80 31
www.tsg1898-segeln.de

Köpenicker Sport Club Segeln

Opti-Anfänger und 420er.
Tel. 030/43 05 92 59, 0174/1 36 66 95
det.hradetzky@freenet.de
Tel. 030/6 51 63 99, 0172/3 90 54 43
HeinzJohn@t-online.de
www.berlinerseglerverband.de, www.berlinerseglerverband.de/fileadmin/user_upload/BSV_

Barbecue im Grill-Boot

files/pdfs/Jugend/FREIZE_per_21.12.2010.pdf

Klönsnack-Treffen

Treffen von Seeleuten der Reedereien »zum Klönen und Snacken über dit un dat un jenes«.
Am jeweils letzten Montag des Monats ab 18 Uhr.
Restaurantschiff »Deckshaus« (Heckradschlepper) im Historischen Hafen, Märkisches Ufer 1, 10179 Berlin-Mitte, www.musterrolle.de/content/category/5/27/110

Literarische Entdeckungsreisen zu Wasser

Mit Klabund, Fontane, Brecht »durch die Gegend der Friedrichstraße, das sündige Zentrum der Zwanzigerjahre, vorbei am Reichstag und den Berliner Regierungsbauten oder mit ihnen über Spree und Kanäle rund um die Insel Moabit, hören wie Tucholsky und Kästner die Berliner aufs Korn nehmen, erfahren von Freud und Leid der Berliner Gesellschaft und der kleinen Leute«, so die Ankündigung der Betreiber. Auch weitere Literaten sind »virtuell an Bord«, vertreten durch Schauspieler.
Information und Buchungen: Spree-Cöllnische Schiffahrtsgesellschaft
Tel. 030/2 13 80 41

Maritime Dienstleistungen

Berliner Wassersport und Service/BWSG GmbH
Individuelle Charterfahrten, planmäßige Innenstadtfahrten, Hochzeitsschiff, Sportbootcharter, Bootshandel, Sportboot-Marina

mit Liegeplätzen, Wohnmobilstellplätze.
Wendenschloßstraße 350–354, 12557 Berlin-Köpenick
Tel. 030/6 51 34 15
info@bwsg-berlin.de
www.bwsg-berlin.de

boatoon.com

Das Berliner Start-up-Unternehmen boatoon.com, eine Vertriebs- und Marketingplattform der Wassersportbranche, bezeichnet sich als »Nordeuropas vielseitigstes und innovativstes Wassersportportal« für Motorbootfahrer, Segler, Neulinge, Profis, Freizeitkapitäne, Charterliebhaber, Taucher oder Angler. Ferner: vermittelnde Infos und Wassersport-Events für Menschen mit Behinderung (zum Beispiel mit dem Verein »Wings for Handicapped e.V.« für Kinder und Jugendliche).
boatoon GmbH
Schlesische Straße 29–30, 10997 Berlin-Kreuzberg
Tel. 030/6 09 89 92 80
info@boatoon.com
www.boatoon.com/de

Marina Schulz Boote

Gebrauchtboote, Neuboot- und Motorengeschäft, Bootszubehör, Reparatur und Service. Restaurant. Eigene Zimmervermietung.
Im Saatwinkel 29, 13599 Berlin-Tegel
Tel. 030/3 34 32 55
info@marinaschulz.de
www.marinaschulz.de

M.S. Schiffskontor GmbH

Unterwegs auf klassischen Motorbooten und Jachten der 1920er- und 1930er-Jahre. Charter, Events, Service für Film und Theater, Hochzeiten, kulinarische Charterfahrten, Schiffstouren, Vermietung.
Maritimes Servicebüro
Am Speicher 7, 10245 Berlin-Rummelsburg
Tel. 030/2 46 47 99 60
info@schiffskontor.de

Nautische Buchhandlung

Seit 1845. Einziges derartiges Spezialgeschäft in Berlin. Sportschifffahrt, Seekarten, Bildbände, Revierführer, maritime Literatur, Musik und Hörbücher.
Geöffnet Montag bis Freitag 14–19 Uhr, Sonnabend 10–14 Uhr, Online-Beratung sowie individuelle Beratungstermine möglich
Unter den Eichen 57, 12203 Berlin-Lichterfelde (Steglitz)
Tel. 030/8 31 23 41
www.reimernautik.de

Schiffsservice Berlin

Technische und logistische Versorgung. Bunkerstation an der Havel. 3 im gesamten Stadtgebiet kreuzende Bunker- und Entsorgungsschiffe, um Freizeitskipper, Binnen- und Fahrgastschifffahrt, Wasserbaufirmen, Feuerwehr und Wasserschutzpolizei mit Schiffsdiesel zu versorgen, auch mit Schiffszubehör, Schmiermitteln und was an kleinen Dingen sonst noch an Bord benötigt wird. Firmengelände mit Propangas-Füllstelle samt Geräteservice und Zubehör. 120 Meter lange Kaianlage für kurzfristige Liegemöglichkeiten, auch für Hotelschiffe.
Spandauer Burgwall 23, 13581 Berlin-Spandau
Tel. 030/3 31 50 17
gersbeck@schiffsservice.de
www.schiffsservice.de

Schlauchboote

Ladengeschäft (»Schlauchbootprofis«). Beratung, Verkauf, Werkstatt. Auch: Außenbordmotore, Paddel-

Nachwuchsförderung der Segelclubs

boote, Beiboote, Wasserspielzeuge, Bootsfarben, Reparaturmaterialien und anderes.
Berolina Wassersport
Pestalozzistraße 98, 10625 Berlin-Charlottenburg
Tel. 030/4 51 60 47
info@berolinawassersport.de
www.berolinawassersport.de

Segelmacher

Herstellung, Reparatur und Wartung von verschiedenen Segeltypen, Planen und Persenninge für alle Arten von Segelschiffen. Infos zu Eigenschaften, Beruf und Handwerk des Segelmachers.
segelmacher.info
Clayallee 333, 14169 Berlin-Zehlendorf
Tel. 0170/3 15 94 05
kontakt@segelmacher.info
http://segelmacher.info

Personenschifffahrt Berlin

Angebote und Leistungen von 20 Reedereien in alphabetischer Übersicht:
www.berlin-bleibt-berlin.de/verkehr/personenschifffahrt

Reederverband der Berliner Personenschiffahrt e.V.

Detaillierte Übersicht aller angeschlossenen Reedereien und deren Schiffe. Regelmäßig aktualisierte Informationen unter anderem über Fahrtrouten, Sonder-Event- und Charterfahrten
www.reederverband-berlin.de

Saison-Feste

Über das Sommerhalbjahr verteilt, gibt es verschiedene Feste rund ums Wasser, so das Tegeler Hafenfest (siehe Seite 43) oder das Spandauer Hafenfest (siehe Seite 48).

Treptower Hafenfest

Das Treptower Hafenfest im Frühjahr (Ende April/Anfang Mai) ist eines der Highlights der Schifffahrtssaison auf den Berliner Gewässern, beliebt bei Einheimischen wie Touristen. Ausgerichtet von der Stern und Kreisschiffahrt, Berlins ältester und größter Fahrgastreederei. Das Festgelände befindet sich direkt am Heimathafen der Reederei am Treptower Park.
Straße am Treptower Park und Puschkinallee, 12435 Berlin-Treptow
Der jeweils aktuelle Termin:
Stern und Kreisschiffahrt GmbH Berlin
Tel. 030/5 36 36 00
info@sternundkreis.de
www.sternundkreis.de

Wannsee in Flammen

Zum Ausklang der Sommersaison treffen und gruppieren sich nach imposanten Korsofahrten unzählige Personenschiffe der Berliner und Potsdamer Reedereien sowie Hunderte Sportbootkapitäne auf dem Wannsee (im Allgemeinen zweimal am letzten Wochenende im September). Krönender Abschluss des großen Schiffsreigens ist »Wannsee in Flammen«, ein gewaltiges Höhenfeuerwerk, das sich tausendfach auf den Wellen spiegelt. Von der Landseite aus lässt sich das Spektakel zum Beispiel im Strandbad Wannsee (an diesen beiden Tagen zumeist bis Mitternacht geöffnet), an der Fährstation Wannsee, am Kladower Hafen oder auf der Insel Wannsee am Flensburger Löwen bewundern. Besonders eindrucksvoll wirkt es auf einem der Fahrgastschiffe. An Bord gibt es jeweils spezielle Menüs und Live-Musik. Reederei-Infos und der jeweils aktuelle Termin:
www.reederverband-berlin.de/sondereventfahrten/september/index.html
www.gratis-in-berlin.de/tipp/2005367/Wannsee-in-Flammen-2012-als-Zaungast.htm

Schiffe, Schiffstypen auf Berliner Gewässern

Umfangreiche und detaillierte Übersicht von Dutzenden Personenschiffen: Reederei, Schiffsname, Berichtsjahr, Baujahr, Werft, Länge, Breite, Personen. Für Spezialisten und Neugierige.
www.u-bahn.jimdo.com/schiffe-fähren/schiffe-schiffstypen

Segelschule Havel

Binnen-, See- und Hochseekurse, Törns und Bootsverleih.
Am Pichelssee 9B, 13595 Berlin-Spandau
Tel. 030/3 62 60 20
info@segelschulehavel.de

Segelvereine

Berliner Segler-Verband e.V.

Etwa 120 (!) Berliner Segel-Vereine sind diesem Verband angeschlossen. Eine Übersicht (Name, Kontakt, Stander = »Wimpel«) unter www.berlinerseglerverband.de/index.php?id=21

Hafenfest am Tegeler See

Jesse-Owens-Allee 2, 14053 Berlin-Westend (Charlottenburg)
Tel. 030/30 83 99 08
info@berliner-segler-verband.de
www.berlinerseglerverband.de/

Sicherheit auf Ausflugsschiffen

Damit der Verkehr auf den Wasserstraßen problemlos fließen kann, ist auch die Wasserschutzpolizei (WSP) präsent. Mit 4 bis 5 Streifenbooten ist sie auf über 200 Kilometern Berliner Wasserstraßen im Einsatz. Zu Beginn der Saison überprüft die WSP alle »Dampfer« in einer angekündigten Sonderkontrolle (zum Beispiel Ausbildungsnachweise der Besatzung, Anzahl der Schwimmwesten und Schwimmkissen). Jedes Fahrgastschiff wird alle 2 bis 5 Jahre von der sogenannten Schiffsuntersuchungskommission, eine Art Schiffs-TÜV, kontrolliert.

Solarboote

Solarschiff Chassalli

Originalgetreuer Nachbau eines englischen Salonbootes von 1880. Elegantes Holzschiff für bis zu 20 Passagiere. Individuelle »Solarpolis-Touren«.
Info, Charter und Vermietung: siehe *Solarschiff Solon*

Solarschiff Solon

Großes Solarschiff (Solar-Katamaran, Stapellauf 2009) für bis zu 60 Personen. Innenbereich im Loungestil. Geeignet für Firmenveranstaltungen, Familienfeiern, Hochzeitsfahrten, Shuttlefahrten, Tagungen, Präsentationen oder Nachtfahrten.
Heimathafen: Berlin-Rummelsburg (Halbinsel Stralau)
M.S. Schiffskontor GmbH
Am Speicher 7, 10245 Berlin-Rummelsburg
Tel. 030/2 46 47 99 60
info@schiffskontor.de

Mietstation Solarboot-Pavillon

Zuständig für Info, Charter und Vermietung für diese und andere Solarboote: SolarWaterWorld AG (seit 2008 Sitz der Gesellschaft in Berlin, hervorgegangen aus dem Institut für Solarschiffbau, Bergmannstraße 95, 10961 Berlin-Kreuzberg, Tel. 030/61 20 90 91, info@solarwaterworld). www.solarwaterworld.de

Solarboot-Pavillon Berlin-Köpenick

(siehe auch Seite 80)
Müggelheimer Straße 1d ,
12555 Berlin-Alt Köpenick
Tel. 0160/6 30 99 97
pavillon@solarwaterworld.de
www.solarwaterworld.de

SUP – Stand-Up-Paddling / Supsurfing

Übersetzt: Steh-Paddeln. Weniger anstrengend als Surfen. Ein Neoprenanzug ist nicht nötig, Badebekleidung reicht aus. Das SUP-Brett (»SUP-Board«) ist ein überdimensionaler Wellenreiter im Vergleich zum Surfbrett (breiter, stärker, durchschnittlich 3,40 Meter lang) mit mehr Auftrieb. Das überlange Paddel wird der Körpergröße individuell angepasst. Am Müggelsee befindet sich Deutschlands erstes spezielles SUP-Center.
Nalani Supsurfing im Strandbad Friedrichshagen
Müggelseedamm 216,
12587 Berlin-Friedrichshagen
Tel. 0160/96 38 70 17
info@nalani-supsurfing.com
www.nalani-supsurfing.com

Surfbike

Ungewöhnliche Kombination von Surfboard und Fahrrad. Angetrieben durch einen Unterwasserpropeller.

Video: www.piratenstation.de/surfbike-video.html
Surfbike-Verleih:
Assmann's Piratenstation
Königstraße 3b–4, 14109 Berlin-Wannsee (Zehlendorf)
Tel. 0172/9 99 59 52
aps-berlin@web.de
www.piratenstation.de

Tauchschulen

Action Sport Tauchzentrale

Dominicusstraße 27, 10823 Berlin-Schöneberg
Tel. 030/8 51 51 60
info@tauchzentrale.de
www.tauchzentrale.de

Scubafun Tauchschule K. Ulbrich

Mittenwalder Straße 17,
10961 Berlin-Kreuzberg
Tel. 030/6 27 10 57,
0175/8 86 28 77
info@scubafun-berlin.de
www.scubafun-berlin.de

Zentraleinrichtung Hochschulsport

Technische Universität/TU-Sport/Bereich Wassersport. Kooperation mit der Tauchzentrale Kreuzberg. Kostengünstige Möglichkeit zum Erwerb der PADI-Open-Water-Diver-Brevetierung, ein international anerkannter Tauchschein.
www.tu-sport.de (Link: Wassersport)
www.tu-sport.de/index.php?id=2425&no_cache=1&sport=1344&bp=125

Themen-Bootsfahrten

Eventtouren

City-Familien-Brunch jeden Sonntag. Italienische Nacht mit italienischer Live-Musik. American Barbecue mit Country-Musik. Karibisches Sommerfest mit DJ-Team und karibischen Rhythmen. Viva España mit Tapas, Flamenco und spanischen Sommer-Hits. Ferner: Oldie-Party, Deutsche Schlagerparty, Wannsee in Flammen, 80er-Jahre-Party, Comedy-Dinner-Show. April bis Oktober immer sonntags.
Reederei Winkler
Mierendorffstraße 16, 10589 Berlin Charlottenburg
Tel. 030/3 49 95 95, Kasse Schlossbrücke Charlottenburg:
Tel. 0172/3 21 10 74, Gruppenbuchung: Tel. 030/3 49 95 95, Charteranfragen: Tel. 030/34 99 59 32
info@reedereiwinkler.de
www.reedereiwinkler.de

Historische Stadtrundfahrten

Geschichte und Zukunft Berlins erfahren.
Anlegestellen Wannsee Brücke D/E und Spandau-Lindenufer
Abfahrtszeiten: Donnerstag bis Sonntag 10.30 Uhr ab Wannsee und 11.45 Uhr ab Spandau (Mai bis September), Fahrtdauer: ab Wannsee circa 5 ½ Stunden, ab Spandau ca. 3 ½ Stunden
Reederei Werner Triebler
Johannastraße 24, 13581 Berlin-Spandau
Tel. 0172/3 84 76 87
info@reederei-triebler.de
www.reederei-triebler.de

Krimi-Kreuzfahrten

Schiff besteigen, mörderisch gut essen und sich amüsieren.
Reederei Riedel
Tel. 030/6 93 46 46
info@reederei-riedel.de
www.reederei-riedel.de
krimimobil – Komödie zum Essen!
Postfach 61 01 93
10922 Berlin

Tel. 030/34 72 28 68
Schiffs-Termine unter: www.krimi-mobil.de (»Termine«)

Licht-Dampferfahrten

Abends. Auch als Charterfahrten mit Catering und Entertainment auf eigener Linienfahrt.
April bis Saisonende: Mittwoch bis Sonnabend 19 Uhr
Reederei Spreetours
Geinsheimer Weg 37,
12559 Berlin-Müggelheim
Tel. 030/47 03 38 80,
0177/2 49 43 01
info@spreetours.de
www.spreetours.de

Piratenschifffahrten

Die MS Freibeuter hat ein piratesk-maritimes Innenleben – mit Dancefloor, Bar und Gastronomie.
Außen: verblüffende »alte« Holzplankenstruktur durch Airbrushtechnik (siehe: www.reederei-unger.de/Freibeuter.html)
Reederei Unger GmbH
Schlieperstraße 60, 13507 Berlin-Tegel
Tel. 030/43 72 65 76,
0152/05 73 99 35
info@reederei-unger.de
www.reederei-unger.de

Stern-Stunden

Dampferfahrten-Veranstaltungskalender (April bis Dezember) der Stern und Kreisschiffahrt Berlin.
Zum Beispiel: Berliner Skipperbrunch, nächtliche Schlösserimpressionen, Depeche-Mode-Party, Nocti Vagus – speziell für Blinde, Berliner Mauergeschichten, ABBA-Party, Feuerzangenbowle, Silvesterfahrt zum Feuerwerk.
Näheres unter: www.sternundkreis.de/de/Stern-Stunden
Stern und Kreisschiffahrt GmbH Berlin
Puschkinallee 15, 12435 Berlin-Treptow
Tel. 030/5 36 36 00
info@sternundkreis.de
www.sternundkreis.de

Zeitreisen Anders

Themenfahrten der »Geschichtswerkstatt Berlin«:

Ab durch die Mitte
Berlin – Geschichte und Gegenwart.

Litera-Tour
Berlin in Gedichten, Liedern und Prosa. Joachim Ringelnatz, Walter Mehring, Kurt Tucholsky, Hans Magnus Enzensberger, Erich Kästner, Wolfgang Neuss, Bertolt Brecht, Marlene Dietrich. Gedichte und Prosatexte, gesprochen von einem Schauspieler, aber auch in O-Tönen.

Mauergeschichte(n)
Die Schiffstour führt an zahlreichen Orten vorbei, die die wechselvolle Geschichte des geteilten Berlins dokumentieren.

Frauengeschichte(n)
Varietéstars und Frauen im Parlament, Konfektionsarbeiterinnen und Erfinderinnen, Zwangsarbeiterinnen in der Rüstungsindustrie, Frauen im Widerstand, die erste Rabbinerin Deutschlands, Berliner Salons. Männer sind willkommen.

Krumme Touren
Die pikantesten Morde an Spree und Landwehrkanal. Touren zum Gruseln.

Wir machen Musik …
Berliner Stadtgeschichte zwischen Klassik, Berliner Gassenhauern und Punk. Von der U-Bahn-Hymne aus der »Linie 1«, dem Flötenkonzert Friedrichs II. zu Claire Waldoff und Wolf Biermann. Und man erfährt, wo die Komponist/innen und Texter/innen gelebt und gearbeitet haben.

Sunset in Berlin
Ein »Cocktail« aus Bestandteilen aller Themenfahrten.
Scherben bringen Glück – Rio-Reiser-Fahrt
Erinnerungsfahrt für den ungewöhnlichen Berliner Musiker Rio Reiser (»König von Deutschland«, gestorben am 20. August 1996).
Berliner Geschichtswerkstatt e.V.
Goltzstraße 49, 10781 Berlin-Schöneberg
Tel. 030/2 15 44 50
info@berliner-geschichtswerkstatt.de
www.berliner-geschichtswerkstatt.de

Übernachten auf dem Wasser

Hausboote und Bungalowboote

Schätzungen zufolge kreuzen über 60 Hausboote die Berliner Gewässer. Deren kleinerer Bruder ist das Bungalowboot, Kamin und Sonnendeck gehören zur Grundausstattung. Diese schwimmenden Ferienhäuser können auch gemietet werden. Yachtico ist eine internationale Suchmaschine für Boote zur Miete. Region (wie Berlin) und Schiffstyp (etwa Hausboot) auswählen und es folgt eine detaillierte Übersicht.
Yachtico – boot mieten & chartern
www.yachtico.com

Wassersportschulen

Käpt'n Moser's Wassersportschule

Unter anderem: Sportbootführerschein (SBF) Motor und Segeln, Sportschifferzeugnis, Funk- und Sprechfunkzeugnis, Seesportküstenschifferschein
Kietz 22a, 12557 Berlin-Köpenick
Tel. 030/65 88 08 30,
0173/77 17 8 83
info@wassersportschule-berlin.com
www.wassersportschule-berlin.com

Nautik-Segelschule Berlin

Unter anderem: Funkzeugnisse, Bootsführerscheine, Wakeboarden, Segeltörns.
Scharfe Lanke 67,
13595 Berlin-Spandau
Sportbootkurse:
Tel. 030/37 58 03 93,
0152/29 27 23 03
info@nautik-funk-berlin.de
Funkkurse:
funkkurs@nautik-funk-berlin.de
www.nautik-funk-berlin.de

Skili Wassersport Berlin

Unter anderem: Ausbildung für Bootsführerscheine und Funkzeugnisse, Jachtcharter und Motorbootverleih.
Am Pichelssee 48–50,
13595 Berlin-Spandau
Tel. 030/78 95 33 23,
0179/6 96 96 87, 0173/2 02 62 10,
0163/7 94 64 07
kontakt@skili.de
www.skili-berlin.de

Wasserskifahren Lernen

Auch: sich mit dem Wakeboard oder Monoski ziehen lassen. Wannsee (nahe S-Bahnhof Berlin-Wannsee). Individuelle Terminabsprache.
Assmann's Piratenstation
Königstraße 3b–4, 14109 Berlin-Wannsee (Zehlendorf)
Tel. 0172/9 99 59 52
aps-berlin@web.de
www.piratenstation.de

Wassersportvereine

Berliner Kiteschule

Kite Landboarding (auch in der kalten Jahreszeit) und Snowkite-

Kurse. Zu Wasser und zu Lande.
Rykestraße 7, 10405 Berlin-Prenzlauer Berg
Tel. 0157/79 59 19 70
Tim.Retzlaff@freenet.de
www.berliner-kiteschule.de

Kanuverband Berlin
Kanumarathon: Wettkämpfe über die klassische Marathondistanz von 42,2 Kilometern auf natürlichen Gewässern, Kanupolo – ein schneller Ballsport. Außer Kanu-Leistungssport auch Breiten- und Jugendsport.
Landes-Kanu-Verband Berlin e.V.
Eisenhammerweg 22a,
13507 Berlin-Tegel
Tel. 030/43 98 07 10
geschaeftsstelle@kanuverband-berlin.de
www.kanuverbandberlin.de,
www.kanupolo.de

Motoryachtverband
Der Verband zählt 47 Mitgliedsvereine. Neben dem Motorboot geht's auch um Wasserski, Modellbau und mehr. Anklicken: www.mvb-berlin.de/vereine/vereine.html
Motoryachtverband Berlin e.V.
Thyssenstraße 24, 13407 Berlin-Wittenau (Reinickendorf)
Tel. 030/4 14 33 79
geschaeftsstelle@mvb-berlin.de
mvb-berlin.de

Motor-Boot-Club Berlin ADAC e.V.
Am Großen Wannsee 50, 14109 Berlin-Wannsee (Zehlendorf)
Tel. 030/8 05 30 84
info@mbc-berlin.de
www.mbc-berlin.de

Motorbootclub Charlottenburg e.V.
Siemenswerderweg 38
13595 Berlin-Spandau
Tel. 030/3 61 60 05

Motor-Rennboot-Club Berlin e.V.
Jachthafen des MRC Berlin e.V./
Teltowkanal km 18,5
Teltowkanalstraße 16, 12247 Berlin-Lichterfelde (Steglitz)
Tel. 030/76 80 29 16
walter.dross@mrc-berlin.com
www.mrc-berlin.com

Motor-Yacht-Club Preussen e.V.
Alt Gatow 1–3, 14089 Berlin-Gatow (Spandau)
Tel. 030/36 50 90 01
info@myc.preussen.de
www.myc.preussen.de

Motor-Yacht-Club Tegel e.V.
Clubhaus und Bootshafen.
Borsigdamm 4, 13507 Berlin-Tegel
Tel. 030/4 32 98 80,
0170/7 88 89 70
Geschäftsstelle:
Tel. 030/4 33 89 85
info@myc-tegel.de
www.myc-tegel.de

Motor-Yacht-Club von Deutschland
Scabellstraße 10–11, 14109 Berlin-Nikolassee (Zehlendorf)
Tel. 030/8 03 55 09
vorstand@mycvd.de

SC Brise 1898 e.V.
Wendenschloßstraße 390,
12557 Berlin-Köpenick
Tel. 030/6 51 98 43, 65 49 91 36
segeln@sc-brise.de
www.sc-brise.de

SC Seddin
Am Seddinsee 15, 12527 Berlin-Schmöckwitz (Köpenick)
kontaktscs@sc-seddin.de

Seesportclub Berlin Grünau e.V.
Rohrwallallee 11, 12527 Berlin-Karolinenhof (Köpenick)
Tel. 030/3 06 74 34 58
sscbg@berlin.de
www.sscbg.de

Segelclub Fraternitas 1891 e.V.
Wendenschloßstraße 378,
12557 Berlin-Köpenick
Tel. 030/6 51 58 58
www.scfraternitas1891.de

Spandauer Ruder-Club »Friesen« e.V.
Spezialität: »Kirchboot« für mindestens 12 Ruderer. Zu mieten.
Mahnkopfweg 6, 13595 Berlin-Spandau
Tel. 030/3 61 67 53
rudern@srcf.de
www.srcf.de

Surf- und Segelschule Müggelsee
Siehe *Bootsvermietung*

Wasserfreunde Spandau 04, Havelschanze
Havelschanze 27, 13587 Berlin-Spandau
Tel. 030/3 36 46 16
www.spandau04.net

Wasserfreunde Spandau 04, Zitadelle
Zitadellenweg, 13599 Berlin-Spandau
Tel. 030/3 34 13 29
micklausch@t-online.de

Wind Surfing Verein Berlin
Wannseebadweg 46, 14129 Berlin-Wannsee
Clubraum: Tel. 030/8 03 35 72
Hafenmeister: Tel. 030/8 03 36 84
office@wsev.de
www.wsev.de

Zentraleinrichtung Hochschulsport
Technische Universität/TU-Sport/Bereich Wassersport.
TU-eigenes Bootshaus am Stößensee. 150 Boote für Paddeltouren, Segelausflüge, Ruder-Trips.
www.tu-sport.de (Link: Wassersport)
bzw. www.tu-sport.de/index.php?id=39&sport=123&bp=2075

Wassersport Alphabetisch I
Auf dieser Internetseite sind weitere 48 Wassersportvereine alphabetisch aufgeführt, von A wie »American International Yacht Club« über B wie »Baltische Segler-Vereinigung« und C wie »Club Nautique Français de Tegel – CNFT« bis V wie »Verein Spandauer Jollensegler e.V. (VSJ)«. Dabei geht es unter anderem um: Kanu, Motorboot, Paddeln, Rudern, Segeln, Tauchen, Jachten, Frauensport, auch »Förderverein Wassersporthandicaps e.V.« Die Vereinsnamen können jeweils für gezielte Informationen angeklickt werden.
www.berlin.kauperts.de/Adressen/Sportverein-Wassersport

Wassersport Alphabetisch II
Auf dieser Internetseite sind 229 Eintragungen zum Thema »Wassersport in Berlin« zu finden – von der »1. Berliner Kinderschwimmschule« über »Paddel-Club Wiking e.V. « und »Sail-Lollipop Regatta Verein« bis »Tauchsportgruppe Polizeitaucher Berlin e.V.«.
www.branchenbuch.meinestadt.de/berlin/company/10434412?xtmc=bb-suche-iwc_wassersport&xtcr=2

Wassersport-Schulen
Auf dieser Internetseite sind weitere 27 Berliner Homepages und

Adressen von Wassersportschulen alphabetisch aufgeführt, von »Action Sport Am Großen Stern« (Tauchkurse für Kinder) über »Rainbow Traveler Berlin« (Tauchreisen und Tauchschule für Schwule) bis zu »Tauchlehrer für Behinderte«.
www.katalog.meinestadt.de/berlin/katl/100-100-534-29762-133094

Wetterbericht für Wassersportler

Tagesaktuelle Informationen über die Berliner Gewässer.
Wetter-Informations-Dienst Berlin: wind@met.fu-berlin.de (Link: Text, Wassersport), www.wind.met.fu-berlin.de/mvdtext/mvd_text.htm

Yachtcharter Berlin

Im Wesentlichen bieten fast alle Reedereien an, ihre Schiffe für individuelle Fahrten zu chartern – für Anlässe jeder Art. Aber nicht alle Reedereien verfügen über Motorjachten. Beispielsweise mit der Motorjacht »Bellevue«: Charterfahrten von 2 bis 17 Personen (mit Skipper und Gastronomie an Bord). Oder mit der Motorjacht »La Belle«: Charterfahrten von 15 bis zu 50 Personen (inklusive Gastronomie).
Exclusiv-Yachtcharter-Berlin
Holsteiner Ufer 42, 10557 Berlin-Hansaviertel (Tiergarten)
Tel. 030/43 66 68 36, 0172/3 83 97 31
info@exclusiv-yachtcharter.de
www.exclusiv-yachtcharter.de
Siehe auch *Reederverband der Berliner Personenschiffahrt e.V.*

Zander aus Berlin

Er gilt als *die* Berliner Süßwasserdelikatesse schlechthin: der Zander. Er kann bis zu einem Meter lang, 7 Kilo schwer und sogar 10 bis 20 Jahre alt werden. Vorausgesetzt, man lässt ihn Ruhe, wenn er sich – unter anderem – in der Unterhavel tummelt. Denn ihm und seinen Kollegen liegt ein kleiner Familienbetrieb aus Berlin-Heiligensee auf der Lauer, dessen Chef »Fischwirtschaftsmeister« ist. Beliebt ist dieser scheue, vorsichtige und schwer zu überlistende Speisefisch wegen seines besonders festen und weißen Fleischs – gut für grätenfreie Filets. Je nach Jahreszeit werden auch Welse, Karpfen, Schleie, Aale, Barsche und Hechte, Quappen, Bleie, Plötzen und Rapfen, Wollhandkrabben und Krebse gefischt, die man im familiären Hofladen erstehen oder bestellen kann – ob fangfrisch oder geräuchert.
Geöffnet Donnerstag 16–18 Uhr, Sonnabend 9–12 Uhr und nach telefonischer Vereinbarung.
Fluss- und Seefischerei Jürgen Vaupel
Am Dachsbau 101, 13503 Berlin-Heiligensee
Parkplätze vorhanden. S-Bahnhof Schulzendorfer Straße, Bus 224 (Haltestelle Ziegenorter Pfad)
Tel. 030/4 31 51 53
info@fischerei-vaupel.de
www.fischerei-vaupel.de

1. Einleitung

Über kaum ein anderes Thema wurde in den letzten Jahren mehr geschrieben, als über das Thema Realitätsgestaltung und Wunscherfüllung. Das „Gesetz der Anziehung“ ist in aller Munde und im Wochentakt erblicken weitere Bücher, Blogs und Youtube-Kanäle zum Thema das Licht der Welt. Weshalb also ein weiteres Buch dazu? Um ehrlich zu sein, habe ich mir diese Frage beim Schreiben dieses Buches auch ein paar Male gestellt. Und doch zweifelte ich zu keinem Zeitpunkt daran, dass dieses Buch sinnvoll und wichtig ist. Diese Sicherheit kam allerdings nicht von ungefähr. Seit 2008 beschäftige ich mich jetzt schon mit Persönlichkeitsentwicklung, Meditation und Realitätsgestaltung. In dieser Zeit wanderte ich von Methode zu Methode und las mir ein Buch nach dem anderen durch. Ich versuchte ganz viele Dinge aus, aber ich schaffte es nie, wirkliche Veränderungen in meinem Leben zu erreichen. Obwohl ich mich jeden Tag stundenlang mit mir selbst beschäftigte, nahm meine Frustration immer mehr zu. Und nach 4 Jahren dieser Entwicklung – ich war damals 23 – durfte ich mit schmerzhafter Ernüchterung feststellen, dass ich keines meiner Ziele erreicht hatte, zu deren Verwirklichung ich überhaupt all diese Methoden anwendete.

So unschön diese Feststellung auch war für mich, wurde mir durch sie klar, dass sich etwas an meiner Herangehensweise ans Leben grundlegend ändern musste. In den darauffolgenden 24 Monaten ließ ich die meisten Methoden hinter mir und fing damit an, mein direktes Erleben zu erforschen. Ich wollte mich nicht mehr auf die Aussagen anderer verlassen, sondern meine eigenen Erkenntnisse machen. Dazu ging ich in einen fast ständigen Beobachtungsmodus mir selbst gegenüber. Dabei wurde mir immer klarer, wie unglaublich tiefgreifend meine eigene Denkweise die Welt bestimmt, die ich erlebe. All die Muster und Ängste in mir, die jahrelang ein Mysterium für mich waren und die ich doch nur loswerden wollte, wurden plötzlich durchschaubar und verloren dadurch ihre einschüchternde Wirkung auf mich. Nach und nach erkannte ich die Funktionsweise unseres Geistes und wie unkompliziert diese eigentlich aufgebaut war.

Das Resultat dieser zwei Jahre der Selbsterforschung war ein grundsätzliches Gefühl der Ganzheit und Freiheit, das mir nichts und niemand mehr nehmen konnte. Zweifellos waren diese zwei Jahre ungemein wichtig für meine persönliche Entwicklung, aber auch für meine Coachingtätigkeit mit anderen Menschen. Auch konnte ich in dieser Zeit endlich einige meiner wichtigsten Ziele erreichen und zwar ohne, dass ich ständig an ihnen arbeiten und mich abmühen musste. So traf ich endlich meine erste große Liebe und ich fand heraus, was ich im Leben wirklich machen möchte. Definitiv neu für mich war dabei, wie einfach das alles zustande kam. Zurückblickend kann ich heute sagen, dass ich in diesen zwei Jahren das Druckventil meines Lebens gefunden habe und lernte, dieses erfolgreich zu bedienen.

Mit diesen Erkenntnissen und Erfolgserlebnissen sowie meiner Entscheidung, selbst Coach für Persönlichkeitsentwicklung zu werden, wagte ich es noch einmal, mir das Meer von Selbsthilfemethoden anzuschauen. Nun konnte ich diese Modelle und Methoden einmal komplett ohne Leidensdruck unter die Lupe nehmen. Ausgerüstet mit meinen eigenen Erfahrungen entwickelte ich schnell ein Gespür dafür, was an diesen Methoden das Wesentliche, und was bloß unnötiger – oder schlichtweg falscher – Ballast ist. Gerade dieser Blickwinkel führte zur erleichternden, aber auch etwas verstörenden Einsicht, dass diese Modelle und Methoden selbst maßgeblich an meiner Verwirrung und Frustration der vorherigen Jahre beteiligt waren. Ich sah, wie viele der Konzepte, an denen ich teilweise jahrelang verzweifelt war, reine Luftschlösser und Phantome sind, die nicht den geringsten Bezug zur tatsächlichen Realität unseres Geistes haben. Ebenso sah ich, dass es nur wenige Lehrer und Methoden gibt, die sich nicht in irgendwelchen Nebensächlichkeiten oder esoterischen Fantastereien verlieren. Insbesondere der Bereich der Realitätsgestaltung und Wunscherfüllung stellte sich als regelrechter Tummelplatz für alle möglichen Halbwahrheiten, Unwahrheiten und Unsinnigkeiten heraus.

Natürlich streite ich meinen eigenen Anteil an meinen leidvollen und frustrierten Jahren nicht ab. Immerhin war ich es, der diesen verwirrten Konzepten Glauben und Hoffnung schenkte. Doch in Anbetracht jener Entdeckungen wurde mir klar, dass es kein Wunder ist, warum so viele Menschen sich auf ihrer Suche nach Veränderung im Dschungel der Selbsthilfemethoden verlaufen und dadurch nur noch frustrierter werden, was einen zunehmenden Leidensdruck für sie bedeutet. Ich selbst war dabei keineswegs die Ausnahme. Über die letzten 8 Jahre hinweg sah ich Tausende von ähnlichen Fällen wie ich einer war, und weiß deshalb, dass es um die allgemeine Erfolgsrate der Selbsthilfemethoden alles andere als gut bestellt ist. All das entmutigte mich aber überhaupt nicht. Im Gegenteil, ich wurde in meiner Ansicht bestätigt, wie wichtig es ist, sich auf die grundsätzlichen Prinzipien des menschlichen Geistes zu konzentrieren und diese *niemals* komplizierter zu machen als sie sind.

Das war vor rund anderthalb Jahren. Persönlich ging es mir damals durchaus gut, aber trotzdem gab es immer noch einige Elemente in meinem Leben, die ich gerne verändern wollte, aber nicht konnte. Dazu gehörten einerseits meine berufliche und finanzielle Situation, aber auch innere Aspekte meines Lebens, wie etwa mein Selbstvertrauen oder Kompetenzgefühl als Coach. Ich muss gestehen, etwas ratlos war ich zu diesem Zeitpunkt schon, und ich wunderte mich darüber, wieso ich im Leben immer noch eine solche Stagnation erlebte. Doch dann stieß ich eines Nachmittags quasi nebenbei auf die *bewusste Autosuggestion* und ihre berühmtesten Proponenten wie Émile Coué, Joseph Murphy und Neville Goddard. Und schon nach den ersten Leseseiten konnte ich es kaum glauben, wie mir diese Lehre über all die Jahre hinweg entgehen konnte. In ihren Schriften fand ich eine Lehre, die sich nicht einfach mit schönen Wörtern und effekthascherischen Konzepten schmückt, sondern die unmittelbar auf das direkte Erleben und die grundsätzlichsten Prinzipien des Bewusstseins zielt. Entsprechend zugänglich und simpel fielen auch ihre Methoden aus.

Ich machte mich sofort an die tägliche Anwendung des »Gesetzes der Annahme« und bereits nach wenigen Wochen konnte ich die ersten Veränderungen feststellen. Von da an ging es immer weiter und immer tiefer. Ich zog endlich von zuhause aus, traf Menschen, die die gleiche Vision wie ich hatten, habe mittlerweile drei Bücher geschrieben und schaffte es schließlich innerhalb von 6 Monaten, vollständig und gut von meiner Arbeit als Coach leben zu können. Auch mein Selbstvertrauen und Kompetenzgefühl haben sich radikal verändert, und ganz allgemein darf ich heute sagen, dass ich ein glücklicher, fröhlicher und gelassener Mensch bin.

Mit diesem Buch, das du gerade in den Händen hältst, möchte ich dir nun den einfachen Leitfaden und die simplen Methoden an die Hand geben, die für meinen bisherigen Lebensweg so wichtig waren. Der wesentliche Schwerpunkt dieses Buches liegt dabei auf den Grundprinzipien des Bewusstseins und der Realitätsgestaltung. Damit möchte ich der Gefahr vorbeugen, dass man sich jemals wieder in irgendwelchen Nebensächlichkeiten oder Halbwahrheiten verrennen kann. Auch ist es mein erklärtes Ziel, der Methode der bewussten Autosuggestion in ihrer unverfälschten, zugänglichsten und effektivsten Form wieder zu der Bekanntheit zu verhelfen, die ihr und ihren Pionieren zusteht. Gerade in Anbetracht dieser Pioniere ist dieses Buch eigentlich gar nicht nötig. Ich bin nämlich der festen Überzeugung, dass in den Büchern Coués und dessen Schüler Fritz Lambert und Gisela Lucci, sowie den Werken von Neville und Murphy bereits alles Entscheidende drin steht. Doch in der heutigen Zeit ist es oft eine Notwendigkeit, alten Wein in neuen Schläuchen auszuschütten. Natürlich insbesondere dann, wenn es sich um den köstlichsten und wohltuendsten Wein der Welt handelt.

Da dieses Buch explizit als Einstiegswerk in das Gesetz der Annahme konzipiert wurde, habe ich größten Wert darauf gelegt, alle Grundbegriffe der Realitätsgestaltung möglichst genau zu erklären, aber auch, diese so praxisnah wie möglich zu veranschaulichen. Aus diesem Grund finden sich im Verlauf des Buches im Text immer wieder sogenannte *Pointers*, die dazu einladen sollen, sich für einen Moment seinem direkten Erleben und der eigenen Selbsterforschung zuzuwenden. Das ist eine wunderbare Praktik, die ich sehr gerne aus Büchern zur nondualen Selbsterforschung übernommen habe.

Nachdem das Fundament des Gesetzes der Annahme und der bewussten Autosuggestion behandelt ist, findest du in einem ausführlichen

Methodenteil die effektivsten und zugänglichsten Methoden, damit du gleich mit der korrekten Anwendung und Praxis beginnen kannst. Am Ende des Buches findest du zudem weiterführende Informationen zu meinen bereits veröffentlichten Büchern, meinen Coachings und Webinaren, sowie zu weiteren Angeboten rund ums Thema bewusste Autosuggestion.

Bevor wir nun zum eigentlichen Buch übergehen, möchte ich noch auf zwei Punkte aufmerksam machen. Erstens möchte ich dich in die Facebook-Gruppe zum Gesetz der Annahme einladen »*I AM – Gesetz der Annahme nach Neville Goddard & Joseph Murphy*«. Diese Gruppe, die mittlerweile über 9'000 Mitglieder zählt und von Kevin Kunert und mir im Februar 2017 gegründet wurde, hat sich zu einer unglaublichen Community von Anwendern und Anwenderinnen des Gesetzes der Annahme entwickelt. Aber am besten schaust du selbst mal vorbei und überzeugst dich mit eigenen Augen von der transformativen Atmosphäre der Gruppe und den zahlreichen Erfolgsberichten, die jeden Tag von den Mitgliedern veröffentlicht werden.

Der zweite und letzte Punkt ist folgender: Ich kann dir nicht wärmstens genug empfehlen, die Methoden dieses Buches wirklich anzuwenden, und zwar beständig täglich über mehrere Wochen. Du wirst dir selber nach wenigen Wochen so dankbar dafür sein, wie du es vielleicht noch nie zuvor warst.

Nun gut, dann wünsche ich dir jetzt von ganzem Herzen viel Freude, Einsicht und Erfolg mit diesem Buch!

Ugi Müller, 02.10.2017

2. Die Wahrheit: Du bist Vorstellungskraft

»Die Kraft, von der ich spreche, ist genau hier in deiner eigenen wundervollen, menschlichen Vorstellungskraft. Wende dich keinem anderen zu. Und wende dich keiner äußeren Sache zu. Es ist alles im Innern. "Das Königreich des Himmels ist in dir." Wenn ich mich also nach Innen wende, wem wende ich mich dann zu? Ich wende mich meiner eigenen wundervollen, menschlichen Vorstellungskraft zu, und stelle mir anschließend dasjenige als echt vor, was ich will, und überzeuge mich davon, dass es wahr ist. Entsprechend des Grades meiner Selbstüberzeugung wird es wahr werden. Es wird sich tatsächlich in dasjenige kleiden, was die Welt ‚Realität' nennt, doch die Realität ist nicht das sichtbare Ding, das sie sehen. Die Realität ist der unsichtbare Zustand, den ich mir vorgestellt habe.«

~ **Neville Goddard**, Power

Wir leben aus der Vorstellungskraft

Ich möchte zu Beginn gleich mit der Tür ins Haus fallen: *Vorstellungskraft ist nicht eine Fähigkeit, die wir haben, sondern Vorstellungskraft ist, was wir wirklich sind.* Das klingt auf den ersten Blick vielleicht etwas kompliziert, aber es wird gleich klar werden, warum das einleuchtend und durchaus zutreffend ist.

Wenn wir das Wort *Vorstellungskraft* oder *Imagination* hören, dann denken wir meist zuerst an unser Vermögen, uns geistig etwas zu vergegenwärtigen und dieses mental zu betrachten. Stelle ich mir etwas vor, dann nehme ich etwas vor meinem geistigen Auge wahr, egal ob ich es sehe, höre, fühle, rieche oder schmecke. Das ist natürlich an sich schon eine bemerkenswerte Fähigkeit. Denn durch sie können wir uns auf Abruf alle Dinge ins Bewusstsein rufen, die wir möchten. Dazu gehören Tagträume, das Schmieden von

Plänen, aber auch unser ganz alltägliches Nachdenken. Ohne Vorstellungskraft könnten wir gar nicht denken, da wir immer in mentalen Bildern oder Geräuschen denken. So nehmen die meisten Menschen ihr Denken als inneres Hören wahr. Eine Minderheit hingegen scheint eher lesend zu denken. Das heißt, sie sehen und lesen ihre Gedanken als mentale Worte vor dem geistigen Auge.

Pointer: *Halte an dieser Stelle kurz inne und schaue einmal in deinem direkten Erleben nach, wie genau Du Gedanken wahrnimmst. Hörst du Gedanken als innere Stimme oder liest du sie als Worte? Wenn du Gedanken als innere Stimme hörst, welche Stimme hörst Du? Und während du dein Denken beobachtest, bemerke auch, dass du nicht deine Gedanken, sondern dasjenige bist, das die Gedanken wahrnimmt.*

Wenn du also vielleicht das Gefühl haben solltest, dass du keine oder zumindest keine gute Imagination hast, dann weißt du jetzt, dass das nicht stimmen kann, da du ohne sie gar nicht denken oder deinen Alltag bewältigen könntest. Es mag zwar der Fall sein, dass es dir noch schwer fällt, dir bewusst bestimmte Dinge vorzustellen, aber das ist dann eine reine Übungssache. Unbewusst bist du nämlich längst eine Meisterin der Vorstellungskraft – und noch viel mehr, wie sich gleich zeigen wird.

Ein weiterer Bereich, in dem die Imagination wesentlich für unseren Alltag ist, ist unser *Erinnerungsvermögen*. Erinnerungen sind nämlich nichts anderes als mentale Sinneseindrücke. Die Erinnerung an das letzte Schokoladeneis z.B. ist wahrscheinlich zusammengesetzt aus einem Bild und einem Geschmack. Beide Sinneseindrücke erleben wir nicht tatsächlich gerade, sondern rein in unserer Vorstellungskraft. Erinnerungen sind also grundsätzlich ebenfalls nur Vorstellungen, die wir jetzt gerade haben. Von dieser Perspektive aus betrachtet, unterscheidet sich eine Erinnerung in keinster Weise von einer herkömmlichen Vorstellung.

Vorstellungskraft schafft Bedeutung

Doch es gibt ein Element, das eine Erinnerung und andere Gedanken von einer bloßen Vorstellung unterscheidet. Und dieses Element ist der letzte und einflussreichste Aspekt unserer Vorstellungskraft. Es handelt sich um das Phänomen der *Bedeutung*. Wenn ich mich z.B. an einen folgenreichen Moment in meinem Leben zurückerinnere, dann ist da mehr als eine bloße Vorstellung. Nehmen wir die Erinnerung an den ersten Schultag. Egal, wie dieser Tag genau für dich gelaufen ist, so ist diese Erinnerung mehr als nur ein inneres Bild, das du gerade hast. Das liegt daran, dass dieser Tag eine ganz besondere *Bedeutung* für dich hat. Diese Erinnerung ist Teil deines Lebenswegs, der dich zu dem Menschen gemacht hat, der du heute bist.

Genau betrachtet besteht eine solche Erinnerung aus zwei Komponenten. Da wäre zum einen die Vorstellung an sich, z.B. ein Bild davon, wie wir das erste Mal unserer ersten Lehrerin begegnet sind. Andererseits ist da die Bedeutung, die wir diesem Bild geben, z.B. dass diese Lehrerin eine ganz tolle Frau gewesen ist, die uns viel beigebracht hat. Diese Unterscheidung zwischen Vorstellung an sich und der Bedeutung, die wir dieser geben, ist dabei keine Haarspalterei, sondern von entscheidender Wichtigkeit.

Pointer: *Schau dir einen Gegenstand an, der gerade in deinem Sichtfeld ist. Versuche jetzt, dich einmal ausschließlich auf dasjenige zu konzentrieren, was dir deine Augen gerade zeigen. Als würdest du das erste Mal sehen. Welche Informationen vermitteln dir deine Augen, ohne dass du auf Vorannahmen zurückgreifst? Du wirst merken, dass dir deine Augen eigentlich nur Farben und Formen vermitteln. Wenn du nur die Informationen deiner Augen hast – also dasjenige, was tatsächlich gerade da ist –, dann kommt den Farben und Formen des gegenwärtigen Seheindrucks noch keine Bedeutung zu. Es ist einfach, wie es ist. Dass es sich bei dem Gesehenen um einen bestimmten Gegenstand handelt, der eine bestimmte Bezeichnung hat und mit dem man bestimmte Handlungen ausführen kann, ist also nichts, was wir direkt mit unseren Au-*

gen wahrnehmen, sondern vollständig ein Produkt unserer Vorstellungskraft!

Dass es sich bei diesem viereckigen Gegenstand in meiner Hand um ein "Buch" handelt, mit dem ich mir neue Informationen aneigne, ist keine Information, die mir meine Augen vermitteln, sondern meine Vorstellungskraft. *Sie* gibt dem Gesehenen (Viereckige Farbcollage) eine klare Bedeutung. Doch die Bedeutung ist an sich unabhängig vom Gesehenen, und kommt ihr nicht notwendigerweise zu. Jemand, der noch nie ein Buch gesehen hat, gibt der viereckigen Farbcollage vielleicht die Bedeutung eines eigenartig geformten Pingpongschlägers, falls das der Bedeutungszusammenhang ist, in dem er den Gegenstand vor sich wahrnimmt. Doch egal, welche Bedeutung jemand einem bestimmten Sinneseindruck gibt, es ist immer die Vorstellungskraft, die überhaupt Bedeutung schafft. Auch spielt es keine Rolle, wie wir uns überhaupt an bestimmte Bedeutungen und Bedeutungszusammenhänge gewöhnt haben. Entscheidend ist die Tatsache, dass wir niemals in einer objektiven Welt mit festgelegten, allgemeingültigen Bedeutungen leben, sondern in einer rein subjektiven Welt, die fundamental von unserer Vorstellungskraft geformt ist. Und sobald wir den Dingen, die wir wahrnehmen, andere Bedeutungen geben, ändern wir die ganze Welt. Das heißt, es gibt keine objektiven Tatsachen, sondern jede Tatsache liegt immer im Auge des Betrachters.

Jede Tatsache ist subjektiv

Ich möchte das an einem Beispiel veranschaulichen. Ein Mann spricht zwei Frauen auf der Straße an, weil er diese hübsch findet und sie gerne kennenlernen möchte. Er geht also zu ihnen hin, sagt Hallo und fragt, wie es ihnen so geht. Dabei schauen sich die Frauen an und werfen sich einen verdutzten Blick zu. Das bekommt der Mann natürlich mit, und keine Sekunde später entschuldigt er sich dafür, dass er sie angesprochen hat und geht peinlich berührt weiter. Was ist hier passiert? Der Mann hat der Reaktion der Frauen eine ganz klare Bedeutung gegeben: Ihnen ist es unangenehm und er hat es vergeigt. Deswegen entschuldigt er sich und flieht so schnell wie möglich aus dieser scheinbar peinlichen Situation. Er glaubt demnach, dass der Blick, den die Frauen sich zuwerfen, eindeutig ist, und er kommt nicht auf die Idee, dass zwischen dem, was er gerade wirklich mit den Augen wahrnimmt, und der festen Bedeutung, die er diesem gibt, keine notwendige Verbindung besteht. In anderen Worten, seine Vorstellungskraft ist so schnell darin, dem Gesehenen eine bestimmte Bedeutung zu geben, dass er das Gefühl hat, Gesehenes und Bedeutung sind tatsächlich eins. Weil die Vorstellungskraft also so unfassbar schnell ist, haben wir das Gefühl, dass die Welt tatsächlich so ist, wie wir sie erleben. Und wir übersehen dabei, dass dasjenige, was wir objektive Welt nennt, auf grundlegender Ebene nur ein Konstrukt unserer Vorstellungskraft ist – ein Konstrukt der Bedeutungszusammenhänge, die wir uns angeeignet haben und an die wir glauben. Wir reagieren im Endeffekt nie auf die Welt an sich, sondern stets auf unsere eigenen Reaktionen. So reagiert der Mann in Wirklichkeit nicht auf den verdutzten Blick der Frauen mit Flucht, sondern auf seine eigene reaktive Bedeutung, die er diesem Blick gibt. Würde er diesem Blick eine andere Bedeutung geben oder ihm überhaupt keine Bedeutung zumessen, dann wäre er im Gespräch geblieben und wer weiß, vielleicht wäre eine der beiden

Frauen die Lebenspartnerin geworden, die er sich immer gewünscht hat.

Das Sprichwort "Jeder lebt in seiner eigenen Welt" ist also weit zutreffender, als wir normalerweise denken mögen. Wir leben tatsächlich in unserer eigenen Welt, denn unsere Welt ist nichts weiter als ein einziger imaginativer Bedeutungszusammenhang, in dem wir uns gewohnheitsmäßig bewegen. Ändern wir diese gewohnheitsmäßigen Bedeutungen, dann ändern wir zugleich auch die Welt. Es ist offensichtlich, dass dieser Sachverhalt nicht nur für einzelne Bereiche unseres Lebens die zentrale Rolle spielt, sondern für alle – und zwar ohne Ausnahme. Egal, was passiert oder was der Fall ist, es sind immer unsere Bedeutungen/Annahmen über diese Dinge, die unser Leben beeinflussen und formen, nie die Dinge an sich. Eine Situation ist immer so aussichtsreich oder aussichtslos, wie wir *meinen*.

»Der Optimist hat recht. Der Pessimist hat recht. Zwar unterscheidet sich der eine vom anderen wie das Licht von der Dunkelheit, dennoch haben beide recht.

Denn beide haben in Anbetracht ihrer ganz eigenen Perspektive recht, und diese Perspektive ist der bestimmende Faktor ihres jeweiligen Lebens. Dieser Faktor allein entscheidet darüber, wie das Leben aussieht, und ob es ein Leben in Macht oder Ohnmacht, Frieden oder Schmerz, Erfolg oder Misserfolg ist.«

~ **Ralph Waldo Trine**, In Harmonie mit dem Unendlichen

Entsprechend grenzenlos ist die Freiheit, die wir mit der Einsicht gewinnen, dass diese Bedeutungen niemals notwendig sind, sondern letzten Endes *freiwillig*. Wir sind die Schöpfer und Schöpferinnen jeglicher Bedeutung, denn wir sind das Bewusstsein, das dieses ganze faszinierende Spiel von Wahrnehmung und Bedeutung beobachtet. Wir haben die absolute Freiheit, allem, was wir wahrnehmen, entweder eine Bedeutung zu geben, die uns ermächtigt oder die uns knechtet. Oder wir enthalten uns jeglicher Bedeutungsgebung und gehen vollkommen im reinen Sein auf. Nichts anderes ist übrigens, was die verschiedenen mystischen Strömungen der Welt *Erleuchtung, Unio Mystica* oder *Nonduales Bewusstsein* nennen. Enthalten wir uns nämlich für einen Moment sämtlicher Bedeutungsgebung, dann löst sich jegliche Struktur unserer Wahrnehmung auf und wir verschmelzen zur Einheit mit allem, was ist.

Achte dich von nun an vermehrt auf diese fundamentale Wahrheit deines Lebens. Überprüfe in allen Bereichen deines Lebens immer wieder mal die gegenwärtigen Bedeutungszusammenhänge, in denen du dich bewegst, und stell dabei fest, dass es keine wirklichen Tatsachen gibt, und sich die Welt buchstäblich ändern lässt, sobald du nur deine Sichtweise änderst. Achte dich hierbei insbesondere auf die hartnäckigen, scheinbar unumstößlichen "Tatsachen" in deinem Leben. Vielleicht hast du in deinem Leben noch nie über genügend Geld verfügt oder du hast seit du denken kannst Konzentrationsschwierigkeiten oder sonstige Konditionen, die dein Leben bisher nicht gerade leichter gemacht haben. Wo ist bei diesen

Aspekten deines Lebens die Kluft zwischen Gegebenem (momentaner Sinneseindruck) und der Bedeutung, die du diesem gibst? Viel zu schnell und beinahe selbstverständlich neigen wir dazu, von demjenigen, was ist oder bisher so war, auf dasjenige zu schließen, was noch kommen wird. Viel zu oft akzeptieren wir die Unveränderlichkeit von "Tatsachen", die gar keine sind. Sei dir deshalb in Anbetracht dieses Kapitels von nun an bewusst, dass jede Vorstellung von *Ich kann nicht* nie eine objektive Tatsache ist, sondern stets eine subjektive Bedeutung, die nur als Vorstellung in deinem Kopf existiert. Du bist es, der über ihre Gültigkeit entscheidet oder nicht. Dem war sich auch Émile Coué bewusst, als er zutreffenderweise schrieb: "Wer so gut denken kann wie Sie, sollte niemals denken *Ich kann nicht*."

Die Macht der Vorstellungskraft

Dieses ganze Kapitel lässt sich folgendermaßen zusammenfassen: *Realität ist ein Produkt der Vorstellungskraft*. Wir selber sind dabei die alleinige Instanz, die darüber entscheidet, wie unsere Realität beschaffen ist, da wir darüber entscheiden können, welche Bedeutung wir den Dingen geben – was wiederum die Dinge selbst verändert. Die Ursache dafür, ob wir uns dem Leben gegenüber souverän oder machtlos, zuversichtlich oder ängstlich, verbunden oder isoliert fühlen, findet sich immer in einer selbstgewählten Bedeutung, an der wir festhalten. Nie kommt den Dingen an sich eine notwendige Bedeutung zu. Und selbst wenn das der Fall wäre, dann könnten wir sofort wieder darüber entscheiden, welche Bedeutung wir dieser Bedeutung geben. Wenn wir z.B. wissen, dass uns ein Bekannter böswillig nicht gegrüßt hat, so haben wir immer noch die absolute Freiheit darin zu wählen, ob oder was das für uns bedeutet. Am hilfreichsten ist es, sich bei der Bedeutungswahl immer zu fragen: Welche Bedeutung/Interpretation bekräftigt mich in meiner Freiheit und Lebensfreude? Denn, wenn alle Bedeutungen optional sind, weshalb sollte ich dann eine wählen, die mich einschränkt oder schlecht fühlen lässt?

Die Vorstellungskraft ist also nicht einfach ein besonderes Vermögen, über das wir verfügen, sondern sie ist, was wir fundamental sind. In anderen Worten: *Wir leben in einer imaginären Realität mit einer imaginären Identität.* Denn auch unsere Identität ist nichts anderes als ein Bündel von Vorstellungen, denen wir bestimmte Bedeutungen geben, welche wiederum unsere Realität bestimmen. Du magst vielleicht jetzt denken, dass z.B. die Körpergröße eine Tatsache unserer Identität ist, die wir uns nicht einfach vorstellen. Mein Körper beispielsweise ist 1.76 Meter groß und das ist eine Tatsache, die in meinem Personalausweis steht. Doch damit ist bereits schon alles gesagt, was es über die objektive Tatsache zu sagen gibt.

Denn der viel wichtigere Aspekt ist auch bei der Körpergröße, welche *Bedeutung* man dieser für sich selber gibt – womit wir wieder bei der Vorstellungskraft wären. Die bloße Anzahl an Zentimetern hat an sich keine Bedeutung und wird dementsprechend auch erst zu einem Teil meiner Identität, wenn ich ihr eine gebe. Das heißt, erst wenn ich daran glaube, dass die Körpergröße etwas über mich oder meine Möglichkeiten im Leben aussagt, wird sie ein Teil meiner Identität. Diese Bedeutung ist dann aber rein imaginär und subjektiv. Es gibt *keine* allgemeingültigen Bedeutungen/Annahmen.

Was aber ist mit den sozialen Normen und kulturell geprägten Sichtweisen, mit denen wir aufwachsen? Wenn in der Gesellschaft zum Beispiel die Meinung vorherrscht, dass kleine Männer unattraktiv sind, ist das dann nicht eine unabänderliche Tatsache, die die Möglichkeiten von eher kleingewachsenen Männern von außen einschränkt? Nein. Selbst in solchen Fällen haben wir die freie Wahl darin, diese "Tatsache" als zutreffend und wahr anzunehmen oder sie zu verwerfen. Diese Vorurteile und unreflektierten Ansichten werden erst zu einem wirksamen Faktor in unserem Leben, wenn wir sie selber akzeptieren. Wir alle kennen eher kleingewachsene Männer, die vor Selbstvertrauen und Attraktivität strotzen und sehr erfolgreich beim anderen Geschlecht ankommen. Sie haben dieses Vorurteil nicht akzeptiert und nicht zu einem Teil ihres Selbstbilds gemacht. Entsprechend erleben sie die Welt auch als attraktive Männer.

Unabhängig von den kulturell bedingten Normen und Vorurteilen erleben wir die Welt letztlich immer entsprechend der Vorstellungen, die *wir* als Individuen für wahr halten. Nur *unsere* Wahrheit entscheidet über *unsere* Welt, niemals die Wahrheiten der anderen. Das ist seit jeher das Erfolgsrezept aller glücklichen und erfolgreichen Menschen. Sie halten an ihren Wünschen und Zielen fest und glauben an deren Verwirklichung, unabhängig davon, was die Mehrheit denkt und für möglich hält. Wenn wir erkennen, dass für die

Vorstellungskraft alles möglich ist, auch wenn es noch so unseren momentanen Lebensumständen zu widersprechen scheint, dann haben wir den wichtigsten Schritt zu unserer ungebremsten Selbstentfaltung bereits gemacht. Denn unsere Welt formt sich immer nach demjenigen, was wir für möglich halten und was wir glauben. Selbst, wenn du vielleicht gerade glaubst, dass Veränderung nicht oder nur schwer möglich ist, kannst du dich immer auf die Macht der Vorstellungskraft verlassen, für die alles möglich ist. Und füttern wir erst einmal die vorgestellte Möglichkeit unserer gewünschten Veränderung mit unserer Aufmerksamkeit – was in diesem Buch noch ausgiebig erläutert wird –, dann wird aus Möglichkeit schnell ein Glauben und aus dem Glauben unausweichlich eine Tatsache. *Ich kann* ist der Schlachtruf der Selbstverwirklichung.

Pointer: *Eine der wirksamsten Autosuggestionen, die wir zur Transformation unseres Lebens anwenden können, ist die Suggestion von "Ich kann". Die Entdeckung der Macht von "Ich kann" geht wesentlich* *auf Coué zurück, der mit dieser unglaublichen simplen Formel unzähligen Menschen geholfen hat, ihre körperlichen und psychischen Grenzen und Krankheiten zu überwinden. Und sobald sich "Ich will" und "Ich kann" im Einklang verbinden und wir aus tiefstem Glauben sagen können "Ich will und ich kann", dann haben wir das einzige wirkliche Hindernis unserer Selbstentfaltung überwunden: Die Vorstellung von "Ich kann nicht".*

Das Wichtigste in Kürze

1. Die Vorstellungskraft umfasst nicht nur die Einbildungskraft, sondern unser gesamtes Denken und Erinnerungsvermögen. Alle Begriffe und Worte sind Produkte der Vorstellungskraft und nicht etwas, was uns die Sinne vermitteln.

2. Vorstellungskraft schafft sämtliche Bedeutung, die wir den Dingen und Geschehnissen geben. Die Dinge an sich, wie sie uns direkt von den Sinnen vermittelt werden, sind an sich bedeutungslos.

3. Es gibt keine objektiven Tatsachen außerhalb der subjektiven Vorstellungskraft.

4. Jeder Mensch lebt buchstäblich in seiner eigenen Welt, da er in seinen eigenen Bedeutungszusammenhängen und Annahmen lebt. Wir erleben die Welt, wie wir sind.

5. Alle Bedeutungen/Annahmen sind optional und darin liegt unsere ganze Freiheit und grenzenlose Schöpferkraft.

6. Wir leben in einer imaginären Welt mit einer imaginären Identität.

7. Kulturelle und soziale Normen beeinflussen uns nur, wenn wir selbst daran glauben.

8. Nicht die Willenskraft, sondern die Vorstellungskraft entscheidet über unsere Möglichkeiten und Lebensumstände.

9. *Ich kann* ist das Credo des Schöpfergeistes.

3. Das Gesetz:
Was du glaubst, erlebst du

»Die größte Täuschung des Menschen besteht in seiner Überzeugung, dass es andere Ursachen gibt als seine eigenen Bewusstseinszustände. Alles, was einem Menschen geschieht – alles, was er tut und alles, was von ihm kommt – folgt aus seinen Bewusstseinszuständen. Das Bewusstsein eines Menschen ist alles, was er denkt, begehrt und liebt, alles, was er für wahr hält und dem er zustimmt. Aus diesem Grund ist zuerst ein Bewusstseinswandel nötig, bevor du deine äußere Welt ändern kannst.

Wie der Regen als Folge eines Temperaturwechsels in den höheren Schichten der Atmosphäre zu fallen beginnt, ändern sich deine Umstände als Folge einer Veränderung deines Bewusstseinszustands.«

~ **Neville Goddard**, *Die Macht des Bewusstseins*

Das Gesetz der Annahme

Die Welt, in der wir leben, ist ein Produkt unserer Vorstellungskraft. Das heißt, durch die Bedeutungen, die wir den Dingen und Ereignissen in unserem Bewusstsein geben, legen letztlich wir selber fest, wie unsere Realität beschaffen ist. Die sichtbare Realität entspricht immer unserer *Sichtweise* auf die Dinge. Ändern wir also diese Sichtweise, dann ändern wir die Welt, in der wir leben. Damit ist nun das große, grundlegende Prinzip des Bewusstseins offengelegt. Neville Goddard nannte dieses Prinzip das »Gesetz der Annahme«; Joseph Murphy sprach vom »Gesetz des Glaubens«:

Unsere sinnlich wahrnehmbare Realität ist das Resultat der Annahmen, die wir über uns und die Welt für wahr halten.

In anderen Worten: Die sichtbare Welt, die wir mit unseren Sinnen wahrnehmen und erleben, ist stets nur das Echo der unsichtbaren Welt unserer geglaubten Annahmen. Mit geglaubten Annahmen sind aber nicht einfach kognitive Überzeugungen oder Meinungen wie z.B. politische Einstellungen gemeint, sondern diejenigen Annahmen, von deren Wahrheit wir im Innersten ausgehen. Diejenigen Annahmen also, die wir gar nicht mehr als bloße Annahmen erkennen, sondern als selbstverständliche Tatsachen. Dazu gehören z.B. Annahmen wie "Ich tauge nichts", "Die Menschen sind egoistisch", "Morgen geht die Sonne auf" oder "Ohne Fleiß kein Preis". Gemeinsam ist all diesen Annahmen, dass sie nicht einfach nur Gedanken sind, sondern wir sie als *wahr* und fundamental *lebensbestimmend* fühlen und erfahren. Wenn ich etwa von mir selbst glaube, dass ich ein Pechvogel bin, dann habe ich eine entsprechende Denk- und Handlungsweise im Alltag, die dieser Annahme Ausdruck verleiht. Ich denke dann wahrscheinlich oft pessimistisch und selbstmitleidig, bin neidisch auf die "Glückspilze" und sehe meine Möglichkeiten im Leben stark eingegrenzt. Das wiederum drückt auf meine Ziele, Pläne und meine Motivation. Denn aus Angst vor Misserfolgen versuche ich es meist gar nicht, mein Leben zu ändern. So sehr glaube ich an die Annahme, ein Pechvogel zu sein, dass ich sie als unabänderliche Tatsache hinnehme und vor ihr resigniere. Solche "Wahrheiten" und Selbstverständlichkeiten sind also mit geglaubten Annahmen gemeint.

Pointer: *Achte dich für die nächsten Tage einmal auf dein alltägliches mentales Selbstgespräch. Also auf die Gedanken, die einfach aufkommen, ohne dass du sie absichtlich wählst. Dabei wirst du die Wahrheit hinter dem Satz "Wie der Mensch im Herzen denkt, so ist er" entdecken, denn damit sind genau die schonungslos ehrlichen Gedanken gemeint, die wir im Alltag hegen, egal ob positiv oder negativ. Frage dich bei dieser vorurteilsfreien Selbstbeobachtung öfters, welche Annahmen hinter den Gedanken stehen. Von welchen "Wahrheiten" gehst du aus? Welche "Tatsachen" erscheinen dir selbstverständlich oder unabänderlich?*

Frage dich nun in Anbetracht dieser "Tatsachen" immer tief in dich hinein: Ist das wirklich absolut wahr oder glaube ich das nur? Je öfter du diese Reflexion machst, desto mehr erkennst du den Raum der grenzenlosen Freiheit, in dem du dich eigentlich die ganze Zeit schon bewegst.

Gedanken sind keine Ursachen

Geglaubte Annahmen sind grundlegende subjektive Wahrheiten, die unser ganzes Denken, Fühlen und Wahrnehmen bestimmen. Unsere alltägliche Denkweise und all unsere Verhaltens- und Reaktionsmuster folgen *aus* diesen Annahmen, oder besser gesagt: Wir denken, fühlen und leben *von* unseren geglaubten Annahmen *aus*. Wer also positiv denkt, der hat nicht einfach nur positive Gedanken, sondern glaubt an bestimmte Annahmen, die zu diesen positiven Gedanken führen. Das ist sehr wichtig zu wissen, denn oft lesen wir davon, dass unsere Gedanken an sich die ursächliche Kraft in unserem Leben sind. So heißt es, man müsse einfach positive Gedanken hegen, um sein Leben zu verbessern. Diese Perspektive ist sehr irreführend, denn sie lässt den Eindruck entstehen, dass Gedanken einfach im leeren Raum entstehen und wirken. Doch tatsächlich folgen unsere gewohnheitsmäßigen Gedanken und mentalen Selbstgespräche immer nur den Bahnen, die unsere Glaubensannahmen vorgeben. Einzelne Gedanken sind dementsprechend niemals Ursachen, sondern immer nur Wirkungen. Das Gleiche gilt auch für unsere Emotionen und habituellen Reaktionsmuster. Sie sind nie die Ursachen für unsere Lebensumstände, sondern *gehören* bereits zu unseren Lebensumständen. Das ist einer der entscheidendsten Unterschiede zwischen dem Gesetz der Annahme, wie es Neville und Murphy lehrten, und dem, was heute unter dem Namen "Gesetz der Anziehung" bekannt ist. Wer also denkt, dass jeder Gedanke und jede Emotion schöpferische Kraft hat, verwechselt Ursache mit Wirkung. Nicht der Gedanke an sich hat schöpferische Kraft, sondern unser Glaube an ihn; nicht die Emotion an sich erschafft unsere Welt, sondern die geglaubte Annahme hinter ihr, die überhaupt zu einer solchen emotionalen Reaktion führt. Entsprechend ist der Versuch, ständig positiv zu denken und zu fühlen letztlich ein Kampf gegen Windmühlen, der in der Regel zu mehr Frust als Befreiung führt.

Unterbewusstsein & Wachbewusstsein

Um unsere Realität zu ändern, ist es nötig, unsere Glaubensannahmen und gewohnheitsmäßigen Bedeutungsgebungen zu verändern. Dabei drängt sich sogleich die Frage auf, wo genau sich diese Annahmen eigentlich befinden bzw. wie es möglich ist, dass unsere Glaubensannahmen unsere Lebensumstände bestimmen? Zur Beantwortung dieser Frage eignet sich kein Modell besser als dasjenige des *Unterbewusstseins*. Das Unterbewusstsein ist das große Ganze, der eigentliche Motor hinter der Maschine, die wir sichtbare Realität nennen.

Wir haben also zum einen unser alltägliches Wachbewusstsein, mit dem wir die sinnlich wahrnehmbare, physische Welt, aber auch all unsere Gedanken und Gefühle wahrnehmen. Mit dem Wachbewusstsein nehmen wir also in erster

Linie die Welt der Wirkungen wahr, die Folgen unserer geglaubten Annahmen. Allerdings werden wir im Wachbewusstsein auch auf unsere Wünsche und Verlangen aufmerksam, sowie auf unsere Intuition. Während wir also im Hinblick auf die manifestierte Welt passiv und empfangend sind, eröffnet sich durch das Bewusstwerden unserer Wünsche und Handlungsmöglichkeiten auch eine äußerst aktive und nicht zuletzt schöpferische Dimension unseres Wachbewusstseins. Würden wir nicht über diese aktive Dimension verfügen, die uns dazu führt, alternative Möglichkeiten zu dem, was gerade ist, in Betracht zu ziehen, dann wären wir geistig nicht von einem Schäferhund zu unterscheiden. Der Schäferhund geht komplett in seinen reaktiven Verhaltensmustern auf und folgt sofort jedem Reiz aus der Außenwelt. Für ihn gibt es nur diese eine Welt, und ihm fehlt komplett das Vorstellungsvermögen, das ihm ermöglichen würde, überhaupt Möglichkeiten abzuwägen oder Entscheidungen zu treffen. Rückblickend auf das erste Kapitel dieses Buches ist es dem Schäferhund also unmöglich, Bedeutungen zu reflektieren und zu wählen. Aus diesem Grund hat Viktor Frankl passend festgehalten: "*Der Mensch ist das Wesen, das immer entscheidet. Und was entscheidet es? Was es im nächsten Augenblick sein wird.*"

Unsere Einbildungskraft gibt uns die Freiheit, im Wachbewusstsein über Möglichkeiten nachzudenken und uns zu entscheiden, zu fantasieren oder "realistisch" zu bleiben. Die Einbildungskraft ist also das Vermögen, mit welchem wir gezielt unsere Bedeutungen und Annahmen wählen können, die sich als Glaubensannahmen objektiven Ausdruck verschaffen. Hierbei ist es jetzt wichtig, dieses Modell nicht unnötig kompliziert zu machen. Auf der einen Seite haben wir also einfach das Wachbewusstsein, mit welchem wir die physische Realität wahrnehmen, fantasieren und Möglichkeiten auswählen könnten. Auf der anderen Seite haben wir das Unterbewusstsein, das unsere Glaubensannahmen beherbergt und diese manifestiert.

Das große Ganze und seine Teile

Allerdings ist das Unterbewusstsein viel mehr als ein bloßes Sammelsurium von Glaubensannahmen. *Das Unterbewusstsein ist das Leben und der Schöpfergeist selbst.* Es ist das schaffende Prinzip und der zeitlose Motor, der unseren Körper und Geist erschaffen hat und zur vollen Blüte führt. Ausnahmslos alles, was wir erleben, denken, wahrnehmen und uns wünschen, kommt dementsprechend vom Unterbewusstsein. Es handelt sich um eine unendliche Intelligenz, die wir mit unserem äußerst limitierten Verstand niemals begreifen können. Aus diesem Grund ist es in der Regel keine leichte Aufgabe, das Unterbewusstsein in ein leicht verständliches Modell zu packen. Auch Joseph Murphy hat sein Erklärungsmodell vom Unterbewusstsein immer wieder modifiziert und dieses anhand von verschiedenen Metaphern zu erklären versucht. Doch, egal anhand welchen Modells man das Unterbewusstsein auch erklären mag, wichtig ist es, herauszustreichen, dass das Unterbewusstsein *sowohl* unsere geglaubten Annahmen enthält und verwirklicht, *als auch* unsere Wünsche und Verlangen hervorbringt.

Ein Symbol, das sich gut zur Veranschaulichung des Unterbewusstseins eignet, ist das **YinYang-Zeichen**. Die weiße Hälfte steht hierbei für das Wachbewusstsein mitsamt den Elementen, die wir mit diesem wahrnehmen: physische Wirklichkeit, Verstand, Gedanken, Gefühle, Imagination, Intuition, Verlangen, Ich-Bewusstsein. Die schwarze Hälfte hingegen steht für die unterbewussten Aspekte unseres Lebens: Glaubensannahmen, Erinnerungen, Potentiale, ontologische "Baupläne", vor-bewusste Wünsche und Visionen. Es enthält stets alle Möglichkeiten, macht aber in Anbetracht der jeweiligen Glaubensannahmen immer nur eine davon für das Wachbewusstsein objektiv sichtbar. Der spezifische Gehalt des Unterbewusstseins spielt also elementar in den Inhalt des Wachbewusstseins hinein. Andererseits – und das ist die Hauptbotschaft des Gesetzes der Annahme und der Autosuggestion –

spielt der Inhalt des Wachbewusstseins auch elementar in den Gehalt des Unterbewusstseins hinein. Lassen wir nämlich unser Bewusstsein beständig von bestimmten Vorstellungen erfüllt werden, so formen sich aus diesen bewussten Vorstellungen unterbewusste Glaubensannahmen, die sich wiederum in unseren Lebensumständen manifestieren. Auch dieses gegenseitige Hineinspielen lässt sich anschaulich am YinYang-Zeichen verdeutlichen, wo in der weißen Fläche jeweils ein schwarzer Punkt und in der schwarzen Fläche jeweils ein weißer Punkt zu finden ist.

Wenn der schwarze Teil des YinYang-Zeichens nun das Unterbewusstsein und der weiße Teil das Wachbewusstsein darstellen, für was aber steht dann das YinYang-Zeichen als Ganzes? Es steht für die Tatsache, dass das Unterbewusstsein und das Wachbewusstsein letztlich keine zwei getrennten Sphären sind, sondern komplett *eins.* Sie gehen beide vollständig im großen Ganzen auf, das ich hier als *absolutes, formloses Bewusstsein* bezeichnen möchte. In der Formlosigkeit des absoluten Bewusstseins ist jede Form, das heißt jede Möglichkeit, Vorstellung und letztlich Realität bereits enthalten. Es ist die raum- und zeitlose Sphäre, in der alles wird und vergeht, die ewige Leinwand für das Spiel der Phänomene. Dieses absolute, formlose Bewusstsein hat viele Namen: Gott, Brahman, Quelle, Allgeist, Rigpa, Vater, Mutter Natur … Wie man es genau nennt, ist unwichtig. Wichtig ist nur, dass wir uns bewusst sind, dass wir komplett eins mit dem absoluten Bewusstsein sind, und entsprechend auch eins mit all seinen Möglichkeiten.

Pointer: *Lasst uns dieses Modell jetzt einmal in unserem direkten gegenwärtigen Erleben nachprüfen. Denn letztlich ist das einzige Wissen, was wir je wirklich haben, dasjenige, was wir direkt im Bewusstsein erleben. Schau dich also jetzt in deinem gegenwärtigen Erleben um und achte dich einmal darauf, was das Wachbewusstsein gerade präsentiert: Da sind Gegenstände, die du siehst, Geräusche, die du hörst, Gefühle und Empfindungen, die du spürst, Gedanken, die du wahrnimmst etc.*

Da sind ganz viele Eindrücke, aber eins haben all diese verschiedenen Dinge gemeinsam: ***Dein Bewusstsein davon****. Egal, was du fühlst, siehst oder denkst, dein Bewusstsein bleibt immer gleich und ist immer da. Überprüfe jetzt, ob dieses stets präsente Bewusstsein, das dir überhaupt ermöglicht etwas wahrzunehmen, selbst eine Form hat? Oder ist es nicht so, dass zwar alles, was du wahrnimmst, eine Form hat, das Bewusstsein an sich aber formlos und unveränderlich ist?*

Nun schaue einmal in deinem direkten Erleben nach, ob du deine geglaubten Annahmen wahrnehmen kannst? Wo befinden sie sich? Du merkst, dass deine Glaubensannahmen nicht wie Gedanken, Gegenstände oder Gefühle wahrnehmbar oder vorhanden sind. Sie entziehen sich dem Scheinwerfer des Wachbewusstseins. Dennoch wirken sie und wir können anhand unserer bewussten Gedanken ableiten, wie unsere unterbewussten Glaubensannahmen aussehen. Wir sehen sie zwar nicht, aber trotzdem sind sie da, in den Tiefen des unveränderlichen Bewusstseins, das gerade dieses Experiment macht. Und genauso verhält es sich auch mit all unseren Verlangen und mit allen möglichen Realitäten. Wir nehmen sie zwar nicht bewusst mit dem Wachbewusstsein wahr, aber sie sind immer vorhanden, im Unterbewusstsein. Dieses Unterbewusstsein ist, was immer da ist, insbesondere auch, wenn wir schlafen. Im Schlaf hören wir ja nicht plötzlich auf zu existieren, sondern es schläft einfach das Wachbewusstsein ein. Was wir also fundamental sind, vor jeder Annahme und jeder Identifikation, ist das absolute, formlose Bewusstsein, in dem das harmonische Spiel von Wach- und Unterbewusstsein ohne Unterlass stattfindet.

Ursachenbehebung vs. Symptombekämpfung

»Es ist besser, nicht zu wissen, woher ein Übel kommt, es aber dennoch zu vertreiben, als es zu wissen und es doch nicht loszuwerden. Kümmert euch nicht um die Ursache des Leidens, stellt einfach die Wirkung fest und lasst sie verschwinden! Nach und nach wird euer Unbewusstes auch die Ursache zum Schwinden bringen, wenn dies im Bereich des Möglichen liegt.«

~ ***Émile Coué****, Selbstbemeisterung durch bewusste Autosuggestion*

All unsere gewohnheitsmäßigen Gedanken, Emotionen, unser körperlicher Zustand sowie überhaupt unsere Lebensumstände sind die Folge unserer Glaubensannahmen. Das ist die Botschaft des Gesetzes der Annahme. Schaut man sich nun die unzähligen Ansätze und Methoden zur Persönlichkeitsentwicklung und Selbstheilung an, so wird klar, dass die meisten davon nicht bei der wahren Ursache unserer Lebensprobleme ansetzen, sondern irgendwo auf der Ebene der Symptome. Sie handeln davon, Emotionen loszulassen, Gedanken zu verändern, Glaubenssätze aufzulösen, die biographische Ursache des Problems zu finden usw. Das heißt, sie setzen irgendwo bei den Folgen unserer geglaubten Annahmen und Selbstbilder an, aber selten bei diesen selbst. Doch ist es genau der fortwährende Glaube an *diese* Annahmen, der überhaupt die jeweiligen Symptome und lebensweltlichen Ausprägungen am Leben erhält.

Wenn ich z.B. eine Krankheit habe, dann kann ich mich intensiv darüber informieren, versuchen, die Symptome zu lindern und verschiedene Methoden anwenden, um mich zu heilen. Doch damit verstärke ich in der Regel nur die Annahme davon, dass ich krank bin. Je mehr ich mich mit den Symptomen und der Krankheit beschäftige, desto kranker fühle ich mich. Das Einzige, was wirklich nachhaltige Heilung bringen kann, ist eine Änderung des geglaubten Selbstbilds von "Ich bin krank" zu "Ich bin gesund". Solange ich jedoch die Annahme von "ich bin krank" glaube, erlebe ich einen entsprechenden Ausdruck davon in meinem Innen- und Außenleben. Aus diesem Grund ist letztlich jede erfolgreiche Heilung und jede Selbsttransformation die Folge von Autosuggestion. Wenn mir etwa der Traumatherapeut sagt, dass ich mich durch alle traumatischen Erinnerungen aus meiner Kindheit durcharbeiten muss, um von meiner Angststörung geheilt zu werden, und i*ch ihm das glaube,* dann wird es auch so sein. Dann war es aber nicht die Traumatherapie, die mich geheilt hat, sondern meine geglaubte *Wenn/Dann-Suggestion*. *Wenn* ich die Traumatherapie mache, *dann* werde ich angstfrei sein. Es sind also immer diese Wenn/Dann-Suggestionen, die über Erfolg oder Misserfolg bei der Anwendung einer bestimmten Methode entscheiden. Dieses Phänomen ist in der zeitgenössischen Medizin mittlerweile als *Placebo-Effekt* anerkannt, aber leider versäumt es die Schulmedizin weiterhin, die enorme, ja geradezu grenzenlose Reichweite der Autosuggestion einzusehen.

Genauso wie bei den emotionalen oder körperlichen Heilmethoden sieht es auch bei den Methoden der Realitätsgestaltung aus. Wenn wir glauben, dass das Auflösen von Glaubenssätzen oder sogenannten "Blockaden" zum gewünschten Erfolg führt, dann wird es auch so sein. Wenn wir das aber nicht tun, und lediglich hoffen, dass es doch endlich etwas bewirken möge, dann greift hier auch keine Wenn/Dann-Suggestion, und wir werden die ursächliche Annahme unseres Problems nicht transformieren können. Dann wechseln wir von Methode zu Methode, besuchen Seminar um Seminar, und lesen Buch um Buch, immer in der Hoffnung, dass uns irgendetwas davon endlich die gewünschte Erleichterung bringt. Ohne zu merken, dass die einzige Kraft, die nicht nur Erleichterung, sondern radikale Veränderung bringt, bereits in uns liegt und unentwegt mit hundertprozentiger Präzision wirkt.

An dieser Stelle sei noch einmal an das erste Kapitel und die fundamentale Rolle unserer Bedeutungsgebungen erinnert. Es gibt schlichtweg keine objektiven Hindernisse oder "Blockaden", die unserer gewünschten Transformation im Wege stehen. Jede Blockade oder jede belastende Erinnerung hat letzten Endes genau die Macht, die wir ihr selbst geben. Höre ich also auf, daran zu glauben, dass mich irgendwelche Aspekte meines Innenlebens aufhalten oder blockieren, dann gibt es keine Blockaden mehr für mich, und entsprechend frei und mühelos wird mein Leben sich dann anfühlen. Gerade, was unsere Innenwelt anbelangt, herrscht in weiten Teilen der Selbsthilfeszene eine ungeheure Opfermentalität vor, die selbstredend kaum je thematisiert wird. Viel zu häufig liest und hört man von Menschen, die sich als Opfer ihrer Emotionen und Gedanken fühlen, woraufhin sie von Trainern und Therapeuten den Ratschlag bekommen, sich durch diese Inhalte durchzuwühlen, diese "auszufühlen" oder ihren Ursprung in frühen Kindheitserinnerungen (oder gar in vergangenen Leben) zu suchen. Wenn es um Bedingungen für unser eigenes Glück geht, kennt die Fantasie der Selbsthilfemethoden kaum Grenzen. Umso naheliegender ist es, diese Fantasie doch gleich auf direktem Wege für die Veränderung unserer Annahmen einzusetzen.

Der direkte Weg der bewussten Autosuggestion

Die Autosuggestion ist nicht etwas, was wir erst zur Anwendung des Gesetzes der Annahme lernen müssen, sondern sie ist seit eh und je ein fundamentales Prinzip unseres Lebens. Ab unserem ersten Atemzug (und auch schon vorher) betreiben wir unentwegt Autosuggestion. Das heißt, wir beeinflussen uns mental selbst. Eine Suggestion ist dabei nichts anderes als ein Eindruck, der einen bestimmen Sachverhalt vermittelt. Wenn z.B. morgens Sonnenstrahlen in mein Zimmer fallen, suggeriert mir das, dass es draußen schönes Wetter ist. Und in dem Moment, indem ich bewusst oder unbewusst diesen Zusammenhang herstelle, betreibe ich bereits Autosuggestion. Ich suggeriere mir selbst einen bestimmten Sachverhalt bzw. eine Annahme. Autosuggestion ist also nicht etwas, das wir immer bewusst steuern, sondern ein Prozess, der unaufhörlich von selbst geschieht. Wir können nicht *nicht* Autosuggestion betreiben.

In anderen Worten, Suggestionen sind Bedeutungszusammenhänge, die auf unser Unterbewusstsein einwirken. Das beste Beispiel ist die Werbung. Wenn ich aus der Werbung immer wieder suggeriert bekomme, dass der Hunger mit einem Snickers gegessen ist, dann glaube ich irgendeinmal daran, ein Snickers zu brauchen, wenn ich Hunger habe. Konkret handelt es sich in diesem Fall um eine Wenn/Dann-Suggestion. Sie hat die Form: Wenn ich Hunger habe, dann ist ein Snickers die optimale Lösung. Wird diese Suggestion nur oft genug wiederholt und erfüllt beständig meinen Geist, dann wird sie schließlich zu einer Glaubensannahme meines Unterbewusstseins. Genauso verhält es sich jedoch auch mit viel schwerwiegenderen Wenn/Dann-Suggestionen wie z.B. "Wer nicht gut in der Schule ist, taugt nichts", "Ohne Fleiß kein Preis", "Wenn du ohne Jacke rausgehst, wirst du krank", "Zigarettenrauchen führt zu Lungenkrebs“ oder “Du musst erst Blockaden lösen, bevor du glücklich sein kannst“. Werden diese Suggestionen erst einmal zu unterbewussten Glaubensannahmen, dann formen sie unser ganzes Leben. Sie legen sich wie ein Filter auf unsere Wahrnehmung und lassen uns nur noch Erfahrungen machen, die diesem Filter entsprechen.

Der direkte Schlüssel zur bewussten Veränderung unseres Lebens besteht also darin, alle bereits geglaubten Suggestionen bzw. Annahmen zu überspringen und uns bewusst diejenigen Vorstellungen zu suggerieren, die wir letzten Endes wirklich erleben möchten. Diese Praxis nannte Coué *bewusste Autosuggestion;* Neville und Murphy nannten es *Vom Ende aus denken* oder ganze einfach *Beten*. Bei der bewussten Autosuggestion überspringen wir mental alle scheinbaren Hindernisse und Bedingungen, und bewegen uns geistig direkt zum Endzustand unseres erfüllten Verlangens, wo die gewünschte Veränderung bereits eingetreten ist. Wir richten unsere Aufmerksamkeit also vollumfänglich auf das Ziel und lassen den Weg Sache des Unterbewusstseins sein. Das tun wir so lange und so oft, bis die Suggestion zu einer geglaubten Annahme wird und sich natürlich anfühlt. Und sobald die Vorstellung auf diese Weise verinnerlicht wurde, ist ihre objektive Verwirklichung unaufhaltsam.

Daran wird nun deutlich, was der große Unterschied zwischen der bewussten Autosuggestion und anderen Methoden zur Selbstheilung und Selbstentfaltung ist. Mit der bewussten Autosuggestion setzen wir bei der echten Ursache unserer Probleme an – und das aus dem Bewusstsein unserer absoluten Freiheit. Gerade die Erkenntnis unserer fundamentalen Freiheit ist gar nicht möglich, solange wir noch an Bedingungen glauben, die wir erst erfüllen oder "abarbeiten" müssen, um frei zu sein. Das ist die radikal-befreiende Botschaft der Autosuggestion und des Gesetzes der Annahme: *Die einzigen Einschränkungen in unserem Leben sind diejenigen, dir wir uns durch unseren Glauben selber setzen.* Die bewusste Autosuggestion bringt uns also wieder auf den Thron unseres eigenen Königreichs. Sie lässt uns begreifen, dass wir kein Spielball unserer Glaubensannahmen sind, sondern deren souveräne Herrscher. Regelmäßig berichten mir meine Leser und Leserinnen, dass *diese* Befreiung für sie die größte Manifestation von allen war. Durch bewusste Autosuggestion können sie endlich die irrtümlicherweise gewählten Könige namens "Traumata", "Blockaden", "die Anderen", "das Universum" oder "limitierende Glaubenssätze" entthronen und wieder selbst die Lenker ihres Lebens werden.

Pointer: *Wie lassen dich diese Zeilen fühlen? Fühlen sie sich nicht wahrhaftiger und ermächtigender an als alle Konzepte von "wenn du nur __ machst, kannst du endlich __ sein"? Schau dir dabei auch mal deine eigenen falschen Könige an. Wem und was hast du bisher die Macht gegeben, über dein Wohlbefinden und deine Möglichkeiten im Leben zu entscheiden? Dazu zählen auch Annahmen wie "Veränderung ist schwer" oder "Bei mir klappt so etwas nie". Sei dir* *einfach bewusst, dass du gerade im Begriff bist, diese falschen Könige ein für alle Mal zu entthronen und vollständig zu entmachten.*

Beständigkeit – Die höchste Tugend

»Gegen das Nicht-glauben-Können hilft nur Ausdauer, die ständige Wiederholung, die ständige Behauptung.«

~ ***Fritz Lambert****, Autosuggestive Krankheitsbekämpfung*

Es gibt zwei Punkte, die man im Bezug auf die bewusste Autosuggestion nicht oft genug betonen kann: *Beständigkeit* und *Mühelosigkeit*. Das sind die einzigen echten Bedingungen, die für eine erfolgreiche Anwendung des Gesetzes der Annahme notwendig sind. Anfangen möchte ich dabei mit einer simplen Fragen: Was haben ein Konzertpianist, eine erfolgreiche Tennisspielerin, ein flinker Videospieler und eine gute Hobbygärtnerin gemeinsam?

Sie alle zeigen Beständigkeit in ihrer jeweiligen Tätigkeit, und sie alle investieren ihre Zeit bewusst in dasjenige, was ihnen Freude macht und in dem sie sich weiterentwickeln wollen. Natürlich haben diese Menschen ganz unterschiedliche Fertigkeiten und Trainingsroutinen, aber im Aspekt der Beständigkeit treffen sie alle zusammen. Sie alle beschäftigen sich jeden einzelnen Tag mit ihrer Disziplin und haben diese längst zu einem Teil ihres Alltags gemacht. Nun ist es wahrscheinlich für niemanden, der diese Zeilen hier liest, eine Neuigkeit, dass Ausdauer und Beständigkeit elementare Faktoren für Erfolg jedweder Art sind. Selbstredend muss man, um etwas zu erreichen, dran bleiben und nicht vorschnell aufgeben. Weshalb also wird hier die Selbstverständlichkeit der Beständigkeit so explizit betont?

Dafür gibt es *zwei Gründe*. Der eine Grund liegt in der Wirkungsweise der Autosuggestion selbst. Der andere Grund liegt im verblüffenden Phänomen, dass so viele Menschen diese Selbstverständlichkeit zwar immer wieder hören, aber jeweils noch schneller zu vergessen scheinen. Gerade im Bereich der Persönlichkeitsentwicklung und Selbsthilfe kann man dieses Phänomen überall beobachten.

Dazu ein Beispiel zur Veranschaulichung. Ein Mann wird beim Stöbern auf Amazon auf eine vielversprechende Selbsthilfemethode aufmerksam, mit der anscheinend schon viele Menschen große Erfolge verzeichnet haben. Sofort bestellt er sich ein Buch dazu und liest sich dieses mit großer Begeisterung durch. Kaum ist er am Ende angekommen, macht er sich frohen Mutes an die praktische Anwendung der beschriebenen Methode. Nach der ersten fünfminütigen Anwendung fühlt er sich tatsächlich ein Stückchen besser und fragt sich, ob das wohl jetzt schon was gebracht hat. Auf jeden Fall ist er erst einmal zufrieden und nimmt sich fest vor, die Methode am nächsten Tag wieder anzuwenden. Das tut er dann auch, nur dieses Mal spürt er überhaupt keinen Effekt mehr nach der Anwendung der Methode. Enttäuscht stellt er das Buch anschließend zu den fünfzig anderen Selbsthilfebüchern in seinem Bücherregal und fragt sich, ob es denn wirklich keine Methode gibt, die auch etwas *für ihn* ist …

So überspitzt sich dieses Beispiel auch liest, so nah kommt es an die regelmäßige Erfahrung vieler Menschen ran. Plötzlich ist von der Selbstverständlichkeit der Beständigkeit keine Spur mehr zu sehen, und man stimmt sonderbaren Gedanken zu, wie z.B. "Wenn ich am Anfang schon keinen Unterschied merke, dann macht es ja keinen Sinn" oder "Das bringt mir nichts". Keinem Pianisten und keiner Gärtnerin käme es bei den ersten Versuchen in ihrer jeweiligen Disziplin in den Sinn, so zu denken. Keine Gärtnerin denkt sich in Anbetracht eines unveränderten Gemüsebeets nach drei Tagen, dass das mit den Bohnen wohl nichts wird und sie vielleicht doch lieber Blumenkohl setzen sollte. Doch genauso denken unzählige Menschen bei der Persönlichkeitsentwicklung. Natürlich ist noch kein Mensch als vollblütiger NLP-Meister aus einem NLP-Wochenendseminar herausgekommen, aber genau das scheinen viele zu erwarten. Das ist ein äußerst verblüffendes

Phänomen, von dem ich mich übrigens keineswegs herausnehmen möchte. Ich selbst gehörte mehrere Jahre zu den unbeständigen Methoden-Surfern auf der Suche nach dem schnellen Glück. Wie so viele Menschen hatte ich die naive Hoffnung, dass über jahrzehntelang entstandene Muster und Beschwerden innerhalb von Minuten, Stunden oder zumindest Tagen komplett beseitigt werden sollten. Ich wollte mein eigenes Wunder. Im Gegensatz zu damals weiß ich heute aber, dass sich das schnelle Glück *gerade* in der Beständigkeit findet, und weniger in der Methode selbst. Zwar ist auch die Methode durchaus wichtig, aber solange sie auf zielorientierten Wenn/Dann-Suggestionen basiert, führt durch Beständigkeit jede Methode zum Erfolg. Das ist die Macht der Beständigkeit ...

... und der Autosuggestion! Die Wirkungsweise der Autosuggestion macht die entscheidende Rolle der Beständigkeit nämlich noch von einer anderen Seite deutlich. *"Die Suggestion braucht zur Entfaltung ihrer Wirksamkeit ebenso Ruhe und Zeit wie das keimende Samenkorn*" hielt Fritz Lambert auf treffende Weise fest. Wie ein Samenkorn müssen wir eine bewusste Autosuggestion jeden Tag gießen und darauf vertrauen, dass sie gedeiht, und zwar ohne einen sichtbaren Beweis dafür zu haben. Graben wir hingegen das Samenkorn jeden Tag oder noch häufiger wieder aus, um zu sehen, ob es schon gekeimt hat, dann verunmöglichen wir das Gedeihen der Pflanze. Genauso verhält es sich mit der bewussten Autosuggestion. Wenn wir jeden Tag mit dem Verstand überprüfen wollen, ob die Autosuggestion schon gefruchtet hat und etwa nach Zeichen suchen, dann verunmöglichen wir ihre Entfaltung. Denn die Wirkungsweise der Suggestion führt niemals über den bewussten Verstand. Sie ist komplett Sache des Unterbewusstseins. Aus diesem Grund ist es nicht nur falsch, sondern auch kontraproduktiv zu denken, wir müssten unseren Verstand von der Wahrheit unserer gewünschten Annahme überzeugen. Wir dürfen nicht vergessen, dass der Verstand selbst keine Glaubensannahmen enthält, sondern stets nur im Dienste der etablierten

Annahmen unseres Unterbewusstseins denkt, urteilt und zweifelt. Wer sich entsprechend auf eine Diskussion mit dem Verstand und seinen Zweifeln einlässt, der kann nur verlieren.

Dazu gehört auch die falsche Vorstellung, man müsse während der bewussten Autosuggestion immer eine positive Gefühlsverbesserung spüren oder sonst eine merkliche Veränderung, damit sie wirkt. Auch das ist nur eine Vorstellung des Verstandes, der eine Absicherung für das Gedeihen der Suggestion sucht. Tatsächlich ist es für das Gedeihen einer Suggestion überhaupt nicht nötig, dass wir überhaupt etwas bemerken, während oder unmittelbar nachdem wir Autosuggestion betreiben. Unsere Sinnesorgane sind keine Seismographen für Erschütterungen unserer unterbewussten Annahmen. So liegt es nicht im Vermögen unseres Gefühlssinns, unterbewusste Vorgänge wie die Wirkungsweise der Suggestion wahrzunehmen. Der Gefühlssinn operiert, wie jeder andere Sinn immer *von* den geglaubten Annahmen *aus*. Deshalb sind Erkenntnisse, die sich auf den Gefühlssinn stützen immer retrospektiv, das heißt, dieser nimmt Veränderungen immer zeitversetzt und im Nachhinein wahr.

Wie wirkt die Autosuggestion aber nun, wenn sie nicht über den Verstand führt? Die einfache Antwort ist: Sie wirkt in der Stille unseres Unterbewusstseins aufgrund beständiger Wiederholung. Neville fasste diesen Sachverhalt in einem seiner meistgebrauchten Sätze folgendermaßen zusammen. *"Eine Annahme, selbst wenn sie falsch ist, wird durch Beständigkeit zur Tatsache."* Das heißt, zur Etablierung einer neuen Glaubensannahme ist es unsere einzige Aufgabe, die entsprechende Suggestion beständig zu setzen, und zwar auf eine Weise, die an den Toren des bewussten Verstandes vorbeigeht. Das wird offensichtlich, wenn wir uns z.B. an eine Suggestion erinnern, die wir immer wieder von unseren Eltern gehört haben, und die wir dadurch schließlich zu unserer eigenen Glaubensannahme gemacht haben. Zu keinem Zeitpunkt haben wir uns gezielt zu dieser Selbstüberzeugung hingesetzt und die Annahme bewusst imaginiert oder gefühlt. Das ist die Wirkung der Beständigkeit.

»Auch an die Wirkungen der Autosuggestion zu glauben brauchen Sie nicht. Nur eines müssen Sie, wenn Sie Erfolg haben wollen: die Technik Coués anwenden, und zwar genau anwenden. Wir können sie vergleichen mit der Mechanik beim elektrischen Licht. Auch an das elektrische Licht müssen Sie nicht glauben, nur den Schalter umdrehen müssen Sie, wenn es brennen soll.«

~ ***Gisela Lucci****, Die Verwirklichung der Wünsche*

Es gibt nur ein Problem mit der Beständigkeit. Die meisten Menschen haben im Verlauf ihres Lebens gelernt, Begriffe wie *Ausdauer* oder *Beständigkeit* mit Willensanstrengung und Aufwand zu assoziieren. Wenn sie hören, dass Beständigkeit bei etwas gefragt ist, denken sie automatisch, dass es aufwendig und mühsam werden muss. Wir haben uns daran gewöhnt, die Tugend der Beständigkeit mit der Vorstellung von schwer überwindbaren Hindernissen zu verbinden, und setzen die Beständigkeit nicht selten mit *Durchhaltewillen* gleich. Doch nichts könnte der Wahrheit ferner sein. Beständigkeit heißt nichts anderes als stetige Wiederholung von etwas. Und gerade bei der Autosuggestion wird deutlich, das Willensanstrengung und Beständigkeit sich nicht besonders gut vertragen. Davon handelt nun das folgende Kapitel.

Mühelosigkeit – Das Gesetz der verwandelten Anstrengung

»Im Widerstreit zwischen Willen und Vorstellungskraft siegt letztere ausnahmslos.«

*~ **Émile Coué**, Selbstbemeisterung durch bewusste Autosuggestion*

Die zweite Kardinaltugend für die erfolgreiche Anwendung des Gesetzes der Annahme ist die *Mühelosigkeit*. Es ist bei der bewussten Autosuggestion von erstrangiger Bedeutung, Willensanstrengungen jedweder Art zu vermeiden. Tatsächlich ist das der einzige Punkt, der neben der Beständigkeit *unbedingt* berücksichtigt werden muss. Denn, selbst wenn die Autosuggestion beständig praktiziert wird, wird sie keinerlei Früchte tragen, solange sie nicht absolut mühelos und ohne Anstrengung ausgeführt wird. Es ist sogar der Fall, dass jede Willensanstrengung bei der bewussten Autosuggestion zum gegenteiligen Resultat von dem führt, was wir eigentlich erreichen wollen. Der Erste, der diesen Sachverhalt wirklich erfasst hat, war Coué. Er gab ihm sogleich die passende Bezeichnung *Gesetz der verwandelten Anstrengung*. Wie dieses Gesetz genau wirkt, lässt am besten anhand eines Beispiels aufzeigen, das wir alle aus unserem Leben kennen:

Ich muss morgen früh aufstehen, da ein wichtiger Termin ansteht, für den ich fit sein will. Deshalb leg ich mich bereits viel früher als gewohnt schlafen. Doch leider scheint mein Müdigkeitsgefühl bei meinen Plänen nicht mitmachen zu wollen. Ich liege zwar im Bett und möchte schlafen, aber ich werde einfach nicht müde. "Das kann doch nicht wahr sein!" denke ich mir und beginne nun, alles Mögliche zu tun, um endlich einzuschlafen. Ich versuche mit ganzer Kraft, endlich müde zu werden, doch egal, was ich tue, ich werde einfach nicht müde. Im Gegenteil, je mehr ich mich anstrenge einzuschlafen, desto ruheloser und aufgeregter fühle ich mich. Schließlich schaue ich frustriert auf die Uhr und muss feststellen, dass jetzt schon 3 Stunden vergangen sind und ich noch keine müde Sekunde geschlafen habe …

An diesem Beispiel, das wir alle aus unserem Leben kennen, lässt sich leicht veranschaulichen, was das Gesetz der verwandelten Anstrengungen ist und welchen Effekt es hat. Was ist also in diesem Beispiel geschehen? Ganz grundsätzlich spielt sich in ihm ein Konflikt zwischen Willenskraft und Vorstellungskraft ab. Ich *will* zwar einschlafen, aber ich habe das Gefühl, dass ich es nicht *kann*. Dementsprechend versuche ich, gegen die Vorstellung von "ich bin nicht müde" mit Willensanstrengung anzukämpfen. Das wiederum verstärkt aber nur meine Vorstellung davon, dass ich nicht müde bin und jetzt nicht einschlafen *kann*. Mit jeder Willensanstrengung entferne ich mich also mehr von dem, was ich mir wünsche, und bekräftige die Vorstellung von demjenigen, was ich mir nicht wünsche. Das heißt, meine Willensanstrengung verwandelt sich ins Gegenteil von dem, was ich mit ihr erreichen möchte.

Das Gesetz der verwandelten Anstrengung lässt sich deshalb auf folgende Weise auf den Punkt bringen: Wenn *Ich will* im Konflikt mit *Ich kann nicht* steht, dann führt jede Willensanstrengung zu einer Verstärkung von *Ich kann nicht*. Wenn wir uns diesen Sachverhalt einmal vergegenwärtigen, dann wird schnell klar, dass dieses Gesetz in allen unseren Lebensbereichen eine große Rolle spielt. Wie oft versuchen wir, mit Willenskraft gegen etwas anzukämpfen, was wir gerade glauben, und machen es dadurch nur schlimmer? Oder warst du schon einmal erfolgreich darin, bei einem peinlichen Missgeschick nicht zu erröten, weil du es krampfhaft zu verhindern suchtest? Je mehr wir uns anstrengen, etwas nicht zu tun, von dem wir glauben, dass wir es tun werden (oder müssen), desto mehr setzen wir das Gesetz der verwandelten Anstrengung in Gang, und desto schneller werden wir die unerwünschte Handlung ausführen.

Ganz anders sieht es hingegen aus, wenn wir zur Lösung eines Problems nicht bei der Willenskraft, sondern direkt bei der Vorstellungskraft bzw. unseren Annahmen ansetzen. Verändern wir nämlich zuerst unsere Vorstellung von *Ich kann nicht* zu ***Ich kann,*** dann kommen Willenskraft und Imagination in Einklang, und der Verwirklichung unseres Ziels kann nichts mehr im Weg stehen. Dann kann man strenggenommen bei einem Willensakt auch nicht mehr von einer Anstrengung im Sinne einer Mühsamkeit sprechen. Ein Marathonläufer beispielsweise strengt sich zwar an und will laufen, aber das ist für ihn keineswegs mühsam, sondern eine Freude. Er läuft gerne, weil er es *will* und *weiß, dass er es kann.*

Es ist verständlich, dass du dich jetzt vielleicht gerade fragst, weshalb du noch nie etwas von diesem psychologischen Gesetz gehört hast. Immerhin scheint das genaue Gegenteil davon zu unserer Leitkultur geworden zu sein. Schon als Kleinkinder bekommen wir immer wieder gesagt, wie wichtig Willenskraft ist, dass wir uns in der Schule Mühe geben sollen, uns anstrengen und kämpfen. Als höchste Tugend eines erfolgreichen Menschen gilt nicht etwa dessen Imagination, sondern seine Willenskraft. Wer Erfolg im Leben haben will, so heißt es, muss ein Kämpfer sein. Und wer es nicht schafft, seine Ziele zu erreichen, hat sich nur nicht genug angestrengt. So oder ähnlich ist die gängige gesellschaftliche Meinung. Gerade in Anbetracht des Gesetzes der verwandelten Anstrengung ist diese Lebensphilosophie – gelinde gesagt – fehlgeleitet, um nicht zu sagen fatal. In diesem vorherrschenden Kämpfer-Ideal liegt auch der Grund, weshalb wir Beständigkeit heute mit mühsamem Durchhaltewillen gleichsetzen. Denn, wenn wir uns heute einen erfolgreichen Menschen ansehen, dann sehen wir nicht seine Vision, an die er geglaubt hat, und die ihn automatisch zu den Handlungen geführt hat, die seine innere Erfolgshaltung schließlich äußerlich manifestierten. Wir sehen nicht, dass Beständigkeit ihn überhaupt keine Überwindung kostete, oder dass er etwaige Hindernisse nicht als solche akzeptiert hat, weil er wusste: *Ich kann, ich will und ich werde*. Anstelle all dessen sehen wir einen Kämpfer, der sich gegen die schwersten Widrigkeiten durchgekämpft hat, und sehen dabei nicht, dass wir diese Widrigkeiten in aller Regel aus unserer eigenen Vorstellungskraft auf ihn projizieren. Denn für jemanden, der voller Glauben seiner Vision folgt, gibt es allerhöchstens Herausforderungen, aber keine Widrigkeiten. Entscheidend für einen erfolgreichen Lebenswandel ist also gerade *nicht* die Willenskraft oder der Kämpfergeist, sondern eine disziplinierte Vorstellungs- und Glaubenskraft. Und das effektivste Mittel, um diese Glaubenskraft zu etablieren, ist die bewusste Autosuggestion, die Fritz Lambert passenderweise wie folgt definierte:

»Bewusste Autosuggestion betreiben, heißt: Sich dazu erziehen, an die Verwirklichung dessen zu glauben, was man erreichen will.«

Im Gegensatz zum irreführenden "Erfolgsrezept" des Kämpfergeistes setzt die Praxis der bewussten Autosuggestion bei der Veränderung unserer Glaubensannahmen an. Wenn ich etwas möchte, gleichzeitig aber glaube, dass ich es nicht kann oder es schwierig ist, dann verändere ich durch die Autosuggestion diese Glaubensannahmen, damit Wille und Vorstellungskraft im Einklang sind. Es ist natürlich einleuchtend, dass diese autosuggestive Glaubensveränderung nun nicht ihrerseits durch Willensanstrengung erreicht werden kann. Vielmehr ist das genaue Gegenteil davon nötig. Bewusste Autosuggestion wirkt nur, wenn sie auf absolut mühelose und entspannte Art und Weise praktiziert wird. Jede Willensanstrengung führt nämlich unweigerlich zum gegenteiligen Ergebnis von dem, was wir uns wünschen.

Somit wären wir auch beim Hauptproblem der modernen Autosuggestionslehren angekommen, die seit einigen Jahren auch nicht mehr von Autosuggestion, sondern von "positiven Affirmationen" sprechen. Zwar machen diese Lehren weiterhin die elementare Rolle der Beständigkeit deutlich, erwähnen dabei aber nicht die ebenso wichtige Rolle der Mühelosigkeit. Aus diesem

Grund stehen heute Millionen von Menschen täglich vor dem Spiegel und versuchen, sich mittels Affirmationen ein neues Selbstbild einzuprügeln. Ich kann mich noch gut daran erinnern, als ich vor einigen Jahren ebenfalls meine positiven Affirmationen sprach und mich bei jeder Wiederholung der Sätze schlechter fühlte. Jede sich zunehmend frustrierter anfühlende Wiederholung von "Ich bin attraktiv" ließ mich noch unattraktiver fühlen als zuvor. Entsprechend erlebte ich anschließend in meiner Welt noch weniger Beachtung vom anderen Geschlecht.

Daran wird deutlich, dass Beständigkeit zwar essentiell für die erfolgreiche Anwendung des Gesetzes der Annahme ist, aber ohne die Berücksichtigung einer vollkommen mühelosen Autosuggestionspraxis fatale Folgen haben kann. Positive Affirmationen sind eine tadellose Selbsthilfetechnik, *solange* der entscheidende Faktor der Mühelosigkeit beachtet wird. Dann sind sie nichts weiter als bewusste Autosuggestion. Wie genau wir eine mühelose Autosuggestionspraxis bewerkstelligen und welche Hilfsmittel uns dazu zur Verfügung stehen, erfährst du im kommenden Praxisteil dieses Buches.

Das Wichtigste in Kürze

1. Unsere Lebensumstände formen sich nach demjenigen, was wir über uns und die Welt glauben. Damit sind aber nicht bloße Überzeugungen oder Meinungen gemeint, sondern diejenigen Annahmen, die wir als selbstverständliche Wahrheiten empfinden.

2. Alle unsere gewohnheitsmäßigen Gedanken, Emotionen und Reaktionen sind die *Folge* unserer Glaubensannahmen. Nicht Gedanken oder Gefühle haben schöpferische Kraft, sondern einzig und allein unser Glaube (dasjenige, was wir für wahr halten).

3. In unserem Wachbewusstsein nehmen wir unsere geglaubten Annahmen in sichtbarer Form wahr – als Sinneseindrücke, Gedanken und Gefühle. Allerdings werden uns im Wachbewusst-

sein auch unsere Verlangen und Wünsche bewusst, was uns überhaupt Entscheidungsfreiheit gibt.

4. Das Unterbewusstsein enthält zum einen unsere Glaubensannahmen und objektiviert diese für das Wachbewusstsein. Zum anderen enthält es aber auch alle möglichen Realitäten, unsere Wünsche und Intuition. Also dasjenige, was oft als höheres Selbst bezeichnet wird.

5. Durch die Macht der Suggestion können wir im Wachbewusstsein transformativ auf die Glaubensannahmen des Unterbewusstseins einwirken.

6. Wie beim YinYang-Zeichen stehen Wachbewusstsein und Unterbewusstsein in ewiger Wechselwirkung zueinander. Sie sind zwei Seiten der gleichen Medaille. Diese Medaille ist das absolute, formlose Bewusstsein, in dem das Spiel von Raum, Zeit und Form stattfindet.

7. Die Ursache jedes Problems findet sich in einer Glaubensannahme. Es gibt keine Blockaden, es sei denn, ich glaube daran.

8. Viele Selbsthilfemethoden sind Symptombekämpfung. Sie setzen bei Gedanken, Gefühlen oder anderen Symptomen an, aber nicht bei den Glaubensannahmen, die zu diesen führen.

9. Jede Methode ist erfolgreich, wenn man an ihre Wirkung glaubt. Das ist die Kraft von Wenn/Dann-Suggestionen > Wenn ich Methode XY ausführe, werde ich gesund.

10. Suggestionen sind Eindrücke, die uns einen bestimmten Sachverhalt vermitteln.

11. Bewusste Autosuggestion ist der direkte Weg zur gewünschten Veränderung, da sie direkt bei unseren Glaubensannahmen ansetzt. Sie umgeht den Verstand und dessen selbsterdachten Hindernisse, und überlässt das “Wie?“ vollends dem Unterbewusstsein.

12. Es gibt nur zwei Bedingungen für die erfolgreichen Anwendung des Gesetzes der Annahme: ***Beständigkeit*** und ***Mühelosigkeit***.

13. Die beständige Suggestion einer gewünschten Annahme führt zur unterbewussten Aushöhlung und Ersetzung der gegenteiligen Glaubensannahme (und deren Folgen). Die bewusste Autosuggestion entfaltet eine Eigendynamik, die komplett am Verstand vorbei geht.

14. Wird allerdings versucht, das Unterbewusstsein mit Willenskraft und Anstrengung autosuggestiv zu prägen, so tritt das ***Gesetz der verwandelten Anstrengung*** in Kraft, und wir erreichen genau das Gegenteil unseres Wunsches: Die alte Glaubensannahme wird verstärkt.

15. Wenn *Ich will* im Konflikt mit *Ich kann nicht* steht, dann verstärkt jede Willensanstrengung den Glauben von *Ich kann nicht*.

16. Das Erfolgsrezept der bewussten Autosuggestion besteht in einer beständigen, mühelosen und zielgerichteten Praxis.

4. Die Praxis: Vom Ende aus leben

»Die Akzeptanz des Ziels erzeugt automatisch den Weg. Gehe vom Gefühl deines erfüllten Verlangens aus und dein um Dimensionen größeres Selbst wird die Mittel dazu festlegen.«

~ ***Neville Goddard***, *Q&A 1948*

Bewusste Autosuggestion betreiben, heißt, die immense Schöpferkraft des eigenen Glaubens bewusst und *zielgerichtet* einzusetzen. Haben wir nämlich kein Ziel oder keinen Wunschzustand vor Augen, so können wir auch keine neue Glaubensannahmen im Unterbewusstsein etablieren und bewusst unsere Realität gestalten. So verläuft unser Leben in den immer gleichen Bahnen, ohne jegliche Entwicklung. Das meinte auch Joseph Murphy damit, als er sagte, dass er immer wieder Menschen treffe, die seit 50 Jahren keinen neuen Gedanken mehr hatten. Das bedeutet, wenn wir uns selbst keine bewussten Ziele setzen, bestimmen automatisch unsere Glaubensannahmen über unsere Ziele, ob uns diese gefallen oder nicht. Eine gründliche Reflexion darüber, wo man eigentlich im Leben steht, und was einem wirklich wichtig ist, ist also unerlässlich für ein glückliches und autonomes Leben. Ansonsten irrt man sein Leben lang Zielvorgaben hinterher, die man von anderen Menschen und der Gesellschaft autosuggestiv übernommen hat, ohne sich jemals zu fragen, ob man sich das auch wirklich wünscht. Gerade in der Selbsthilfeszene kann man diese Verirrung sehr häufig beobachten, wenn Menschen ohne eigene Reflexion damit beginnen, vermeintliche seelische Baustellen zu bearbeiten, nur weil sie gelesen haben, dass das nötig sei. Und je mehr sie sich auf diese "Baustellen" fokussieren, desto mehr davon entdecken sie. Dann ist es nur eine Frage der Zeit, bis sie sich komplett in diesen "Baustellen" oder "Blockaden" verlieren und die Arbeit an alten Mustern zum Selbstzweck wird. Aus diesem Grund ist es für ein erfülltes Leben ungemein wichtig, sich immer mal wieder Ruhe und Zeit zu nehmen, um über die eigenen Ziele und Herzenswünsche zu reflektieren.

Pointer: *Nimm dir heute einmal 15 Minuten Zeit, um über deine Ziele, Wünsche und deinen Lebensweg zu reflektieren. Hier sind ein paar Fragen, die du dir dabei stellen kannst. Wichtig ist, dass du nicht alles aus dem Verstand zu beantworten versuchst, sondern die Fragen bewusst an dein Unterbewusstsein und das Allerhöchste in dir stellst, und sie jeweils für ei-*

nen Moment wirken lässt. Was möchte ich wirklich im Leben erreichen? Bin ich der Mensch, der ich sein möchte, oder wer möchte ich überhaupt sein? Habe ich mir meine Zielvorstellungen selbst bewusst ausgewählt oder habe ich sie einfach übernommen, weil es halt so üblich ist? Wenn ich die Möglichkeit hätte, mein Leben von Grund auf und ohne äußere Vorgaben neu zu gestalten, was würde ich ändern? Was verleiht mir Sinn in meinem Leben? Was erachte ich wirklich und von ganzem Herzen als sinnvoll?

Die entscheidende Frage ist: Welche Ziele habe ich eigentlich? Die meisten Menschen denken, sie wissen längst, was ihre Ziele und Wünsche sind. Reichtum, Erfolg, der Traumpartner, Gesundheit und materielle Errungenschaften scheinen die zeitlosen Klassiker unter den menschlichen Wünschen zu sein. Bis auf die Gesundheit haben diese Wünsche alle etwas gemeinsam: Sie richten sich auf etwas Äußerliches. Es handelt sich um Dinge, die wir als getrennt von uns betrachten, die wir aber besitzen und uns aneignen können. Wenn wir es schaffen, uns diese Dinge anzueignen – so die gängige Vorstellung – haben wir allen Grund dafür, glücklich zu sein. So hat der reiche Mensch z.B. das Glück, Reichtümer zu besitzen. Der arme Mensch hingegen hat dieses Glück nicht, weshalb wir das Gefühl haben, dass ihm etwas fehlen muss. Natürlich ist das sehr vereinfacht, aber es kommt der herkömmlichen Glücksvorstellung unserer Gesellschaft ziemlich nahe.

Das Ziel dieses Kapitels ist es nun, diese Vorstellungen zu dekonstruieren und den ihnen zugrunde liegenden Fehlschluss aufzuzeigen. Hierfür werden wir uns der entscheidenden Tatsache zuwenden, dass es niemals die äußerlichen Dinge oder Errungenschaften sind, die wir uns wünschen, sondern die Gefühle und inneren Qualitäten, die wir uns durch diese Dinge versprechen. Und sobald wir wissen, dass jeder Wunsch letztlich nach Innen zielt, wird die bewusste Autosuggestion das Natürlichste und Einfachste auf der Welt für uns. Denn dann jagen wir nicht mehr krampfhaft der Illusion einer zukünftigen Erfüllung nach, sondern dürfen uns zunehmend in die

Fülle und Führung unseres Unterbewusstseins entspannen. Und genau dann erleben wir das, was dieses Buch verspricht: Müheloses Manifestieren.

Alle Wünsche zielen nach innen

»Eine der größten Fallen beim Versuch, das Gesetz der Annahme anzuwenden, ist hierbei, sich auf Dinge – ein neues Zuhause, einen besseren Job oder einen höheren Bankauszug – zu fokussieren.«

~ **Neville Goddard**, *Die Macht des Bewusstseins*

Wer möchte ich lieber sein, ein depressiver Milliardär oder eine zutiefst erfüllte Zeitungsverkäuferin? Diese Frage mag auf den ersten Blick vielleicht banal erscheinen, verweist aber genau auf die tieferliegende Ebene unserer Wünsche, die am Ende des vorherigen Abschnitts erwähnt wurde. Zweifelsohne hat der depressive Milliardär vieles von dem, was sich die meisten Menschen wünschen. Mit seinem Geld kann er sich so gut wie alles kaufen, Häuser, Autos und alle erdenkbaren Luxusgüter. Dennoch ist er komplett unzufrieden mit sich und seinem Leben, sodass ihm nichts mehr eine Freude macht und ihm alles absolut bedeutungslos vorkommt. So voll sein Bankkonto auch sein mag, innerlich fühlt er sich komplett leer, unglücklich und lebensmüde. Die erfüllte Zeitungsverkäuferin hingegen hat vielleicht gerade genug Geld für eine Einzimmerwohnung und könnte sich niemals Luxusgüter leisten. Allerdings ist sie vollkommen zufrieden mit sich und ihrem Leben. Jeden Morgen erwacht sie voller Vorfreude auf den Tag und die spannenden Begegnungen mit anderen Menschen. Sie empfindet eine solche Fülle, dass sie nicht einmal auf die Idee kommt, sich materielle Reichtümer zu wünschen. Im Gegensatz zum Milliardär fühlt sie sich in jeglicher Hinsicht gesegnet.

Dieses Beispiel soll nun keineswegs aussagen, dass man als wohlhabender Mensch automatisch unglücklich und als Niedrigverdienerin automatisch zufrieden ist. Es gibt Menschen, die alles haben und glücklich sind, genauso wie es Menschen gibt, die nicht viel haben und vollkommen unglücklich sind. Worauf dieses Beispiel abzielt, ist die Tatsache, dass materielle Besitztümer und äußerliche Errungenschaften nicht dasjenige sind, was wir uns wirklich wünschen. Was wir uns nämlich wirklich wünschen, sind die *Gefühls- und Seinsqualitäten*, für die unsere konkreten Wünsche stehen. Wenn wir uns etwas wünschen, dann geht es nicht um das Objekt unseres Begehrens selbst, sondern um das Gefühl bzw. die Qualität, die wir uns dadurch für unser Leben erhoffen. Gerade das Beispiel des depressiven Milliardärs zeigt hierbei aber deutlich, dass dieser erhoffte Effekt nicht zwangsweise eintreffen muss. Wir alle kennen auch selber Momente unseres Lebens, wo wir zwar etwas erreicht haben, was wir erreichen wollten, sich aber dennoch nicht die Zufriedenheit und Freude einstellten, die wir uns davon erhofft hatten. Ohne Zweifel haben wir dabei eine Wunscherfüllung erreicht, aber diese fühlte sich vollkommen belanglos an. Wie der Milliardär, der sich alles kaufen kann, aber keinerlei Freude darüber empfindet, haben wir dasjenige gekriegt, von dem wir dachten, dass es uns glücklich macht, ohne dass sich dieses Gefühl tatsächlich einstellte.

Gerade an solchen Erfahrungen merken wir, dass wir uns eigentlich gar nicht die Dinge an sich wünschen, sondern stets bestimmte Qualitäten wie z.B. Zufriedenheit, Geliebtsein oder Freiheit. Diese Erkenntnis ist umso bedeutsamer, sobald wir uns vergegenwärtigen, welche Mühen und welchen Leidensdruck wir oft in Anbetracht unserer Wünsche nach bestimmten Dingen empfinden. Ein gutes Beispiel dafür ist das Verliebtsein, wie es die Mehrheit der Menschen empfindet. Weil wir glauben, dass uns dieser *eine* Mensch endlich glücklich, ganz oder wertvoll machen würde, bereitet uns jeder Gedanke an ihn oder unsere Situation des Nicht-Habens erhebliche psychische Schmerzen. Und je mehr wir mit unserem Fokus auf diesem scheinbaren Mangel kleben bleiben, desto größer und langwieriger wird unser Leiden, bis zu dem Punkt, wo wir das Gefühl haben, dass wir an nichts mehr anderes denken können. Das wiederum bestärkt das Gefühl des Mangels, denn umso größer der Schmerz wird, desto intensiver glauben wir, dass uns nur die Erfüllung unseres brennenden Wunsches von diesem Schmerz befreien kann. Wir fixieren uns entsprechend gänzlich auf die Vorstellung, dass unser Wohlbefinden abhängig von äußeren Umständen ist, über die wir keine Kontrolle haben. Tatsächlich ist das die Ursache *allen* psychischen Leids, und nicht nur des Liebeskummers. Die Glaubensannahme, wonach unser Glück von äußeren Dingen abhängig ist, ist also nicht einfach nur falsch, sondern sie ist die Ursache für enormes menschliches Leid. Hierbei dürfen wir aber nicht vergessen, dass es sich eben *auch nur* um eine Glaubensannahme handelt – und Annahmen lassen sich ändern.

Allerdings stellt sich jetzt die Frage, wie wir denn diejenigen Gefühlsqualitäten erleben können, die wir uns wünschen? Wenn es eine Illusion ist, dass äußerliche Dinge die Ursache für diese Qualitäten sind, wie kann ich diese in mein Leben bringen? Indem ich mir bewusst werde, dass alle

Qualitäten bereits in mir drin sind. Nicht die Außenwelt entscheidet darüber, ob mich etwas erfreut oder nicht, sondern meine eigenen Glaubensannahmen und meine freigewählte Bedeutung, die ich etwas gebe. Wenn ein Mensch die Macht hat, mich glücklich zu machen – wie im Beispiel des Liebeskummers – dann bin ich es, der ihm diese Macht gibt. Ich gebe dieser Person bewusst oder unbewusst die Bedeutung, dass sie mich glücklich oder unglücklich machen kann. Und weil ich das glaube, erlebe ich die Situation anschließend auch so. Glaube ich hingegen daran, dass alle Zufriedenheit, Ganzheit und Liebe bereits in mir sind und ich nichts davon im Außen in Form von Partnerinnen, Geld oder Erfolg zu suchen brauche, dann erlebe ich mein Leben entsprechend auf diese Weise. In anderen Worten, unser eigener Glaube entscheidet darüber, ob wir zufrieden sind oder nicht, und ob wir unser Wohlbefinden an Bedingungen knüpfen oder nicht.

»Andere wieder sind glücklich oder unglücklich, weil sie sich eben vorstellen, glücklich oder unglücklich zu sein; denn von zwei beliebigen Menschen vermag unter sonst völlig gleichen Verhältnissen der eine sich wunschlos glücklich, der andere todunglücklich zu fühlen.«

~ ***Émile Coué**, Selbstbemeisterung durch bewusste Autosuggestion*

Wenn wir uns unsere Wünsche einmal von dieser Perspektive anschauen, dann wird auch deutlich, dass der Schmerz, den wir in Anbetracht unserer unerfüllten Wünsche oft empfinden, nicht einfach eine Plage ist, sondern ein höchst wertvoller Botschafter unseres Unterbewusstseins. Der Schmerz selbst weist uns darauf hin, dass wir einer Täuschung hinterher laufen und uns dabei von unserer Quelle entfernt haben. Unser psychisches Leiden ist also keineswegs unnötig. Es ist ein unschätzbar wertvoller Wegweiser, der uns ständig anzeigt, wenn wir vom Weg abgekommen sind. Das heißt, wenn wir z.B. blindlings unseren verzerrten und mangelgeleiteten Verstandesvorstellungen folgen, und nicht unserer inneren Stimme und wahren Wünsche. Genau das zeigen uns Schmerzen und unangenehme Gefühle nämlich an. Wenn sich mir etwa beim Gedanken an mein Geldproblem der Magen zusammenzieht, dann sagt mir mein Unterbewusstsein damit nicht, dass ich Grund zur Angst habe, wie das unser Verstand vielleicht interpretiert. Nein, es sagt mir, dass ich meinen Glauben gerade einer falschen Vorstellung von Mangel und Getrenntheit schenke, und dass sich die Lösung meiner Probleme nur dann offenbart, wenn ich meinen Blick von außen abziehe und nach innen richte. Dort, wo alle Qualitäten, Möglichkeiten und Lösungen bereits existent sind, und eine Intelligenz waltet, die unendlich mal größer als diejenige meines Verstandes ist.

Pointer: *Vergegenwärtige dir jetzt einige deiner momentanen Wünsche. Egal, was es ist, bring diese in der Form ins Bewusstsein, wie du sie bisher gehegt hast. Nun frage dich, für welche Qualitäten diese Wünsche eigentlich stehen. Welche Gefühlsqualitäten* *erhoffst du dir von der Erfüllung dieser Wünsche? Versuche auch hierbei, die Fragen möglichst wirken zu lassen, damit dein Unterbewusstsein das Antworten übernehmen kann. Eine hilfreiche Formel, die man immer benutzen kann, ist: Ich wünsche mir __, weil ich mich dann __ fühlen würde. Wende diese Formel bei jedem Wunsch solange an, bis du auf keine tiefere Ebene mehr kommst. Zum Beispiel: Ich wünsche mir einen BMW, weil ich mich dann cool fühlen würde. Ich möchte mich cool fühlen, weil ich mich dann geliebt fühlen würde. Ich möchte mich geliebt fühlen, weil ich mich geliebt fühlen will. Damit bin ich bei der Qualität angekommen, für die mein konkreter Wunsch nach einem BMW wirklich steht. Der scheinbar äußere Wunsch ist also in Wirklichkeit ein Wunsch, der nach innen zielt. Bemerke während dieser Übung vor allem auch, wie sehr der Verstand an der Vorstellung klebt, dass nur das äußere Ding zählt, und nicht die innere Qualität. Schenke dem keine große Beachtung und horche in dich hinein. Es kann gut sein, dass du während diesem Prozess plötzlich die Qualitäten zu spüren beginnst, die hinter deinen Wünschen stecken. Das ist auch keine Überraschung, denn durch die Fra-*

gen öffnest du der Weisheit deines Unterbewusstseins Tür und Tor, und dessen Botschaft ist immer, dass wir bereits alles in uns haben, was wir uns wünschen.

Um möglichen Missverständnissen vorzubeugen, möchte ich an dieser Stelle noch darauf hinweisen, dass es beim Gesetz der Annahme natürlich nicht darum geht, der äußeren Welt und den schönen Dingen des Lebens zu entsagen. Sie gehören definitiv zum Leben und sind dazu da, dass wir uns an ihnen erfreuen. Das Gesetz der Annahme rückt einfach die Tatsache in den Blickwinkel, dass alle Dinge im Außen immer nur die Folge unserer inneren Glaubensannahmen sind. Das heißt, wenn wir glauben, glücklich, geliebt und erfolgreich zu sein, dann wird es dabei nicht nur bei einem Gefühl bleiben, sondern diese Annahmen werden sich entsprechend in unseren Lebensumständen widerspiegeln. Und zwar genau in perfekter Abstimmung auf unsere Individualität. Wer sich reich fühlt, der erlebt genau dasjenige in seinem Leben, was für *ihn* Reichtum bedeutet. Es gibt dabei schlichtweg keine objektiven

Maßstäbe, die für alle Menschen gelten. Die erfüllte Zeitungsverkäuferin vom Anfang dieses Kapitels empfindet nicht nur ihr Seelenleben, sondern auch ihr äußerliches Leben als Reichtum. Doch ihre Erfahrung von Reichtum ist eben nur das: *Ihre* Erfahrung. Ein anderer erfüllter Mensch hingegen mag in einem Penthouse leben und eine halbe Million im Jahr verdienen. Das wäre dann *seine* äußerliche Widerspiegelung, die genau *ihm* entspricht.

Für jeden Menschen sieht ein erfülltes Leben anders aus. Deswegen ist es so verhängnisvoll, wenn man blindlings fremde Vorstellungen eines erfüllten Lebens für sich übernimmt, die dem eigenen individuellen Naturell widersprechen. Glauben wir nämlich daran, etwas erreichen zu müssen, das uns gar nicht entspricht, so reden wir uns einen Mangel ein, der den entsprechenden Leidensdruck nach sich ziehen wird. Aus diesem Grund ist es unentbehrlich, seine Wünsche zu reflektieren und sich darüber klar zu werden, was einem wirklich am Herzen liegt.

Zielgerichtetheit: Das Unterbewusstsein darf übernehmen

Die Reflexion über die eigenen Wünsche ist einer der wichtigsten Schritte, die wir tun können, um unser Leben grundlegend zu verändern. Es führt kein Weg daran vorbei, unseren persönlichen Status Quo besser kennen zu lernen und diesen zu hinterfragen. Das heißt aber nicht, dass wir über unsere Probleme brüten sollten, sondern vielmehr, dass wir mit einer vorurteilslosen Neugier einmal beobachten, wie wir unsere Welt erleben, welche Annahmen wir glauben und welchen falschen bzw. richtigen Träumen wir folgen. Wie eine Wissenschaftlerin ihr Forschungsobjekt betrachtet, können wir selbst eine mentale Distanz zu uns selber einnehmen und unser eigenes Verhalten auf diese Weise erforschen. Egal, ob wir uns dabei unserem Denken, unseren emotionalen Reaktionen oder unseren Verhältnissen zu anderen Menschen zuwenden, wir haben durch unsere Natur als Bewusstsein bei allem die Möglichkeit, uns von der Identifikation damit zu lösen und die Dinge einmal neutral aus der Distanz zu betrachten. Der großartige Psychotherapeut Viktor Frankl nannte diese Fähigkeit illustrativ die *Trotzmacht des Geistes*. Das heißt, wir haben durch unsere geistige Natur die Kapazität, dem Sog unserer Gedanken und Gefühle zu trotzen, und uns bewusst anders auf unser Erlebtes einzustellen – oder diesem bewusst eine andere, ermächtigendere Bedeutung zu geben.

Pointer: *Vergegenwärtige dir für einen Augenblick eine Herausforderung im Leben, die dich gerade beschäftigt. Wie fühlst du dich, wenn du daran denkst? Vielleicht zieht sich irgendwo in deinem Körper etwas zusammen wie etwa der Bauch oder die Brust. Oder vielleicht macht es dich wütend, ängstlich oder hilflos. Stell dir jetzt einmal vor, du trittst aus deinem Körper heraus und siehst dich selbst mit all diesen Gefühlen aus rund 5 Meter Entfernung. Du schaust also distanziert auf deinen Körper, der diese Gefühle beinhal-*

tet. Fühlst du den erleichternden Raum, der dadurch entsteht? Merkst du, wie diese belastenden Gefühle dich viel weniger tangieren, wenn du sie auf diese Weise aus der Weite betrachtest? Lass diese Wirkung und die Entdeckung deiner geistigen Trotzmacht für einen Moment wirken. Stell dir jetzt vor, 5 Meter zu deiner Rechten steht eine weitere Version von dir. Nur, dass diese Version alle Herausforderungen längst hinter sich hat und vor Selbstvertrauen und Freude strahlt. Welche dieser Versionen deiner selbst möchtest du lieber sein? Bemerke hierbei, dass du dich gerade wirklich in der Freiheit befindest und nichts tun musst. Und bemerke auch, dass diese ideale Version von dir bereits da ist. Sie muss nicht erst entwickelt werden. Entscheide dich jetzt, in welche Version du zurückkehren möchtest, tue das mental und atme ein paar Male tief durch.

Anhand dieser Übung wird deutlich, dass der Geist in uns nicht nur frei ist, sondern auch, dass er zu jedem Zeitpunkt bereits dasjenige enthält, was wir uns wünschen. Wenn wir unserem Unterbewusstsein den Auftrag geben, uns eine ideale Version von uns zu präsentieren, so tut es das, ohne dass wir uns zuerst überlegen müssen, wie diese Version wohl aussehen würde. Von einer Sekunde auf die andere steht dieses ideale Ich plötzlich vor uns und wir können sogar spüren, welche Qualitäten es ausstrahlt. In anderen Worten: *Unser Unterbewusstsein weiß bereits, was ideal und das Allerbeste für uns ist!* Und zwar ohne, dass wir mit unserem Verstand davon etwas wissen müssen. Genauso wie unser Unterbewusstsein weiß, wie es eine Schnittwunde heilen oder eine Mahlzeit verdauen muss, weiß dieses auch, welche Wünsche wirklich unsere Herzenswünsche sind, und was die beste Lösung unserer Lebensprobleme ist. Fragen wir hingegen unseren Verstand nach einer Lösung für ein Problem, so verläuft sich dieser in den meisten Fällen noch weiter im Problem und kommt gar nicht erst zu einer Lösung. Was der Verstand nämlich Problemlösung nennt, kennen wir am besten als "sich Sorgen machen". An dieser Stelle sei deshalb noch einmal an die Tatsache erinnert, dass der Verstand immer im Dienste unserer bisherigen Glaubensannahmen steht. Es ist nicht Aufgabe des analytischen Verstandes, unseren Horizont zu erweitern oder über den Tellerrand der gegenwärtigen Lebenslage zu blicken. Der logische Verstand kann nicht anders, als unsere Problemlage nur anhand der gegenwärtigen Tatsachen zu analysieren und das Problem dadurch zu bekräftigen, selbst wenn wir eigentlich damit erreichen wollen, eine Lösung zu bekommen. In kurzen Worten: Der Verstand gibt weder Ziele, noch Lösungen vor.

Die Vorgabe von Zielen und Lösungen liegt voll und ganz in der Domäne des Unterbewusstseins, oder wie es auch oft genannt wird – das höhere Selbst. Es ist das höhere Selbst in uns, das dafür verantwortlich ist, dass uns "etwas in den Sinn kommt", uns "die Lösung einfällt" oder uns "klar wird, was wir wollen". Bereits an diesem alltäglichen Sprachgebrauch zeigt sich, dass die entscheidenden Momente unseres Lebens kein Resultat verstandesmäßiger Kontrolle, sondern von Einfällen des Unterbewusstseins sind. Wie oft erleben wir es, dass wir tagelang über ein Problem brüten, und dann, wenn wir es mit dem Verstand schon aufgegeben haben, uns die Lösung plötzlich aus einer unvorhersehbaren Richtung zufällt. Wie viele Stunden des Grübelns und der Sorgen man sich doch sparen könnte, wenn man sich direkt ans Unterbewusstsein wenden würde!

Genau das ist nun, was wir mit der bewussten Autosuggestion und dem Gesetz der Annahme tun. Nicht nur überlassen wir die Lösung unserer Herausforderungen derjenigen Sphäre in uns, die auch wirklich die Lösung und die dazugehörigen Mittel hat. Nein, wir überlassen dieser Sphäre auch die Ausgestaltung und Bewusstmachung unserer wahren Wünsche. Wenn du z.B. das Problem hast, nicht genau oder überhaupt nicht zu wissen, was du willst, kannst du getrost davon ausgehen, dass dein Unterbewusstsein es bereits weiß. Und wenn du dich anschließend von dieser Tatsache einnehmen lässt, hört diese Herausforderung augenblicklich auf, ein Problem zu sein, denn du hast ja bereits die Lösung. Das heißt, obwohl dir konkret noch nicht *bewusst* ist, was du willst, weißt du, dass es *unbewusst* bereits klar ist – wodurch du von der Annahme, ein Problem zu haben, zur Annahme wechselst, die Lösung zu haben. Man könnte deshalb auch sagen:

Die Lösung für alle Probleme ist, auf die Tatsache zu vertrauen, dass das Unterbewusstsein die Lösung bereits hat. Dadurch öffnen wir uns dafür, dass die Lösung schnellstmöglich zu uns kommt.

Was können wir uns unter Zielgerichtetheit also jetzt wirklich vorstellen? Zielgerichtetheit in der bewussten Autosuggestion bedeutet nicht, dass man sich seinen Traum oder die gewünschte Veränderung in allen Details ausmalen muss. Selbst wenn man das in anderen Büchern immer wieder liest, ist das nicht nötig, denn das Unterbewusstsein weiß längst, was uns am allermeisten erfüllt und das Beste für uns ist. Das einzige, was wir tun müssen, ist dem Unterbewusstsein den Weg zu ebnen, dieser Fülle in unserem Leben Ausdruck zu verleihen. Und das tun wir, indem wir uns durch bewusste Autosuggestion von der Annahme überzeugen, dass unser Leben im gewünschten oder in allen Lebensbereichen optimal läuft. Auf diese Weise bewegen wir uns mental zum tatsächlichen Endzustand, den wir uns wünschen, und halten uns nicht unnötig bei Zwischenschritten oder den Mitteln auf. Auch hat der Verstand so nicht die Möglichkeit, Bedingungen zu bestimmen, die uns dann nur zweifeln oder ängstlich sein lassen. Das ist nämlich einer der größten Fehler, die ich immer wieder bei Menschen beobachte – dass sie einen Zwischenschritt zu ihrer Endvorstellung machen und dann in Anbetracht der Zweifel und Ängste, die immer beim Festlegen von Bedingungen aufkommen, zunehmend frustrierter werden. Denn sobald wir uns auf bestimmte Wege zu unserer Wunscherfüllung versteifen, schränken wir unsere Sicht maximal ein und beginnen damit, ständig nach Zeichen zu suchen. Das widerum schürt Ängste, Zweifel und Mangelgefühle. Aus diesem Grund wiederhole ich an dieser Stelle noch einmal, dass es nie die konkrete Sache im Außen ist, die wir uns wünschen, sondern immer die ihr entsprechende

Seinsqualität im Innern. Wir wollen nicht den Lottogewinn, sondern Freiheit; nicht den Harry oder die Steffi, sondern Liebe und Geliebtsein; nicht die Krebsheilung, sondern Gesundheit und Lebendigkeit; nicht das Aufhören der Angst, sondern Selbstvertrauen und Geborgenheit. Wenn wir primär diese Qualitäten und weniger ihre äußerlichen Symbole im Blick behalten, dann werden wir nie in die Lage gekommen, ein depressiver Milliardär zu sein. Im Gegenteil, wir werden die Erfüllung finden, die wir uns wirklich wünschen – sowohl im Innen als auch im Außen.

Coués Motto »*Vereinfache immer, kompliziere nie!*« erweist sich auch bei der Formulierung unserer Ziele und Endvorstellungen als bester Ratschlag überhaupt. Das höhere Selbst in uns kennt sowohl das Ziel als auch den Weg. Und je mehr wir lernen, diese innere Führung durch uns walten zu lassen, desto mehr leben wir aus dem *Zustand des erfüllten Wunsches,* wie Neville es so schön ausdrückte.

»Wir müssen immer ans Ende gehen. Und indem wir uns vom Ende erfüllen lassen, haben wir bereits die Mittel und Wege zu diesem Ende festgelegt.«

~ ***Joseph Murphy****, This is It*

Das Wichtigste in Kürze

1. Der Mensch ist ein visionsgeleitetes Wesen und braucht zu seiner Entfaltung Ziele.

2. Ohne wirkliche Ziele verlaufen wir uns Nebenschauplätzen oder stecken in einem Kreislauf des Immergleichen fest.

3. Die Reflexion über unser Leben und unsere wahren Wünsche ist ein elementarer Schritt für die Gestaltung unseres Lebens, der nicht übersprungen werden sollte.

4. Es sind nicht die Dinge, Personen oder Errungenschaften an sich, die wir uns wünschen, sondern die Gefühlsqualitäten, die wir uns von diesen erhoffen.

5. Alle Qualitäten, die wir uns wünschen, sind bereits in uns. Es gibt nichts, was nicht im Unterbewusstsein angelegt ist. Das Einzige, was uns von diesen Qualitäten "trennen" kann, ist unser eigener Glaube, davon getrennt zu sein.

6. Psychische Schmerzen und unangenehme Gefühle sind die Botschaften unseres Unterbewusstseins, dass wir einer falschen Vorstellung von Mangel und Getrenntheit glauben schenken.

7. Finde heraus, welche Qualitäten hinter deinen Wünschen stecken, indem du die Formel "Ich wünsche mir __, weil ich mich dann __ fühlen würde" solange weiterziehst, bis du bei der tiefsten Ebene angekommen bist, wo es kein weiteres "weil" mehr gibt.

8. Fülle und Reichtum bedeuten für jeden Menschen etwas anderes. Sich blindlings den gängigen Vorstellungen der Gesellschaft über Reichtum hinzugeben, führt oft dazu, dass man sich einen Mangel einredet.

9. Unser Unterbewusstsein weiß zu jedem Zeitpunkt, was das Allerbeste für uns ist. Ebenso kennt es unsere tiefsten Wünsche, selbst wenn wir uns diesen nicht bewusst sind. Beginnen wir damit, diese Wahrheit zu bekräftigen, werden wir mit ungetrübter Klarheit belohnt werden.

10. Der Verstand ist ein Analysewerkzeug und gibt an sich weder Ziele, noch Lösungen vor. Ziele und Lösungen gehören zur Domäne unseres Unterbewusstseins bzw. höheren Selbst.

11. Die Lösung für alle Probleme ist, auf die Tatsache zu vertrauen, dass das Unterbewusstsein die Lösung bereits hat. Dadurch öffnen wir uns dafür, dass die Lösung schnellstmöglich zu uns kommt.

12. Zielgerichtetheit bedeutet, sich auf den ultimativen Endzustand zu fokussieren, und nicht auf Zwischenschritte oder mögliche Bedingungen. Und diese Endzustände sind immer innere Qualitäten und Lebensgefühle.

13. Es ist nicht nötig, sich seine Zielvorstellungen in allen Details auszumalen. Es reicht und ist am effektivsten, sich auf die allgemeinen Qualitäten zu richten. Das Unterbewusstsein weiß, was das Beste für uns ist und wird unsere Endvorstellung grandioser ausmalen, als wir es uns je bewusst vorstellen könnten.

5. Die Methode: Bewusste Autosuggestion

»Es ist die Transformation einer Vorstellung in ein Element unseres Lebens, was wir Autosuggestion nennen.«

~ **Harry Cyrus Brooks**, *The Practice of Autosuggestion*

Obwohl das theoretische Verständnis des Gesetzes der Annahme sehr wichtig ist – gerade auch hinsichtlich der vielen vorherrschenden Missverständnisse und Fehlinformationen –, kommen wir nun zum allerwichtigsten Teil dieses Buches: Die praktische Anwendung der bewussten Autosuggestion. In Anbetracht der großen Fülle an verschiedenen Methoden, die es im Bereich der bewussten Autosuggestion mittlerweile gibt, habe ich mich dazu entschiedenen, nur einige wenige davon zu behandeln, aber diese dafür im Detail zu beleuchten. Auch greife ich dabei nur auf Methoden zurück, die unkompliziert und einfach sind, und die sich bei mir selber und den Menschen, die zu mir kommen, immer wieder bewährt haben. Dazu gehören zum einen bestimmte Vorbereitungsübungen, die auf keinen Fall übersprungen werden sollten, zum anderen die Hauptmethoden, die für eine dauerhafte und mehrmals tägliche Anwendung gedacht sind. Schließlich werden auch noch bestimmte Sondermethoden vorgestellt, die in gewissen Situationen und bei Bedarf angewendet werden können. Je nach individueller Situation kann es auch empfehlenswert sein, eine dieser Sondermethoden für einige Wochen zur täglichen Hauptmethode zu machen. Auf diese Ausnahmefälle wird aber noch hingewiesen werden.

Bevor wir nun loslegen, muss an dieser Stelle aber noch einmal folgendes betont werden: Ausschlaggebend für den Erfolg sind nie die spezifischen Methoden, sondern die *Beständigkeit* und *Mühelosigkeit,* mit der diese ausgeführt werden. Jede *zielgerichtete* Methode, sofern sie beständig und ohne Willensanstrengung ausgeführt wird, führt unweigerlich zum Erfolg.

Der Dämmerzustand

An jedem Tag befinden wir uns gleich nach dem Aufwachen und unmittelbar vor dem Einschlafen in einem schwummrigen Zustand der Losgelöstheit und inneren Versunkenheit. Es ist ein Zustand, der sich anfühlt, als würden wir uns irgendwo auf der Schippe zwischen Schlaf und Wachsein befinden. Zwar haben wir in diesem *Dämmerzustand* noch die Möglichkeit, unsere Gedanken rudimentär zu lenken, aber in der Regel versinken wir einfach in derjenigen Vorstellung, die gerade präsent ist. *Versinken* ist hierbei durchaus wörtlich zu nehmen, da wir in diesem Zustand alle anderen Eindrücke, die uns z.B. durch unsere Sinne vermittelt werden, ausblenden und gar nicht mehr wahrnehmen. Die einzige Realität, die wir in diesen Augenblicken wahrnehmen ist die Vorstellung, die sich uns gerade präsentiert. Allerdings sind wir auch während des Tages häufig im Dämmerzustand. Dann etwa, wenn wir in einem Tagtraum versinken und plötzlich überrascht feststellen, dass wir für einen Moment komplett *abgedriftet* sind. Abgedriftet in unsere eigene Vorstellungskraft, ohne Rücksicht darauf, was gerade wirklich um uns herum geschah. Und genau darin liegt die Wirkungsweise, die den Dämmerzustand so essentiell für die bewusste Autosuggestion macht. In diesem schläfrigen Zustand ist es nämlich möglich, uns komplett und mühelos von einer Suggestion oder Vorstellung einnehmen zu lassen, ohne dass unser bewusster Verstand dazwischenfunkt und darauf hinweist, dass unsere Vorstellung nicht der Wirklichkeit entspricht. Das ist ja die eigentliche Funktion des Verstandes – kritisch zu sein und alles anzuzweifeln, was nicht unserem geglaubten Weltbild entspricht. Doch so wertvoll das Instrument des Verstandes auch ist, so hinderlich ist es bei der Anwendung der bewussten Autosuggestion, bei welcher wir doch gerade dieses geglaubte Weltbild ändern wollen. Deshalb ist es natürlich umso praktischer, dass es einen alltäglichen Geisteszustand gibt, in dem der Verstand schläft und wir direkten Einfluss auf unser Unterbewusstsein ausüben können.

In anderen Worten ist der Dämmerzustand ein Zustand der körperlichen und seelischen Tiefenentspannung. Schließt man sich währenddessen an ein EEG an, das unsere Gehirnfrequenzen misst, dann werden die langsameren Frequenzen des Alpha- und des Thetazustandes angezeigt. Zum Vergleich, unser zweifelnder Alltagsverstand ist jeweils erst bei den schnelleren Beta-Frequenzen aktiv. Aus diesem Grund ist es auch nicht verwunderlich, dass die moderne Neuropsychologie die Frequenzen zwischen Alpha und Theta mit tiefer Gelassenheit, Inspiration, Intuition und einem Gefühl der Verbundenheit in Verbindung bringt. Der Dämmerzustand hat also bereits an sich eine suggestive und transformative Wirkung, auch ohne konkrete Autosuggestionen. Man könnte auch sagen, dass wir im Dämmerzustand alle Filter ablegen und wieder komplett in unserer wahren, formlosen und kreativen Natur sind.

Daraus wird ersichtlich, dass der Dämmerzustand von entscheidender Bedeutung für die Anwendung des Gesetzes der Annahme ist, da er das praktische Korrelat zum Prinzip der Mühelosigkeit darstellt. Und wie jeden anderen Bewusstseinszustand können wir auch den Dämmerzustand üben. Das heißt, mit etwas Übung bringen wir uns in die Lage, unseren Geist jederzeit und innerhalb von Sekunden in den Dämmerzustand zu versetzen. Das wiederum beflügelt gewiss unsere Autosuggestionspraxis. Aus diesem Grund empfehle ich dir, den Dämmerzustand nicht nur im Hinblick auf die Autosuggestion, sondern auch einfach für sich zu üben. Was übrigens auch das alleinige Ziel vieler Formen der Meditation ist.

Am besten achtest du dich heute Nacht und morgen einmal ganz bewusst darauf, wie es sich anfühlt, vom Wachbewusstsein des Tages in den Schlaf über zu gehen bzw. vom Schlaf ins Wachbewusstsein. Achte dich insbesondere darauf, wie sich dein Körper dabei anfühlt und wie sich dein Geistesleben in diesem Zustand verändert. Ich beschreibe es jeweils so, dass sich unser ganzes Erleben plötzlich ganz schwammig anfühlt, schwer und leicht zugleich, und auf eine einzigartige Weise transparent.

Übung für den Dämmerzustand

Für die folgende Übung brauchst du dir nur 5-10 Minuten Zeit nehmen und dich an einen ruhigen Ort zu bringen, egal ob es sich dabei um ein leeres Zimmer, einen Park oder eine Toilette handelt. Hauptsache, du kannst ein paar Minuten ungestört sein.

1. Setz dich auf eine für dich bequeme Weise aufrecht hin. Es ist egal, ob es sich um einen Stuhl, ein Bett oder den Boden handelt, die Hauptsache ist, dass es für dich komfortabel und entspannt ist. Diese Übung hat einzig und allein den Zweck,

in einen komplett entspannten Zustand zu gelangen.

2. Schließe deine Augen und sage innerlich, so als würdest du eine Ankündigung machen: *Ich entspanne mich jetzt in Körper, Geist und Seele.* Lass diesen Satz für ein paar Sekunden wirken und wiederhole das Ganze zwei weitere Male.

3. Stell dir jetzt vor, wie eine Welle der kompletten Tiefenentspannung über dich kommt. Zuerst tritt sie am Scheitel deines Kopfes ein und fährt dann wie ein Fahrstuhl ganz langsam durch deinen ganzen Körper hindurch. Achte dich darauf, dass es wirklich ganz langsam geschieht; ein "zu langsam" gibt es eigentlich nicht. Spüre dabei, wie die Entspannung wirklich über dich kommt.

Falls es dir Schwierigkeiten bereitet, dir diese Welle vorzustellen, kannst du sie auch innerlich kommentieren: *"Eine Welle der Tiefenentspannung tritt jetzt an der Spitze meines Kopfes in mich herein und erfüllt jeden Zentimeter mit kompletter Entspannung. Sie fährt weiter durch meine Stirn, Augen, Ba-*

cken und entspannt jeden Zentimeter. Weiter durch den Mund, das Kinn usw.“

4. Wenn die Welle durch dich durch ist, lasse das für einen Moment wirken und sage dann innerlich *“Ich bin so müde, so unglaublich müde, sooo müüüüüüde ...“.*

5. Stell dir nun vor, wie eine weitere Welle der Tiefenentspannung über dich kommt, die die vorhandene Entspannung und Müdigkeit noch **zehnmal** stärker und tiefer macht. Lass dir auch bei dieser Welle wieder alle Zeit der Welt.

6. Falls du jetzt diesen dämmrigen, leicht-schweren Zustand spürst, dann kannst du innerlich sagen “ich bin wach, wach, wach“ und deine Augen öffnen. Falls du das Gefühl hast, noch nicht ganz im Dämmerzustand zu sein, lasse einfach noch einmal 1-2 Wellen durch dich hindurch gehen.

Bitte lass dich nicht so leicht entmutigen, wenn sich die Entspannung anfänglich nicht so leicht einstellt. Auch hier ist Beständigkeit der entscheidende Faktor, der über den Erfolg dieser Übung entscheidet. Immerhin trainieren wir hier die äußerst nützliche Fähigkeit, uns auf Knopfdruck sowohl körperlich als auch geistig komplett entspannen zu können. Stell dir nur einmal vor, wie du dadurch in zukünftigen turbulenten Momenten einfach innerhalb von 2 Minuten einen kurzen Neustart machen kannst. Oder wie du in so gut wie allen Situationen in der Lage sein wirst, binnen Minuten einzuschlafen. Das sind nur zwei Beispiele davon, welche Früchte das bewusste Training des Dämmerzustands für unseren Alltag haben kann. Auch kann ich persönlich davon berichten, dass ich seit diesem Training keine einzige Nacht mehr hatte, in der ich Probleme mit dem Einschlafen hatte. Deshalb empfehle ich, diese Übung als eigenständige Übung einmal am Tag für die nächsten 3 Wochen zu üben.

Vorübung: Das Pendelexperiment

Die folgende Übung ist ein wahrer Klassiker der Autosuggestion und sollte auf keinen Fall übersprungen werden. Das Pendelexperiment hat den Zweck, die zwei wichtigsten Prinzipien des Gesetzes der Annahme unmittelbar zu demonstrieren und vor unseren eigenen Augen zu beweisen. Dass man die Wirkungsweise dieser Prinzipien mit eigenen Augen gesehen und bewiesen hat, hat wiederum eine enorme suggestive Wirkung, da dies mit einem Schlag den Glauben an die bewusste Autosuggestion in uns etablieren kann. Auch diese Entdeckung geht auf Coué zurück, der bei seinen täglichen Zirkeln immer mit diesem und ähnlichen Experimenten oder *Vorübungen,* wie er sie nannte, begonnen hat. Damit konnte er auch dem größten Zweifler die Wirkungsweise der Autosuggestion demonstrieren und ihm diese unendliche wertvolle Praxis zugänglich machen.

Das Pendelexperiment demonstriert einerseits die Tatsache, dass die Vorstellungskraft die treibende Kraft unseres Lebens und Handelns ist. Andererseits macht sich auf anschaulichste Art und Weise den verheerenden Effekt des Gesetzes der verwandelten Anstrengung deutlich. Das heißt, du wirst gleich erleben, was passiert, wenn du deine Willenskraft gegen die Vorstellungskraft antreten lässt.

Zur Durchführung des Pendelexperiments brauchst du ein paar Gegenstände, die du ganz bestimmt bei dir im Haus oder Wohnung hast. Dazu gehören ein Blatt Papier, ein Stift und etwas, was als Pendel fungieren kann. Das kann zum Beispiel eine Halskette mit Anhänger sein oder ein rund 25cm langes Stück Garn, Schnur oder Faden, an dessen einen Ende ein Metallstück (z.B. eine Schraube, Schraubenmutter oder ein Ring) festgebunden ist.

Übung: Das Pendelexperiment

Sobald du die oben genannten Gegenstände beisammen hast, setz dich bitte an einen Tisch und führe die folgenden Schritte aus:

1. Zeichne auf das Blatt mit dem Stift einen Kreis mit rund 15cm Durchmesser und setze in die Mitte einen sichtbaren Punkt. Mache anschließend ganz oben, unten, rechts und links einen kleinen Strich auf die Kreislinie. Der Kreis sollte dann so aussehen, als würdest du bereits die Striche setzen, um nachher mit einem Lineal ein Fadenkreuz zwischen den Strichen zu ziehen. Diese kleinen Striche genügen aber und es muss *kein* Fadenkreuz gezogen werden.

2. Nimm jetzt das Pendel in deine dominante Hand (je nachdem, ob du Rechts- oder Linkshänder bist) und halte es über den Punkt in der Mitte des Kreises, sodass das Pendel rund 2cm über dem Punkt schweben bleibt und still ist. Stütze dich dabei ***nicht*** mit dem Ellbogen auf dem Tisch ab, sondern winkle deinen Ellbogen etwas von deinem Körper ab.

3. Stell dir nun rein in deiner Vorstellungskraft vor, dass das Pendel von links nach rechts zu pendeln beginnt, also zwischen den beiden horizontalen Strichen auf der Kreislinie. Halte deine Hand, die das Pendel hält weiterhin komplett still. Sage dazu halblaut vor dich hin *"Das Pendel schwingt links und rechts, links und rechts, links und rechts ..."*. Sei einfach ganz still, warte und du wirst jetzt Zeuge davon werden, wie das Pendel trotz absoluter Regungslosigkeit deinerseits immer mehr zwischen links und rechts hin und her zu schwingen beginnt. Wichtig ist, dass du nicht den Punkt in der Mitte des Kreises fixierst, sondern wirklich die Vorstellung davon, wie das Pendel hin und her schwingt.

4. Ohne deine Hand auch nur im geringsten zu bewegen oder die Schwingung zu stoppen versuchen, stell dir jetzt vor, wie das Pendel von oben nach unten schwingt. Ändere dabei auch die Worte, die vor dich hin sagst zu: *"Das Pendel schwingt jetzt von oben nach unten, oben und unten, oben und unten ..."*. Lasse auch das einfach gesche-

hen und werde Zeuge davon, wie das Pendel wie von Geisterhand plötzlich seine Richtung von der Horizontalen zur Vertikalen wechselt.

5. Mache das Gleiche jetzt noch mit einer Kreisbewegung. Stell dir also einfach vor und suggeriere dir, wie das Pendel nun eine Kreisbewegung macht.

6. Zum Schluss versuche nun das Pendel zu stoppen, indem du die Worte änderst, die du aussprichst, und zwar zu: *"Ich will, dass das Pendel stillsteht, ich will, dass das Pendel stillst, bleib still, bleib still, bleib still ..."*. Wichtig ist, dass du dir dazu weiterhin vorstellst, wie das Pendel im Kreis schwingt. Mache das für einige Sekunden und du wirst den Effekt des Gesetzes der verwandelten Anstrengung zu sehen beginnen. Je mehr du dich dabei anstrengst, das Pendel zum Stillstand zu bringen, umso stärker beginnt es zu schwingen. Es tut also exakt das Gegenteil von dem, was du erreichen willst.

Für das Pendelexperiment ist es wichtig, es mit einer gewissen kindlichen Neugier und Unbeschwertheit durchzuführen und es nicht zu ernst zu nehmen. Fall es nämlich nicht klappen sollte, so zeigt das nur, dass von vorneherein der Wille aktiv war und man nicht lange genug die Vorstellungskraft hat das Ruder übernehmen lassen. Auf diese Weise aktivieren wir von Anfang an das Gesetz der verwandelten Anstrengung, indem wir denken "ich will und hoffentlich geht es". Doch geht es hier gerade nicht darum, das Experiment zu "schaffen", sondern einfach nur darum, ein Experiment zu machen. Ein echtes Experiment geschieht immer aus Neugier und Offenheit, egal ob es sich dabei um ein Kind handelt, das das erste Mal einen Schluck Kaffee probiert oder um einen Laborwissenschaftler.

Falls sich beim Pendelexperiment also das erste Mal oder die ersten Male nichts tun sollte, einfach zu einem späteren Zeitpunkt noch einmal mit frischem Geist an das Experiment herantreten und sich vorstellen, man wäre ein Chemiker im Labor, der ohne Erwartung seine Experimente ausführt. Nur ist unser Gebiet bei diesem Experiment nicht die Chemie, sondern die Grundaspekte unseres ganzen Lebens.

Zielbestimmung und Formulierung

In dieser Übung geht es darum, eine geeignete und effektive Endvorstellung für die eigenen Wünsche zu finden. Wie die vorherigen Kapitel aufgezeigt haben, muss diese Festlegung aber keineswegs schwierig oder kompliziert sein. Unser Unterbewusstsein/höheres Selbst weiß zu jedem Zeitpunkt, was das Allerbeste für uns ist und kennt für jedes Problem die optimale Lösung. Besinnen wir uns bei der Bestimmung unserer Ziele auf diese Wahrheit in uns, dann verhindern wir von vornherein die Möglichkeit, uns in Anbetracht unserer Wünsche selber Druck zu machen, und gehen mit dem richtigen Verständnis an den Prozess der bewussten Realitätsgestaltung heran.

Wo sich viele andere Lehren und Ratgeber bei diesem Punkt schnell in unwesentlichen Details und Äußerlichkeiten verlieren, geht das Gesetz der Annahme direkt zum Ende, und zwar zu den *Seinsqualitäten,* die wir uns im Leben wünschen, und die am Grunde jedes Wunsches liegen. Auf diese Weise vermeiden wir den ganzen, oft jahrelangen Frust, der mit dem verhängnisvollen Anhaften an verzerrten Verstandesvorstellungen einher geht. Denn wenn ich glaube, dass z.B. nur diese dunkelrote Chevrolet Corvette ZR1 mich wirklich glücklich machen kann, werde ich wahrhaftig unglücklich sein, solange ich kein solches Auto besitze. Das Gleiche gilt auch für andere Bereiche des Lebens wie Partnerschaft, Erfolg oder Gesundheit. Das Gesetz der Annahme geht direkt zu den wahren Wünschen, die sich hinter diesen Äußerlichkeiten befinden. Das sorgt einerseits dafür, dass wir diese gewünschten Seinsqualitäten direkt in uns freilegen und zu spüren beginnen – was ja die eigentliche Wunscherfüllung ist: uns *so* zu fühlen. Andererseits sorgt das aber auch dafür, dass sich unsere äußerlichen Lebensumstände dann tatsächlich auch entsprechend verändern. Zwar ist es möglich, dass ich mich dann gar nicht mehr für eine Corvette interessiere, aber wenn das dann noch immer der Fall sein sollte, wird es mir möglich sein, mir diese Freude zu geben. Aber dann bin ich nicht mehr abhängig davon und ich weiß, dass dieses Auto nicht mein Glücklichmacher ist, sondern einfach nur eine Freude.

Eines soll vor dem Beginn der Übung aber noch einmal klar gemacht werden: selbst wenn du komplett ahnungslos darüber bist, was du eigentlich möchtest, kannst du auf dein höheres Selbst vertrauen, das dies längst weiß. Und vergiss bitte nicht, dass der Wunsch, zu wissen, was man eigentlich will, ebenfalls ein vollwertiger Wunsch ist, den man mit der bewussten Autosuggestion klären kann.

Übung: Was will ich?

Nimm dir auch für diese Übung ein paar Minuten Zeit und versuche, die folgenden Fragen nicht einfach mit dem Verstand zu beantworten, sondern sie jeweils für einen Moment wirken zu lassen. Damit ist gemeint, dass du dir die Frage stellst und für einen Moment einfach ruhig bist und eine Denkpause einlegst. Diese Wirkungsphasen sind jeweils mit einem (...) symbolisiert. Das gewährleistet, dass wir uns nicht im Kreis drehen, sondern wirklich in die Tiefe gehen.

1. Wir beginnen auf der oberflächlichsten Ebene: Was will ich? (...) Darauf wirst du wahrscheinlich entweder ganz viele oder kaum Antworten bekommen. Dabei darf jetzt ausgesprochen werden, was einem so in den Sinn kommt. Egal ob es sich um Gegenstände, andere Menschen oder bereits um Seinsqualitäten wie z.B. Selbstbewusstsein handelt. Falls du schnell an einen Punkt kommst, wo du dich blockiert fühlst, stell dir für einen Moment vor, du wärst jetzt in der Lage, dir alles zu geben, was du möchtest, und alle Hindernisse

und Einschränkungen sind längst passé. Wenn es also absolut keine Grenzen in deinem Leben mehr gäbe, was würdest du dir dann wünschen? (...)

2. Nimm einen der brennendsten Wünsche, die dabei aufkommen und konzentriere dich auf diesen. Stell dir folgende Frage: In Anbetracht dieses Wunsches, *wer will ich sein*? (…) Welcher Mensch will ich sein, der sich solche Wünsche verwirklichen kann? Wie fühlt sich ein Mensch, der das bereits lebt? (…) Welche Qualitäten hätte ich dadurch in meinem Leben bzw. *wie würde ich mich anders fühlen*? (…) Lass dich ganz bewusst und vertieft auf diese Fragen ein. Mit Qualitäten sind z.B. gemeint Freiheit, Geliebtsein, Selbstvertrauen, innerer Friede, Verwurzeltheit, Geborgenheit, Leichtigkeit, Gelassenheit, Lebensfreude usw. Was bedeuten diese Qualitäten für dich, welche Bilder, Emotionen und Erlebnisse bringst du mit ihnen in Verbindung? (…) Es geht nur um dich selbst und nicht um Dinge außerhalb von dir.

Auch kannst du hier wieder die Formel benutzen: Ich will __, weil ich mich dann __ fühlen würde. Und diese von Ebene zu Ebene weiterziehen, bis du nicht mehr weiterkommst. Bis du bei einem Selbstzweck angekommen bist wie z.B. Ich will mich frei fühlen, weil ich mich frei fühlen will.

Eine weitere Hilfe kann sein, an einen Menschen zu denken, der bereits dasjenige verkörpert, was du sein und haben willst. Dabei spielt es keine Rolle, ob es ein Mensch aus deinem Bekanntenkreis, ein Prominenter oder sogar eine vollkommen fiktive Gestalt ist. Jede Qualität, die es gibt, besitzen wir bereits vollkommen in unserem Unterbewusstsein, und diese Qualitäten werden in uns permanent von außen widergespiegelt. Wenn beispielsweise Spiderman für dich Freiheit symbolisiert, dann hast du damit eine wundervolle Gestalt, um dich in Qualität von Freiheit hineinzufühlen. Da wir eins mit dem allgegenwärtigen Unterbewusstsein sind, ist es niemals möglich, getrennt von irgendetwas zu sein. Alles, was war, ist und es je geben wird, tragen wir bereits in uns.

3. Formuliere nun aus deinen Erkenntnissen einen simplen *Ich bin*-Satz, der deine wirkliche Zielvorstellung einfängt. Wenn es um Selbstvertrauen geht, könnte das z.B. sein: *Ich bin selbstbewusst, gelassen und lebensfroh*. Die genauen Worte spielen hierbei keine Rolle, sondern es geht nur darum, dass du diesen Zustand bzw. die gewünschte Annahme, die du verkörpern möchtest, zur eigenen Klarheit in einem Satz einfängst.

Diese Übung dient in erster Linie der eigenen Klarheit, Reflexion und letztlich der Selbsterkenntnis. Ich treffe immer wieder Menschen, die sich gar nicht mehr trauen, über Veränderung und ihre Wünsche nachzudenken. So stark glauben diese Menschen ihre Annahme, dass sie nie dasjenige Leben führen werden, das sie wirklich möchten. Und da ist es oft einfacher und weniger schmerzhaft, die eigenen Wünsche gleich ganz zu unterdrücken, als diesen weiterhin Aufmerksamkeit zu schenken und mit dem Kontrast zwischen Status Quo und Wunschleben konfrontiert zu werden. Aus diesem Grund empfehle ich, auch diese Übung häufiger zu machen, um diesen Funken der Selbstentfaltung und Schöpferkraft wieder in sich zu anzuzünden und zu stärken. Und auch in solchen Situationen ist die bewusste Autosuggestion das beste Mittel, um den Glauben an die eigene Kraft und das eigene Glück wiederherzustellen, und zwar ohne Willenskraft und Frust.

So wichtig diese Übung zur eigenen Selbsterkenntnis auch ist, ist die bewusste Klarheit über unsere Wünsche für die Anwendung des Gesetzes der Annahme überhaupt nicht so entscheidend, wie man oft liest. Schließlich weiß unser höheres Selbst längst, was uns wirklich komplett erfüllt und glücklich macht. Und darauf können wir bei jedem Problem und jedem Wunsch vertrauen. Wenn ich mir also z.B. eine glückliche Partnerschaft wünsche, so reicht es vollkommen aus, mir vorzustellen, dass dieser Bereich meines Lebens *optimal* läuft. Also ohne genau zu wissen, was denn so optimal ist, kann ich mich jederzeit in diesen Zustand des bereits erreichten Optimums hineinversetzen. Wir alle kennen Momente, wo wir etwas erreicht haben und kurze Zeit darauf einfach nur erleichtert sind, dass es so gut gegangen ist. In solchen Momenten denken wir nicht darüber nach, was denn genau so gut gelaufen ist, sondern wir geben uns komplett und allgemein der Erleichterung hin. Die Erleichterung darüber, dass die Sache vollkommen zufriedenstellend abgelaufen ist. Deshalb ist eine detaillierte Zielvorstellung beim Gesetz der Annahme gar nicht nötig. Unserer Vorstellungskraft ist es nämlich ohne Weiteres möglich, den Zustand des Optimums fühlbar aufkommen zu lassen, ohne Details zu kennen. Genauso wie ich mir jederzeit vorstellen kann, erleichtert zu sein, ohne dass ich einen Grund im Auge haben muss, über was ich mich erleichtert fühle.

Interessanterweise beginnt das Unterbewusstsein bzw. die Vorstellungskraft in der Regel von selbst damit, Details und konkrete Vorstellungen aufzubringen, wenn wir uns einfach nur vorstellen, dass das Optimum schon erreicht ist. Als ich mir z.B. vorstellte, längst finanziell frei zu sein, kamen nach wenigen Minuten plötzlich Szenen davon auf, wie ich im Hemd bei einem Team-Meeting sitze und mich vollkommen gelassen fühle. Das heißt, ich habe mir diese Szene nicht bewusst ausgewählt, sondern sie kam von selbst auf, als ich mich imaginär in den Zustand des Optimums hinein versetzt habe. Das ist ein sehr wichtiger Punkt, denn beim Visualisieren denken viele Menschen oft an verstandesmäßige Kontrolle, wonach man eine Visualisierung bewusst von vorneherein mit allen Details planen muss. Allerdings ist das genaue Gegenteil der Fall. Während der bewussten Autosuggestion sind wir nicht aktiv, sondern *passiv*. Wir geben zwar zu Beginn die Annahme unseres erfüllten Wunsches vor, entspannen uns aber anschließend komplett und lassen geschehen. Dann hat das Unterbewusstsein freie Bahn darin, unsere Autosuggestion vor unserem geistigen Auge auszumalen, und wir dürfen uns einfach in diesen Zustand hineinfallen lassen.

Zusammengefasst bedeutet das: Alle Details sind Sache des Unterbewusstseins. Wir selbst geben nur das Ziel/den Endzustand vor. Und dieser Zustand ist grundsätzlich immer ein innerer Zustand der Zufriedenheit, Erfülltheit und Leichtigkeit.

Die Schlaflied-Methode

Nachdem wir nun eine Zielvorstellung ausgewählt haben, geht es darum, diese zur bewussten Autosuggestion zu machen und beständig anzuwenden. Als ausgesprochen einfache und effektive Methode hat sich hierbei die Schlaflied-Methode herausgestellt, die auf den französischen Psychologen und Autosuggestionsforscher Charles Baudouin zurück geht. Aufgegriffen und wirklich bekannt gemacht wurde die Methode allerdings erst von Neville Goddard und Joseph Murphy. Bei der Schlaflied-Methode verpacken wir den Zustand unseres erfüllten Wunsches in einen einzigen verbalen Ausdruck und wiederholen diesen Ausdruck anschließend wie ein Schlaflied als Autosuggestion. Auch hierbei ist es noch einmal wichtig zu erwähnen, dass nicht der Ausdruck oder die genauen Worte entscheidend sind, sondern die Annahme/Endvorstellung, für die der Ausdruck symbolisch steht.

Bevor wir uns nun der Anleitung widmen, bleibt noch eine Frage zu beantworten: Wie oft und wie lange sollten die Methoden angewendet werden? Um sagen zu können, man habe eine Methode wirklich ausprobiert, führt kein Weg daran vorbei, die Methode *mindestens* für 3 Wochen täglich 2-4 Mal für 10-15 Minuten anzuwenden. Am besten unmittelbar nach dem Aufwachen, nach dem Mittagessen, am frühen Abend und vor dem Einschlafen. Diese Zeit reicht in der Regel aus, damit man die ersten Veränderungen in seinem Leben bemerkt. Allerdings geht es danach natürlich noch weiter. Wer wirklich beabsichtigt, seine Ziele zu verwirklichen und sich – wie Coué es nannte – selbst zu meistern, der sollte die bewusste Autosuggestion nicht als Kur sehen, sondern zu einem Teil seines Alltags zu machen. Und zwar bis zum letzten Tag seines Lebens. Natürlich gilt das für die bewusste Autosuggestion im Allgemeinen und nicht für einzelne Wünsche, die wir verwirklichen möchten. Bei der beständig praktizierten Autosuggestion für einzelne Wünsche kommt automatisch ein Zeitpunkt, wo man schleichend die Motivation verliert, weiter für diesen Wunsch zu imaginieren. Der Grund hierfür findet sich aber nicht in Frustration oder Resignation, sondern in der Tatsache, dass die suggerierte Annahme zu diesem Zeitpunkt zur Glaubensannahme geworden ist. Weshalb sollten wir uns weiter von etwas überzeugen wollen, das wir schon glauben? Es ist also ein ganz natürlicher Schritt bei der autosuggestiven Selbstüberzeugung, dass wir plötzlich keinen Drang mehr haben, uns weiter den Endzustand vorzustellen, da wir diesen bereits unterbewusst akzeptiert haben. Dann steht auch die physische Manifestation unmittelbar bevor. Auf die wir dann selbstredend nicht mehr warten, da wir uns ja bereits so fühlen, als wäre es schon seit eh und je so gewesen.

Das heißt, bleibe bei einem Wunsch, bis er sich spürbar erledigt und dich die Motivation verlässt, und bleibe bei der bewussten Autosuggestion, bis der Geist deinen Körper verlässt. Auch steht dir frei, am Tag mehrere Endvorstellungen zu behandeln. Also z.B. einmal den finanziellen Erfolg, einmal den partnerschaftlichen Bereich und einmal was fürs Selbstvertrauen. Oder du fasst alle deine gewünschten Veränderungen in eine Allgemeinformel zusammen. Beide diese Optionen werden aber noch zur Sprache kommen.

Übung: Die Schlaflied-Methode

»Am einfachsten und wirkungsvollsten wird dem Unterbewusstsein die gewünschte Vorstellung suggeriert, indem man sie zu einem kurzen, einprägsamen Satz verdichtet, der dann - gleichsam als Schlaflied - ständig wiederholt wird.«

~ ***Charles Baudouin***, *Suggestion und Autosuggestion*

1. *Vergegenwärtige dir deinen gewählten Endzustand,* wo du bereits bist, wer du sein möchtest. Mach dir keine Gedanken über die Details, sondern bleib beim wirklichen Ende, wo es längst schon

optimal ist und der ganze Weg schon hinter dir ist. Du musst dir also keine Gedanken darüber machen, in welchen Verein du wohl gehen musst, um deinen Traumpartner zu finden, oder welche Handlung dich mehr in Richtung finanzielle Freiheit führen würde. Das alles ist bereits geschehen! Fasse diesen Endzustand nun in einem ganz kurzen Satz zusammen, der sich natürlich und stimmig für dich anfühlt. Ein Satz, der impliziert, dass die gewünschte Veränderung nun dein ist. Das können emotionale Sätze sein wie: "Wow, das ging ja schnell, herrlich!", "Ich kann es immer noch nicht glauben, es ist geschafft!" oder "Es läuft einfach alles perfekt!". Wichtig ist, dass es sich um einen ganz kurzen, eingängigen Satz handelt. Oder du fasst dein erfülltes Verlangen in einem Ausdruck wie "Erfüllung", "Erfolg" oder "Freiheit" zusammen.

2. *Gehe in den Dämmerzustand*. Das kannst du mit der Dämmerzustand-Übung dieses Buches machen oder du nutzt einfach die Tageszeiten, wo du von ganz alleine in diesem Zustand bist.

3. *Sprich innerlich deinen Satz aus*. Sobald du im Dämmerzustand bist oder langsam in ihn hineingleitest, sprichst du jetzt den von dir gewählten Satz oder Ausdruck mental immer wieder aus. Wenn es dich nicht zu sehr ablenkt oder anstrengt, versuche, dir diesen Satz in einem Tonfall der Erleichterung zu denken. Als würde dir der Satz bei jeder Wiederholung wie eine spontane Feststellung der vollendeten Tatsachen das erste Mal einfallen. Wichtig ist jedoch vor allem, dass es ohne Mühe und Anstrengung geschieht. Falls dabei Gedanken aufkommen, die dich z.B. fragen lassen, was genau zum Erfolg geführt hat, oder Zweifel darüber, ob "auch wirklich alles dabei ist", schenke diesen keine Beachtung, sondern behalte deine Aufmerksamkeit auf dem Satz.

4. *Lulle dich im Endzustand ein*. Nach ein paar Wiederholungen des Satzes kann es hilfreich sein, den Satz noch einmal auf 1-2 Worte zu kürzen. Aus "Es läuft einfach alles perfekt" wird also "alles perfekt". Anschließend wiederholst du lediglich immer und immer wieder diesen Ausdruck.

Du wirst bemerken, wie er dich immer mehr einnimmt und einzulullen beginnt. Auch kann es sein, dass du die Erleichterung wirklich zu spüren beginnst (das ist aber nicht nötig). Das einzige, was von deiner Seite her nötig ist, ist die beständige, entspannte Wiederholung des Ausdrucks. Der Dämmerzustand macht den ganzen Rest.

5. Schlafe ein oder gehe nach einigen Minuten deinem gewohnten Tagesverlauf nach. Persönlich stelle ich mir gerne einen Wecker auf 15-20 Minuten, damit ich dabei einschlafen kann, ohne Bedenken haben zu müssen, anschließend etwas zu verschlafen.

Die Schlaflied-Methode hat den großen Vorteil, dass sie sich auf das Allerwesentlichste einer jeden erfolgreichen Autosuggestion beschränkt und ganz ohne visualisierte Szene auskommt. Außerdem ist sie so aufgebaut, dass der Gefahr vorbeugt wird, sich in Details oder dem "Wie?" zu verlaufen. Falls du aber dennoch lieber mit imaginären Szenen und Vorstellungsbildern arbeitest, dann lässt sich die Schlaflied-Methode wie folgt ganz leicht modifizieren.

Alternative Übung: Gratulationsszene

1. *Vergegenwärtige dir deinen gewählten Endzustand,* wo du bereits bist, wer du sein willst.

2. *Stell dir eine Freundin, einen Bekannten oder eine Verwandte vor.* Denke an eine Person, die dir ganz natürlich zu deinem großen Glück gratulieren würde, wenn sie dich nach der Erfüllung deines Wunsches sehen würde. Nimm keine Person, die so etwas nie tun würde. Stell dir jetzt einmal vor, wie diese Person vor dir steht, als wäre sie gerade wirklich hier, und höre, wie sie dir in ihrer Stimme sagt "Ich freue mich so für dich!". Falls du Schwierigkeiten damit hast, innere Bilder zu sehen, konzentriere dich einfach nur auf die imaginäre Stimme dieser Person. Neville Goddard hat persönlich fast nur mit vorgestellten Stimmen, weniger mit Bildern gearbeitet.

3. *Begib dich in den Dämmerzustand.* Stell dir jetzt diese ganz kurze Szene immer wieder vor, wie

dir die Person zu deinem Glück gratuliert. Vergiss dabei nicht, aus deinen Augen zu schauen und mit deinen Ohren zu hören, also als Protagonist, nicht als Zuschauer. Stell dir diese 3-4 sekundenlange Szene in Endlosschleife vor, immer wieder von vorne. Beschränke dich komplett auf diese kurze Szene, die impliziert, dass deine gewünschte Veränderung bereits eingetroffen ist. Wichtig ist nicht, dass du eine Szene mit allen Sinneseindrücken ausmalst, sondern deine Aufmerksamkeit auf einen bestimmten Eindruck bündelst. In diesem Falle die Stimme der gewählten Person oder ihr freudvolles Gesicht. Diese enge Fixierung im Dämmerzustand sorgt dafür, dass die Szene komplett echt wird. Auch wenn sich die Szene am Anfang etwas aufgesetzt oder falsch anfühlt, mach einfach weiter. Bereits nach wenigen Durchgängen wird sie sich natürlicher und echter anzufühlen beginnen.

4. Schlafe ein oder gehe nach einigen Minuten deinem gewohnten Tagesverlauf nach.

Die Allgemeinformel

Die Schlaflied-Methode kann einerseits für einzelne gewünschte Veränderungen eingesetzt werden, aber auch als Allgemeinformel für sämtliche Lebensbereiche auf einmal. Für diese Herangehensweise wurde allen voran Émile Coué mit seiner berühmten Formel *"Tag für Tag auf jede Art geht es mir besser und besser"* berühmt. Coué wusste, dass unser Unterbewusstsein am allerbesten weiß, wie sich unser Leben in sämtlichen Bereichen zum Optimum entwickeln kann. Deshalb empfahl er allen Menschen, die mit den unterschiedlichsten Anliegen zu ihm kamen, stets in erster Linie die Anwendung der Allgemeinformel. Doch auch Murphy und Neville waren sich dessen bewusst und empfahlen ihren Zuhörern und Leserinnen oft, sich einfach absolute Erfüllung, Frieden und Freiheit vorzustellen bzw. zu suggerieren. Aus dem naheliegenden Grund, dass der Zustand der Erfüllung und Glückseligkeit alle Lebensbereiche und somit auch alle "kleineren" Verlangen mit einschließt.

Die Allgemeinformel ist zweifelsohne der einfachste und direkteste Weg, um sein ganzes Leben zu transformieren. Ich durfte schon bei vielen meiner Klienten Zeuge davon werden, wie sich ihr Leben durch die beständige Anwendung der Allgemeinformel innerhalb von wenigen Monaten grundlegend veränderte. Nicht nur schafften sie es dadurch, ihre äußeren Lebensumstände und Beziehungen zu transformieren, sondern auch ein gelassenes, erfülltes und kreatives Lebensgefühl zu entwickeln. Also genau die innere Erfüllung, auf die all unsere Wünsche letztlich abzielen. Das ist die allumfassende "Magie" der Allgemeinformel.

Auch persönlich wende ich bei mir mittlerweile größtenteils die Allgemeinformel an. Allerdings kann es durchaus sinnvoll sein, seine Vorstellungs- und Glaubenskraft auch im Hinblick auf einzelne Verlangen zu trainieren. Aus diesem

Grund empfehle ich eine Kombination aus Allgemeinformel und Sondersuggestionen. Meine persönliche Vorgehensweise sieht dabei so aus: Den Tag starte und beende ich jeweils mit der Allgemeinformel nach Coué. Während des Tages setze ich mich zusätzlich 2-3 Mal für ein paar Minuten hin, induziere den Dämmerzustand und wende die Schlaflied-Methode für einzelne gewünschte Veränderungen an.

Übung:
Die Allgemeinformel nach Coué & Murphy

Die Allgemeinformel von Émile Coué unterscheidet sich zwar in ihrem Aufbau etwas von der Schlaflied-Methode, aber sie baut auf den exakt gleichen Prinzipien auf. Leider ging dieser entscheidende Aspekt an der Coué-Methode über die Jahrzehnte immer mehr verloren, und Coués Allgemeinformel wird heute mit einer bloßen Affirmation gleichgesetzt. Das ist sehr unglücklich, denn Coué selbst wurde nicht müde zu betonen, dass die Worte an sich nichts bewirken, wenn sie nicht auf eine fruchtbare und korrekte Art und Weise ausgesprochen werden. Versuchen wir etwa, uns die Allgemeinformel vor dem Spiegel einzuhämmern, dann erreichen wir im besten Fall gar nichts, und im schlimmsten Fall eine Verschlechterung unserer Situation. Es darf nicht vergessen werden, dass Coué der Entdecker des Gesetzes der verwandelten Anstrengung war, und folglich ganz genau wusste, dass sich die Effektivität einer Autosuggestion eben nicht an deren Worte misst, sondern an deren beständigen und mühelosen Anwendung.

Die folgende Anleitung zur Allgemeinformel wird also genau der Form entsprechen, wie sie Coué vor über 100 Jahren empfahl. Im Hinblick auf Murphy werden allerdings noch ein paar alternative Sätze erwähnt, für die man sich gegebenenfalls anstatt der Formulierung Coués entscheiden kann. Wichtig ist, nicht zu vergessen, dass nicht der Wortlaut entscheidend ist, sondern die Annahme/Vorstellung, denen die Worte Ausdruck verschaffen.

Als Vorbereitung zur Übung empfahl Coué, sich eine Schnur zu besorgen und 20 Knöpfe in sie hinein zu machen. Alternativ kann man auch eine Kette mit 20 Glasperlen oder Steinen nehmen. Dies dient als Hilfsmittel bei der bewussten Autosuggestion, da Coué empfahl, die Formel jeweils rund 20 Mal zu sprechen. Da das Zählen der Wiederholungen allerdings zu unnötiger Anstrengung und Konzentration führt, können wir das durch dieses Hilfsmittel umgehen, indem wir uns einfach bei jeder Wiederholung um einen Knopf vortasten, solange, bis kein Knopf mehr übrig ist.

1. Nimm unmittelbar nach dem Aufwachen oder vor dem Einschlafen deine Schnur in die Hand und setzt dich am besten aufrecht im Bett hin. Das beugt der Gefahr vor, sofort wieder einzuschlafen.

2. Schließe deine Augen und greife mit den Fingern einer Hand sanft den obersten Knopf deiner Schnur/Kette.

3. Sprich nun halblaut oder flüsternd die folgende Formel aus: *Tag für Tag auf jede Art geht es mir*

besser und besser. Sprich diese Formel aber nicht in einem normalen Tempo aus, sondern auf eine äußerst langsame, langgezogene Art und Weise, sodass jeeeeeedeeeee Siiiiilbeeeeee betont wird. Du musst den Wörtern keine Betonung geben, sondern diese extrem monoton, litaneiartig und fast schon roboterhaft vor dich hin "singen". Ebenso wenig musst du die Worte fühlen oder Emotionen mit rein bringen. Je monotoner und teilnahmsloser, desto besser. Diese langsame Monotonie sorgt dafür, dass wir automatisch in einen Dämmerzustand fallen und den Worten, die wir aussprechen gar keine Beachtung mehr schenken. Das heißt: Wir müssen uns weder auf die gesprochene Formel fokussieren, noch ihr bewusst folgen. Es ist sogar ein gutes Zeichen, wenn wir in Gedanken abschweifen oder in eine Träumerei fallen – *solange* wir beständig die Formel aussprechen/vor uns hin singen.

4. Fahre bei jeder Wiederholung der Formel mit den Fingern zum nächsten Knopf in der Schnur. Mache das solange, bis du am Ende der Schnur

angekommen bist und keine Knöpfe mehr übrigbleiben. Das ist gleichzeitig auch das Ende der Übung.

Die 20-malige Wiederholung der Allgemeinformel sollte rund 8-10 Minuten in Anspruch nehmen und jedes Mal auf die gleiche monotone Art und Weise ausgeführt werden. Aus diesem Grund ist es ratsam, sich insbesondere am Morgen diese Zeit einzuberechnen und entsprechend die Weckzeit anzupassen.

Bei der Murphy'schen Version der Allgemeinformel ändert sich eigentlich nichts bis auf den Wortlaut der Autosuggestion. Im Gegensatz zu Coué legte Murphy den Fokus in seinen Formulierungen mehr auf das Geführtsein von unserem höheren Selbst. Obwohl das bei Coué natürlich impliziert ist, kann es bei einigen Menschen hilfreich sein, diesen Aspekt der höheren Macht in uns explizit zu betonen. Gerade bei ängstlichen Menschen hat sich diese Formulierung als sehr effektiv herausgestellt. Hier wären also noch 3 Beispiele der Allgemeinformel nach Murphy:

- Der allmächtige Geist in mir führt mich auf allen Wegen zum Allerbesten.

- Die Allweisheit meines Unterbewusstseins erfüllt mein Leben mit grenzenlosem Frieden, Liebe und Wohlstand.

- Ich vertraue auf die unendliche Intelligenz in mir, die mich in sämtlichen Lebensbereichen erfüllt.

Besinnung auf die Wahrheit

Es gibt eine Gewissheit, auf die wir immer vertrauen und zurückgreifen können, denn sie kommt *vor* allen Glaubensannahmen, Manifestationen und Alltagszweifeln. Diese Gewissheit ist die Gewissheit des großen Ganzen – die Wahrheit unseres Unterbewusstseins. Nichts, was uns im Leben passiert und nichts, was wir glauben, kann je etwas an der Tatsache ändern, dass wir komplett eins mit der wirkenden Kraft des ganzen Seins sind. Ich bin eins mit der Kraft, die jedes einzelne Atom des Universums geschaffen hat, und ich kann niemals auch nur ansatzweise getrennt von dieser Kraft sein. Selbst wenn ich glaube, vollkommen hilflos, schwach und wertlos zu sein, wende ich meisterhaft diese eine allmächtige Kraft in mir an.

Allerdings bekomme ich davon wenig mit, solange ich vollständig mit meinen Problemen, Mängeln und alten Glaubensannahmen identifiziert bin. Wie sollte es also möglich sein, den *bewussten* Glauben an mich und meine Kraft herzustellen, wenn ich noch das genaue Gegenteil davon glaube? Wie kriege ich den bewussten Glauben an den Glauben zurück? Das sind sehr wichtige Fragen, denn jemand, der sich z.B. hoffnungslos fühlt, sieht aufgrund dieses „Hoffnungslos"-Filters ja gerade keine andere Option. Selbst wenn wir ihm verschiedene Möglichkeiten aufzählen, um seine Probleme zu lösen, würde er diese nicht wahrnehmen, da seine Glaubensannahme kategorisch alle Möglichkeiten ausblendet.

Hier kommt nun die Wahrheit unseres Unterbewusstseins in Spiel. Ich schreibe bewusst von *Wahrheit*, weil die Wahrheit eben keine Annahme ist. Alle Annahmen und Selbstbilder sind subjektiv und lassen sich ändern, doch die Wahrheit bleibt immer die Wahrheit, und diese ist immer gültig. Das heißt, selbst wenn ich Annahmen glaube, die der Wahrheit widersprechen, kann ich mich immer auf die Gültigkeit der Wahrheit fokussieren, die größer und mächtiger als alle Annahmen ist. Der hoffnungslose Mensch aus unserem Beispiel kann sich also immer auf die Wahrheit richten, dass der allmächtige Geist in ihm alle Möglichkeiten und Lösungen hat. Sobald er diese Wahrheit bekräftigt, wird sie zu wirken beginnen, da die Wahrheit stärker als alle Annahmen ist, und selbst durch die trübsten und schrecklichsten Glaubensannahmen durchbricht. Die Wahrheit ist, was wir wirklich sind, und alles andere ist bloß eine täuschend echte Illusion. Der Film verändert sich ständig, aber die Leinwand, die wir sind, bleibt gleich.

Und genau das macht es so ungemein wirksam, wenn wir uns auf die fundamentale Wahrheit in uns besinnen. Wir setzen uns dadurch zurück auf den Thron und lassen das unfreiwillige Untertanendasein hinter uns. Wir sehen wieder, dass wir die *Könige* und *Königinnen* unserer Annahmen sind, und nicht deren Sklaven, was automatisch dazu führt, dass sich in uns der unverrückbare Glaube an unsere unbegrenzte Schöpferkraft festigt. Auf diese Weise wird die Wahrheit in uns zusätzlich zur Glaubensannahme und entsprechend kann uns dann nichts mehr im Weg stehen. Die schönste Konsequenz davon ist ein grundlegendes Lebensgefühl von Leichtigkeit, Vertrauen und Erfülltheit.

Mit der Be[illegible] seres Un-
t[illegible] eville als
E[illegible] iefer mit
d[illegible] eschäfti-
g[illegible] gen wir
ir[illegible] erksam-
ke[illegible] die alles
m[illegible] ten An-
na[illegible] e Reali-
tät[illegible] h unse-
re[illegible] elt hat.
Di[illegible] Methode ist deshalb insbesondere für Menschen effektiv, die ihr Leben lang mit einem mangelnden Selbstvertrauen, Gefühlen von Hoffnungslosigkeit und grundsätzlichem Pessimismus zu kämpfen hatten. Denn durch die Besin-

Alles optimal
alles perfekt
ich bin Christus
ich bin Allmächtig
ich bin unbesiegbar
24.5.20

nung auf die Allmacht des Unterbewusstseins in ihnen werden diese Menschen von der scheinbar unmöglichen Aufgabe befreit, sich selber verändern zu müssen, und überlassen das stattdessen einer Kraft, die größer als ihr eingeengtes Selbstbild ist. Falls du also zu dieser Gruppe von Menschen gehörst, die sich unglaublich schwer damit tun, an sich oder die Kräfte in ihnen zu glauben, möchte ich dir mit aller Deutlichkeit sagen: Du musst dich nicht selbst verändern, sondern kannst diese Aufgabe getrost deinem Unterbewusstsein überlassen! Der einzige Preis, den du dafür zahlen musst, ist, dass für dich dadurch ein völlig neues Leben in innerer und äußerer Freiheit und Zufriedenheit beginnen wird.

Übung: Besinnung auf die Wahrheit

1. Wähle dir einen der folgenden Sätze aus, der dir am meisten zusagt und der sich für dich am wahrhaftigsten anfühlt, oder kreiere selbst einen Satz, der die unbegrenzte Freiheit und Fülle des Unterbewusstseins einfängt.

- Für den allmächtigen Geist in mir ist alles möglich.

- Die unendliche Intelligenz in mir liebt und führt mich zum Allerbesten.

- Ich bin vollkommen geführt auf all meinen Wegen.

- Der Herr ist mein Hirte.

- Der Geist in mir herrscht über die Materie.

- Die unendliche Weisheit liebt mich und sorgt für mich.

- Alles ist möglich für denjenigen, der glaubt.

2. Induziere den Dämmerzustand oder entspanne dich anderweitig. Als sehr wirksam hat sich folgende Atemübung erwiesen: Atme für rund 3 Sekunden durch die Nase ein und anschließend für 5 Sekunden aus dem Mund aus. Atme dabei so aus, als würdest du auf das Wehwehchen eines Kindes pusten, eine heiße Suppe kühlen oder Seifenblasen machen. Mache diese Atemübung für rund 3 Minuten.

3. Sprich nun innerlich oder flüsternd deinen gewählten Wahrheitssatz aus, je nachdem was dir

lieber ist. Es kann dabei helfen, den Satz auf eine solch selbstverständliche Art und Weise auszusprechen, wie wenn man sagen würde „Morgen geht die Sonne auf". Wiederhole deinen Satz nun immer wieder und lasse ihn nach jeder Wiederholung für 1-2 Sekunden wirken. Mach dir nichts draus, wenn sich der Satz zuerst nach gar nichts anfühlt oder sich in dir vielleicht sogar etwas dagegen sträubt. Bleibe mit deiner Aufmerksamkeit einfach auf der Aussprache des Satzes, unbeirrt und ruhig. Wichtig ist, dass du auf keinen Fall deinen Willen dazu anstrengst.

4. Mache diese Autosuggestion für 5-10 Minuten und gehe dann wieder deinem geplanten Tagesverlauf nach.

Diese Übung war eine der Hauptmethoden von Joseph Murphy und sie hat zahllosen Menschen dabei geholfen, dass sie sowohl den Glauben an sich, als auch den Glauben an den Glauben selbst wiederentdeckt haben. Auch aus meiner eigenen Erfahrung kann ich das bestätigen. Als ich mit der regelmäßigen Besinnung auf die Wahrheit begann, fielen nach und nach Druck und Zweifel von mir ab und ich konnte mich mit Leichtigkeit und Gelassenheit dem Spiel des Lebens widmen. Von da an war ich nicht mehr emotional von Wunscherfüllungen abhängig, sondern konnte alles genießen. Das wiederum führte dazu, dass das Manifestieren wahrhaftig mühelos wurde, und mein ganzes Leben mehr und mehr zu einem Fluss geworden ist. Damit will ich nicht sagen, dass ich keine Herausforderungen mehr im Leben kenne, aber ich begegne diesen nicht mehr aus Angst, sondern aus Souveränität.

Jede Woche erreichen mich zudem mehrere Nachrichten und Emails meiner Leserschaft, die denselben transformativen Effekt dieser Methode bezeugen. Das hat mich dazu veranlasst, diese Methode ebenfalls zu den Haupttechniken hinzuzufügen, da sie diesen Status aufgrund ihrer Durchschlagskraft mehr als verdient.

Wenn du also auch mit starken Zweifeln, Ängsten oder Unsicherheiten der Veränderung deines Lebens gegenüberstehst, dann ist diese Übung der Meisterschlüssel für dich. Neben der Allgemeinformel empfehle ich dir, diese Übung für mindestens 3 Wochen jeden Tag 2-3 Mal anzuwenden. Wenn du das gewissenhaft tust, dann wirst du – ohne den geringsten Zweifel – in wenigen Wochen bereits großartige Veränderungen in deinem alltäglichen Lebensgefühl bemerken, und einen unerschütterlichen Glauben in dir freilegen, von dem du niemals gedacht hättest, dass ein solcher in dir schlummert.

Autosuggestion zur Vergebung und Konfliktauflösung

Kann die bewusste Autosuggestion auch bei zwischenmenschlichen Konflikten und Schuldgefühlen helfen? Diese Frage gehört definitiv zu den häufigsten Fragen, die im Bezug auf das Gesetz der Annahme gestellt werden. Es gibt kaum einen Menschen, der nicht mit altem Groll auf andere Menschen herumläuft, mit zwischenmenschlichen Konflikten zu kämpfen hat oder Schuldgefühle über vergangene Taten mit sich herumträgt. Joseph Murphy bezeichnete diese Bewusstseinszustände oft als das größte Gift, das ein Mensch einnehmen kann, denn sie vergiften unser ganzes Vertrauen, unsere Lebensfreude und unser natürliches Mitgefühl. Das heißt, sie prägen radikal unsere Glaubensannahmen und dasjenige, was wir im Leben für möglich halten.

Ein Mensch, der z.B. von jemandem enttäuscht wurde und immer noch Wut und Groll darüber mit sich herumträgt, hält damit wahrscheinlich auch Annahmen fest wie "man kann niemandem wirklich trauen" oder "ich bin ein naiver Trottel". Und diese Annahmen wiederum lassen ihn seine Welt und andere Menschen demgemäß erleben und weitere schmerzhafte Erfahrungen machen – zusätzlich zum Schmerz der noch nicht bewältigten Enttäuschung.

Oder jemand hat etwas getan, vom dem sie glaubt, dass sie sich das niemals verzeihen kann. Diese quälenden Schuldgefühle verankern in ihr Glaubensannahmen wie "ich habe nur das Schlechteste verdient" oder "ich hasse mich selbst". Es ist offensichtlich, dass solche Glaubensannahmen mithin die leidvollsten und zerstörerischsten sind, die man sich vorstellen kann. Genau bei diesen scheinbar aussichtslosen Ausgangslagen setzt nun die Vergebungssuggestion nach Joseph Murphy an. Der geniale Aspekt an dieser Autosuggestion besteht im Anschluss an die vorherige Methode ebenfalls in der Besinnung auf das allmächtige Unterbewusstsein. Denn im Gegensatz zu den meisten anderen Vergebungsmethoden verlangt die Vergebungssuggestion nach Murphy von niemandem, dass er sich selber vergeben muss. Wie sollte er das auch tun können aus einem Selbstbild heraus, das ihm immer klar vor Augen führt, dass er "nie vergessen wird", was ihm angetan wurde, oder dass er sich selber nie verzeihen kann? Diese unüberwindbare Hürde stellt sich einem tatsächlich nicht in den Weg, wenn man sich auf die Wahrheit davon besinnt, dass die unendliche und zeitlose Intelligenz längst vergeben und vergessen hat. Das Unterbewusstsein trägt nie etwas nach und ist einzig und allein darauf bedacht, sich in möglichst unbegrenzter, das heißt liebevoller und in sich harmonischer Art und Weise zu entfalten. Und da es im Unterbewusstsein keine Trennung zwischen mir und anderen Menschen gibt, gibt es auch nicht so etwas wie unverzeihliche oder unvergessliche Taten. Anders ausgedrückt existieren Schuldgefühle, Reue und Groll nur als Illusionen in unserem Geist, und das psychische Leid, das wir bei Anhaften an diese Illusionen empfinden, ist die wohlwollende Botschaft des Unterbewusstseins darüber, dass wir der Lüge der Trennung anheim gefallen sind. Diesen Zuständen entspricht also keine objektive Wertmäßigkeit oder Tatsache. Das ist die Wahrheit, auf die wir uns mit der Vergebungssuggestion besinnen.

Dasselbe gilt auch für anhaltende Konflikte mit anderen Menschen, egal ob man dabei das Gefühl hat, Opfer oder Täter zu sein. Wenn wir uns einfach nur beständig auf die Harmonie und den Frieden unseres höheren Selbst richten, dann lösen wir jeden Konflikt auf. Denn wie alles andere auch hat ein Konflikt seine Ursache immer in spezifischen Glaubensannahmen. Und sobald auch nur eine Konfliktpartei ihre Annahmen ändert, verliert der Konflikt von einem Moment auf den anderen seine komplette Basis und das Verhältnis wird transformiert. Und oft scheint dieses neue Verhältnis sogleich derartig natürlich, als wäre es nie anders gewesen oder als könnte es nie anders sein. Aus diesem Grund ist die bewusste Autosuggestion ein perfektes Werkzeug zur Auflösung und Transformation zwischenmenschlicher Konflikte oder Spannungen.

Durch das Suggerieren der Wahrheit des allumfassenden Unterbewusstseins aktivieren wir eine Kraft, die stärker ist als alle festgefahrenen Glaubensannahmen. Diese Kraft erhebt uns aus den schmerzhaften Selbstbildern, die den Konflikt oder das Leid am Leben halten, und verändert radikal unsere innere Einstellung, sowohl uns als auch den Menschen gegenüber. Aus Enge und Schmerz darf endlich wieder Gelassenheit und Freude werden.

Übung: Autosuggestion zur Vergebung und Konfliktauflösung

1. Setz dich an einen ruhigen Ort hin, wo du für 10-15 Minuten ungestört bist.

2. Vergegenwärtige dir eine Person, mit der du im Konflikt stehst, gegen die du einen Groll hegst

oder die dir einmal etwas angetan hat, das dich bis heute belastet. Bei Schuldgefühlen vergegenwärtigst du dir einfach dich selbst (als mentales Bild von dir).

3. Schließe jetzt deine Augen und entspann dich. Wende für wenige Minuten den 3-5 Atemzirkel an (siehe Übung des vorherigen Kapitels).

4. Stell dir jetzt die ausgewählte Person als mentales Bild vor und sprich währenddessen folgende Suggestion. Besinne dich auf jeden einzelnen Teilsatz und lasse geschehen, was dabei geschehen will:

»Im allumfassenden Unterbewusstsein sind wir Eins, und nichts als Freude, Fülle und bedingungslose Liebe steht uns zu. Mein Geist wird jetzt frei von aller Bitterkeit und ich richte mich auf den zeitlosen Frieden in mir und dir. Heute ist der Tag der Befreiung und alle Segnungen des Lebens sollen dich und mich erreichen. Danke!«

Bei Schuldgefühlen stellst du dir ein Bild von dir vor und sprichst folgende Suggestion:

»Das allumfassende Unterbewusstsein, in dem wir alle Eins sind, kennt keine Schuld und hat längst verziehen. Diese Wahrheit lasse ich jetzt zu und lasse unendliche Liebe, Harmonie und ewigen Frieden in mich und alle Menschen strömen. Wir sind alles Kinder des allmächtigen Geistes und diese Tatsache macht uns frei. Danke!«

Bei der Vergebungssuggestion ist es wichtig, keine Erwartung zu haben, sondern sich für mindestens 3 Wochen jeden Tag 2-3 Mal für 10-15 Minuten auf die Eigendynamik dieser Autosuggestion einlassen. In vielen Fällen ist dieser Prozess kein angenehmer, aber der Schmerz, der dabei aufkommen kann, ist ein heilsamer Schmerz und führt uns in die Befreiung und zurück in die Leichtigkeit des Lebens.

Auch sollte man nicht das Gefühl haben, dass man dadurch die gleichen Fehler noch einmal machen werde. Der Vergebungsprozess lässt uns automatisch die wahre Botschaft dieser vergangenen Erfahrungen verstehen und löst einfach alle falschen und leidvollen Annahmen der Selbstzermarterung und der Bitterkeit auf.

Revision & Prävision

Wir kennen alle Tage, an denen bestimmte herausfordernde Situationen oder sonstige Ereignisse anstehen, auf die wir uns alles andere als freuen. Ebenso kennen wir Tage, wo alles drunter und drüber geht, und wir einfach nur froh sind, wenn wir uns endlich abends ins Bett fallen lassen können. Oder wir haben den ganzen Tag an uns gezweifelt und kamen einfach nicht aus dem Zweifeln raus. Diese Tage gehören zum Leben dazu, allerdings müssen sie nicht zusätzlich noch zu einer unangenehmen Erinnerung werden, die eine negative Suggestivwirkung besitzt, wann immer sie uns in den Sinn kommt. Für solche Situationen und Tage hat Neville Goddard eine wunderbar einfache Methode gelehrt, damit diese Erfahrungen nicht unfreiwillig zu einer schöpferischen Autosuggestion werden. Neville nannte diese Methode *Revision,* und sie besteht in ihrer elementarsten Form darin, den konkreten Ereignissen keine Beachtung zu schenken, sondern denjenigen Zustand zu bekräftigen, den man lieber gehabt hätte. Das heißt, wir lassen die Ereignisse des Tages uns nicht diktieren, wir uns zu fühlen haben, sondern stellen uns am Ende des Tages einfach vor, dass es ein großartiger Tag war, ohne konkrete Ereignisse in den Fokus zu nehmen. Denn da die Vergangenheit eh nur als Vorstellung existiert, können wir diese Vorstellung auch jederzeit ändern. Allerdings nicht im Sinne davon, bestimmte Erfahrung umzuschreiben oder abzuändern, sondern uns einfach die Frage zu stellen "Wie würde ich mich fühlen, wenn ich wüsste, dass dieser Tag mich auf positivste Art und Weise weiterbringen würde?".

Im Sinne einer vorausschauenden Revision, die ich hier *Prävision* nenne, können wir das auch am Morgen machen. Wir stellen uns dazu einfach vor, es wäre bereits Abend und der Tag war ein voller Erfolg und voll von wunderbaren Überraschungen, und lassen uns für ein paar Augenblicke von dieser erleichternden Vorstellung einnehmen. Auf diese Weise können wir spielerisch mit der bewussten Autosuggestion spielen und so manche Schreckgespenst des anstehenden Tages, das nur in unserer Vorstellungskraft existiert, enttarnen.

Übung: Revision

1. Wenn du abends im Bett liegst und dich langsam die Müdigkeit überkommt, stell dir innerlich die Frage: *Wie würde ich mich fühlen, wenn der Tag ein voller Erfolg gewesen wäre und mich in jeder Hinsicht ermächtigt hätte?* Oder wenn du viel an dir, dem Leben oder dem Gesetz der Annahme gezweifelt hast: *Wie würde ich mich fühlen, wenn ich den ganzen Tag vollkommen in Vertrauen und Gelassenheit verbracht hätte?*

2. Stell dir einfach nur die *Erleichterung* vor, die du dann spüren würdest. Gib dieser Erleichterung wie bei der Schlaflied-Methode einen kurzen Ausdruck wie "Ah, fantastisch!" und wieder-

hole diesen Ausdruck innerlich für einige Zeit. Es hilft dabei, den Körper mit einzubinden und dabei mehrmals vor Erleichterung auszuatmen, wie wir das automatisch tun, wenn wir Erleichterung erfahren.

3. Sobald du die Erleichterung wirklich zu spüren beginnst, ist die Revision abgeschlossen und du kannst zur Allgemeinformel übergehen.

Übung: Prävision

1. Nachdem du am Morgen die Allgemeinformel suggeriert hast, stell dir vor, es wäre bereits Abend und der Tag war ein voller Erfolg und voll von wunderbaren Überraschungen. Dies kannst du entweder gleich nach der Allgemeinformel machen oder aber auch beim Frühstück oder auf der Toilette.

2. Stell dir auch hierbei die Erleichterung vor, die du haben würdest und gib ihr einen Ausdruck, den du dann innerlich für eine kurze Zeit wiederholst und dich davon einlullen lässt.

3. Genießen den Tag, der darauf folgt.

Die Prävision kannst du außerdem sehr situationsspezifisch anwenden. Wenn du z.b. vor einer schweren Aufgabe stehst, stell dir vor, sie wäre bereits mühelos und leicht über die Bühne gegangen.

Substitutionstechnik

Die wichtigsten Zeiten, um bewusst das Gesetz der Annahme anzuwenden, sind morgens und insbesondere abends vor dem Einschlafen. Darin waren sich alle großen Pioniere der bewussten Autosuggestion einig. Wenn wir uns nur zu diesen Zeiten beständig unsere gewünschten Annahmen suggerieren, wird die Transformation unweigerlich stattfinden. Dennoch können wir mit dem Training des Dämmerzustands zusätzlich weitere fruchtbare Zeitfenster für die Autosuggestion im Alltag einbauen.

Doch was ist nun mit akuten Herausforderungen wie negativen Gedankenspiralen, Zweifeln und Ungeduld? Natürlich können wir nicht bei jedem Zweifel in den Dämmerzustand gehen und für 5 Minuten die gewünschte Annahme imaginieren. Das ist auch gar nicht nötig. Es ist mir ein großes Anliegen, an dieser Stelle klar zu machen, dass unsere Alltagsgedanken und gewohnheitsmäßigen Reaktionen keine so große Rolle spielen, wie ihnen oft zugesprochen wird. Wir erinnern uns, dass diese Gedanken und Emotionen keine Ursachen sind, sondern die Folgen unserer Glaubensannahmen. Sie sind sozusagen der Autopilot des Wachbewusstseins. Deshalb müssen wir diese Gedanken auch nicht einzeln ändern, wie das in Ratgebern zum "Positiven Denken" oft gesagt wird. Wenn uns beim Wasserkochen das Wasser überlauft, versuchen wir ja auch nicht, das Wasser abzuschöpfen, sondern wir stellen die Herdplatte ab. Übertragen auf die bewusste Autosuggestion verändern wir jeden Morgen und jeden Abend die Glaubensannahmen, die zu diesen gewohnheitsmäßigen Gedanken und Reaktionen führen. Das führt dazu, dass sie nach und nach weniger werden und schließlich komplett verschwinden, meist sogar, ohne dass wir das bewusst bemerken. Das bedeutet, wir müssen den Alltagsgedanken und Emotionen eigentlich keine Beachtung schenken, denn wir wissen, dass wir ihren Motor zunehmend zum Stillstand bringen.

Selbstverständlich sind Selbstzweifel, Ungeduld, Frustration, Ängste und Sorgen alles andere als angenehme Zustände. Deshalb darf eine Methode zur akuten autosuggestiven "Behandlung" dieser Zustände nicht fehlen. Es ist nur wichtig zu verstehen, dass die folgende Methode nicht dazu gedacht ist, jeden einzelnen unerwünschten Gedanken zu ändern. Wenn wir das nämlich versuchen, so führt das schnell zu einem immensen Druck und einem Gefühl, das Opfer seiner eigenen Gedanken zu sein. Das wiederum führt dazu, dass wir mit Willensanstrengungen gegen unsere Gedanken und Gefühle zu kämpfen beginnen, was mit absoluter Sicherheit genau das Gegenteil bewirkt, von dem, was wir damit erreichen möchten. Die Veränderung unserer Glaubensannahmen kann nur passieren, wenn wir keine Willenskraft aufwenden. Aus diesem Grund ist es viel besser, negative Gedanken einfach vorbeiziehen zu lassen, anstatt sich gegen sie zu sträuben.

Die folgende Substitutionstechnik berücksichtigt dieses fundamentale Prinzip des Gesetzes der verwandelten Anstrengung, gibt uns aber trotzdem ein nützliches Werkzeug an die Hand, um in akuten Situationen einen gedanklichen Neustart zu machen. Und zwar ist die Substitutionstechnik nur eine abgewandelte Form der Besinnung auf die Wahrheit. Das heißt, wir tun damit nichts anderes, als einen Gedankenstrom zu unterbrechen und kurz die Wahrheit des Unterbewusstseins zu bekräftigen. Anschließend lassen wir alles weitergehen wie zuvor. Die Suggestion muss also weder spürbar sein, noch muss sie merklich etwas an unserem Befinden verändern. Dennoch ist das oft der Fall, da jede bewusste Distanzierung von einem bestimmten Gedanken oder Gefühl automatisch zu einem Moment der Entspannung und Rückbesinnung auf seine innere Mitte führt. Die Substitutionstechnik ist also wie ein kurzer Neustart des Systems, auf das der kritische Alltagsverstand gar nicht wirklich zu reagieren weiß.

Übung: Substitutionstechnik

1. Wenn du dir bewusst wirst, dass du komplett in einen unerwünschten Gedankenstrom geraten bist, der dich schlecht, eng oder ängstlich fühlen lässt, sage innerlich "Stopp!"

2. Du wirst merken, dass dadurch für einen kleinen Moment Gedankenstille ist, und in dieser Stille wiederholst du nun innerlich dreimal eine Autosuggestion, die auf die Wahrheit des Unterbewusstseins verweist. Damit substituieren wir den vorherigen Gedankenstrom mit einer ermächtigenden Suggestion. Beispielsweise:

- *Der allmächtige Geist in mir liebt und führt mich zum Allerbesten.*

- *Für das allmächtige Unterbewusstsein ist alles möglich.*

- *Die unendliche Intelligenz sorgt für mich in allen Belangen.*

- *Der Herr ist mein Hirte.*

- Wenn die Allmacht mit mir ist, wer kann dann gegen mich sein?

- Tag für Tag auf jede Art geht es mir besser und besser.

Oder du findest für dich selber einen passenden Satz. Wichtig ist, dass du immer einen Satz bereit hast und diesen nicht erst noch suchen musst. Bewährt hat sich hierbei, immer wieder den gleichen Satz zu verwenden.

3. Lasse den Wahrheitssatz kurz wirken und fahre dann mit deiner Tätigkeit weiter. Vergiss dabei nie, dass jede mühelos ausgesprochene/gedachte Autosuggestion wirkt, selbst wenn du im Moment keine Veränderung spürst oder wahrnimmst.

Die "Weg, Weg"-Formel

Kein Methodenteil zur bewussten Autosuggestion wäre vollständig ohne den kleinen Bruder von Coués Allgemeinformel: die "Weg, Weg"-Formel. Diese ungemein einfache Methode hätte eigentlich ein eigenes Buch verdient, denn sie hat bereits Millionen von Menschen zu einem schmerzfreien Leben verholfen. Und das innerhalb von Minuten!

Die "Weg, Weg"-Formel von Coué baut auf der fundamentalen Tatsache auf, dass wir nicht gleichzeitig zwei verschiedenen Vorstellungen im Bewusstsein haben können. Fokussieren wir uns exklusiv für eine Weile auf *eine* Vorstellung, so wird diese sofort nach unterbewusster Verwirklichung streben, denn jede Vorstellung, die komplett unser Bewusstsein erfüllt, wird vom Unterbewusstsein als wahr akzeptiert und nach Möglichkeiten realisiert. Coué fand heraus, dass sich gerade körperliche und psychische Schmerzen, selbst wenn sie chronisch sind, durch die praktische Anwendung dieser Wahrheit innerhalb von Minuten auflösen oder zumindest stark vermindern lassen. Die daraus folgende Methode nannte Coué die "Weg, Weg"-Formel, welche in seinen täglichen Autosuggestionszirkeln regelmäßig für spektakuläre Spontanheilungen und großes Staunen der Anwesenden sorgte.

Bei der "Weg, Weg"-Formel erfüllen wir unser Bewusstsein für 30-60 Sekunden exklusiv mit dem einfachen Gedanken *"Der Schmerz geht weg"*. Bei emotionalen Schmerzen kann das Wort *Schmerz* auch durch *Gefühl, Stress* oder *Druck* ersetzt werden. Ebenso können wir diese Methode effektiv bei Selbstzweifeln oder spontanen, mentalen Blockaden einsetzen, indem wir anstatt *"Der Schmerz geht weg"* einfach denken *"Ich kann"*.

Übung: "Weg, Weg"-Formel

1. Wenn du einen körperlichen Schmerz oder emotionalen Druck wahrnimmst, schließe für einen Moment deine Augen.

2. Streiche bei körperlichen Schmerzen sanft mit der einen Hand über die schmerzende Stelle. Bei psychischen Belastungen oder Schmerzen streichst du dir sanft über die Stirn.

3. Sprich jetzt den folgenden Satz hörbar aus "*Der Schmerz/Druck/Stress geht weg, weg, weg ...*" und wiederhole anschließend nur noch das Wort "*weg*". Sprich dieses Wort dabei rasend schnell aus und versuche stets, die Geschwindigkeit noch weiter zu steigern. Die Worte müssen nicht mehr verständlich sein, sondern das Ausgesprochene sollte zu einem unverständlichen Wortbrei werden. Wenn du einatmen musst, unterbreche die Aussprache kurz, aber denke dabei weiterhin "*weg, weg, weg ...*".

4. Du denkst also während der Aussprache ebenfalls nichts anderes als "weg, weg, weg ...".

5. Nach 30-60 Sekunden hörst du auf und nimmst einen tiefen Atemzug. Dabei wirst du feststellen dürfen, dass der Schmerz oder das belastende Gefühl zumindest teilweise oder bereits ganz verschwunden ist. Falls noch ein Rest davon spürbar ist, wiederhole einfach die Übung, bis dieser Restschmerz weg ist.

Wichtig! Wenn es sich um einen ärztlich noch nicht abgeklärten Schmerz handelt und dieser nach einer Weile wieder kommt, sollte man seinen Hausarzt konsultieren, insbesondere bei Schmerzen im Brust-, Bauch- oder Kopfbereich. Die bewusste Autosuggestion ersetzt nie die fachkundige Behandlung eines Arztes.

Übung für emotionale Notfälle & Überwältigung

Ein Buch zum Bewusstsein und zur Realitätsgestaltung wäre nicht komplett und ohne eine Übung dazu, wie man mit emotionalen Überwältigungen und psychischen Schmerzen umgehen kann. Gerade dann, wenn wir komplett mit einem schmerzhaften Zustand identifiziert sind und das Gefühl haben, es gibt nichts anderes mehr als die trübe Perspektive, die wir in diesem Moment haben, wäre es in Anbetracht des Gesetzes der verwandelten Anstrengung kontraproduktiv, zu versuchen, mit Autosuggestionen "dagegen" zu halten. Deshalb folgt nun eine Methode zur geistigen Loslösung von emotionalen Zuständen und schmerzhaften Identifikationen. Diese Übung wurde vom großartigen amerikanischen Nondualitätslehrer Loch Kelly entwickelt und zielt auf nichts anderes, als auf das Etablieren einer Distanz zu unseren Emotionen, Gedanken und Selbstbildern, sodass wir uns wieder als dasjenige erfahren, was wir wirklich sind: Frei, losgelöst und unberührt.

Übung: Emotionale Loslösung

1. *Atmen*: Setz dich hin und wiederhole ein paar Male den 3-5 Atemzirkel.

2. *Ich bin*: Dann sage laut vor dich hin: *Ich bin "__"*. Du sprichst also aus, wie du dich gerade fühlst, z.B. "ich bin traurig/frustriert/wütend/minderwertig/ohnmächtig ...". Lass diesen Ausspruch für einige Zeit wirken. Wie fühlt sich das an? Spüre, wie es sich anfühlt, als wärst komplett verschmolzen mit der Emotion.

3. *Ich fühle*: Dann sage laut vor dich hin: *Ich fühle "__"* (Trauer, Wut, etc.). Und schau für rund eine Minute, wie dich das fühlen lässt. Es wird sich bereits etwas anders anfühlen als zuvor, da du jetzt damit beginnst, die Identifikation mit dem emotionalen Schmerz zu lösen.

4. *Ich bin mir bewusst*: Sage jetzt: *Ich bin mir eines Gefühls von "__" bewusst*. Und schau, was dann passiert, denn jetzt wird sich zwischen dir und der Emotion ein Raum und eine Distanz öffnen. Dieser Raum ist der Raum der Freiheit – Dasjenige, was wir sind! Spüre also, dass du als Bewusstsein nicht berührt bist von der Emotion. Emotionen kommen und gehen, aber du bleibst immer da.

5. Konzentriere dich jetzt einfach auf den Raum, der nicht verletzt oder von der Emotion berührt ist. Tatsächlich sind alle schmerzhaften Gefühle nur ein kleiner Teil im unendlichen Raum deines Bewusstseins. Nimm diesen Raum wahr und stell dir vor, du verschmilzt mit diesem Raum, der völlig okay und unberührt bist.

6. *Freiheit*: Verweile darin, bis es "klick" macht und dich die Situation nicht mehr tangiert oder sie ihren persönlichen "Stich" verloren hat.

Das Wichtigste in Kürze

1. Im Dämmerzustand ist das Unterbewusstsein besonders suggerierbar, weil der kritische Alltagsverstand schläft und Willensanstrengungen vermieden werden. In diesem Zustand ist es ein Leichtes, sein Bewusstsein voll und ganz mit den gewählten Endvorstellungen zu erfüllen, als wäre sie bereits Wirklichkeit.

2. Das Pendelexperiment ist eine großartige Vorübung, um sich mit eigenen Augen von der Wirkung der Autosuggestion zu überzeugen. Sie erfüllt den Zweck, den Glauben an die bewusste Autosuggestion zu stärken, und sollte auf keinen Fall übersprungen werden.

3. Mit der Reflexion über unsere wahren Wünsche und Endvorstellungen überwinden wir die selbstgesteckten Grenzen des bisher als "möglich" Angesehenen. Sie führt uns zurück in unsere Kraft und lässt uns wieder die Visionäre sein, die wir als Menschen eigentlich sind. Wir selbst sind die Architekten unseres Lebens.

4. Die effektivste Vorgehensweise bei der bewussten Autosuggestion ist, sich primär auf die Haupttechniken der Schlaflied-Methode und der Allgemeinformel zu fokussieren.

5. Wichtig ist, dass du die bewusste Autosuggestion nicht als Kur oder Behandlungsmethode betrachtest, sondern zu einem elementaren Teil deines Alltags werden lässt. Sie sollte zu deiner Morgen- und Abendroutine gehören wie das An- und Ausziehen deiner Kleidung.

6. Empfehlenswert ist es, jeden Tag mit der Allgemeinformel zu starten und diese am Abend im Bett zu wiederholen. Anschließend eignet sich die Schlaflied-Methode, um *in* einer gewünschten Endvorstellung einzuschlafen. Für die Autosuggestions-Meditationen während des Tages ist entweder die Schlaflied-Methode oder die Besinnung auf die Wahrheit empfehlenswert.

7. Falls du gerade große Herausforderungen im Leben zu meistern hast oder sonst mit vielen Zweifeln und Ängsten zu tun hast, dann sei dir ans Herz gelegt, dich neben der Allgemeinformel

nur auf die Besinnung der Wahrheit zu fokussieren. Und das mindestens für 3 Wochen am Stück, täglich 2-3 Mal für 10-15 Minuten.

8. Die Sondertechniken sind Ergänzungen zu den Hauptmethoden und sollten diese nicht ersetzen. Insbesondere am Anfang ist es besser, sich für ein paar Wochen ausschließlich auf die Hauptmethoden zu fokussieren, insbesondere die Allgemeinformel.

9. Falls du eine Sondertechnik anwendest, ist auch hier empfohlen, diese beständig über einen mehrwöchigen Zeitraum zu praktizieren. Also wenn du z.B. die Vergebungsübung machst, tue dies ebenfalls mindestens einmal am Tag für 3 Wochen am Stück. Das garantiert dir, dass du auch wirklich Resultate sehen wirst.

Abschließende Worte

»Wahres und unzerstörbares Glück wird an jenem Tag in Ihr Leben treten, an dem Sie mit voller Klarheit erkennen, dass Sie mit Hilfe Ihres Unterbewusstseins jede Ihrer Schwächen besiegen und alle Ihre Probleme lösen können, dass es den Körper heilt und Ihre kühnsten Erwartungen von Glück und Erfolg bei weitem übertrifft.«

~ **Joseph Murphy,** *Die Macht Ihres Unterbewusstseins*

Nun bist du im Besitz aller nötigen Informationen, um dein Leben komplett in *die* Bahnen zu lenken, die du dir immer gewünscht hast. Du hast mit eigenen Augen gesehen, dass *in dir* eine unsichtbare Kraft verborgen liegt, die mächtiger als alle Lebensumstände ist, von denen du bisher geglaubt hast, dass sie dich und deine Möglichkeiten einschränken. Diese Kraft ist deine *Vorstellungskraft*. Sie ist die unbegrenzte Macht des Unterbewusstseins, und es ist dein Geburtsrecht, diese Macht für die Entfaltung deiner Träume zu nutzen. Auch wenn sie bisher vielleicht größtenteils auf Autopilot gelaufen ist, ist es nie zu spät, in den manuellen Modus zu wechseln und die Vorstellungskraft von nun an bewusst zu lenken. Selbst wenn deine momentane Situation noch so aussichtslos erscheinen mag, weißt du jetzt, dass dich deine eigene Vorstellungskraft in diese Situation geführt hat – und dich auch wieder da raus bringen kann. Das ist die frohe Botschaft des Gesetzes der Annahme.

Das einzige Gefängnis, in dem wir je gefangen sein können, existiert einzig in unserem Geist. Doch mit der bewussten Autosuggestion besitzen wir nun den Schlüssel, um auch die düsterste Zellentür zu öffnen und die dicksten Mauern zu durchbrechen. Egal ob es sich dabei um finanzielle, partnerschaftliche, berufliche, soziale, gesundheitliche oder psychische Herausforderungen handelt, die du gerade in deinem Leben erfährst; mit der bewussten Autosuggestion kannst du ihnen ein für alle Mal ein Ende setzen. Ohne dich also unnötig mit falschen Bedingungen oder vergangenen Übeln beschäftigen zu müssen, kannst du direkt die Ursachen transformieren, welche überhaupt zu diesen Herausforderungen geführt haben. Denn änderst du deine Glaubensannahmen, ändert sich automatisch dein Wahrnehmungsfilter und folglich dein ganzes Universum.

Nun hängt es nur noch von *deiner* Bereitschaft ab, die nötige Investition zur Veränderung deines Lebens zu tätigen. Dabei brauchst du für diese Investition weder Geld noch Kontakte. Ebenso wenig brauchst du dafür Meditationserfahrung oder einen festen Glauben. Das Einzige, was du zu tun brauchst, ist dem Erfolgsrezept zu folgen, das in diesem Buch dargelegt wurde. Wende also die bewusste Autosuggestion *beständig, ohne Willensanstrengung* und *zielgerichtet* an, und du wirst alles erreichen können, was du möchtest – sofern es im Bereich des Möglichen ist. Was allerdings die Grenzen des Möglichen sind, das konnte noch kein Mensch je allgemeingültig festlegen. Mache dir also keine großen Gedanken darüber, sondern gehe mit den Übungen dieses Buches einfach deinen Wünschen auf den Grund und suggeriere dir deine Endvorstellung. Alle Schritte, die zur Verwirklichung deiner Vorstellung nötig sind, werden dann auf ganz natürliche und direkte Art und Weise von deinem Unterbewusstsein in Gang gesetzt, oft sogar, ohne dass du davon etwas mitkriegst. Wie die Vorstellung des schwingenden Pendels sofort unmerkliche Muskelbewegungen erzeugt, die das Pendel tatsächlich zum Schwingen bringen, erzeugt unser Unterbewusstsein auch alle Bewegungen und Umstände, die zur Verwirklichung unserer anderen Vorstellungen führen –solange diese beständig und mühelos unser Bewusstsein erfüllen. Das ist kein Zauber, sondern das Prinzip der Autosuggestion.

Sei dir also des unendlich wertvollen Geschenkes bewusst, das du mit der bewussten Autosuggestion jetzt in deinen Händen hältst. Nutze dieses Talent aller Talente und du wirst dich schon bald zu den Glücklichen zählen dürfen, die in sämtlichen Lebensbereichen erfüllt sind und dasjenige gemeistert haben, von dem viele träumen: *Mühelos manifestieren.*

Danksagung

Ich möchte mich von ganzem Herzen bei den zahlreichen Menschen bedanken, die in irgendeiner Art und Weise zur Geburt dieses Buches beigetragen haben. Nebst meiner Familie und Freunden in der Schweiz möchte ich besonders Eduard Müller danken, der mit seinem Lektorat jeweils einen wichtigen Teil zum Lesevergnügen meiner Bücher beiträgt, sowie meinen weiteren guten Freunden und Kollegen bei PANFOKUS Denis Weinstein, Ruben Bensch, Christian Martin und Jan Kulczak. Zusätzlich geht mein Dank an den Begründer der bewussten Autosuggestion Émile Coué, sowie seinen großartigen Schülern Fritz Lambert und Dr. Gisela Lucci, die mit ihren Büchern mein Verständnis und meine Anwendung des Gesetzes der Annahme noch einmal grundlegend vertieften und vereinfachten.

Und natürlich auch *Dir* – lieber Leser/liebe Leserin – möchte ich danken. Vielleicht habe ich ja einmal das Vergnügen, dich bei einem Seminar oder Workshop persönlich kennenzulernen.

Weiterführende Infos & Links

- Die Facebookgruppe zum Gesetz der Annahme und der bewussten Autosuggestion "I AM – Gesetz der Annahme nach Neville Goddard & Joseph Murphy": https://www.facebook.com/groups/gesetzderannahme/

- Mehr Informationen zu meiner Tätigkeit und den anstehenden Veranstaltungen findest du auf meiner Facebookseite www.facebook.com/ugimueller/ oder auf meiner Webseite www.ugimueller.ch

- Meine kommentierte Übersetzung zu Neville Goddards »Die Macht des Bewusstseins« findest du als Kindle-Ebook oder Taschenbuch unter: http://amzn.to/2tFb6Pu

- Meine kommentierte Übersetzung zu Neville Goddards »Prayer – Die hohe Kunst der Selbstüberzeugung« findest du als Kindle-Ebook

oder Taschenbuch unter:
http://amzn.to/2sy1dFU

• Eine geführte Meditation zur Erfahrung von ICH BIN findest du direkt unter:
https://www.ugimueller.ch/shop/

• Weitere deutsche Übersetzungen von Neville Goddards Büchern findest du bei Kevin Kunert unter: https://www.amazon.de/Kevin-Kunert/e/B01MV76QRO/

• Wenn du dich für christliche Mystik und den symbolischen und lebenspraktischen Gehalt der Bibel interessierst, sei dir das Buch »(R)Evolution des Christusbewusstseins« meines guten Freundes und Kollegen Ruben Bensch ans Herz gelegt. Du findest es als Kindle-Ebook und Taschenbuch hier:
http://amzn.to/2tDVvCT

Über Ugi Müller

Aufgrund großer persönlicher Unzufriedenheit begann Ugi Müller bereits in seiner Jugend damit, sich intensiv mit Selbsthilfemethoden, Meditation und Persönlichkeitsentwicklung auseinanderzusetzen. Schon bald merkte er aber, dass Bücherlesen allein noch nichts bewirkte, sondern letztlich nur die praktische Anwendung Resultate bringen wird.

Mit dieser Erkenntnis wandte sich Ugi seinem direkten Erleben und der Praxis verschiedenster Techniken der Persönlichkeitsentwicklung und Spiritualität zu. Aber nichts schien wirklich zu fruchten, obwohl er sich täglich stundenlang der Arbeit an seinen Problemen widmete.

Doch dann entdeckte er eines Nachmittags spontan eine Sphäre in seinem Erleben, die ihm bis dahin nie aufgefallen war. In dieser Sphäre erlebte sich Ugi das erste Mal als vollständig, eins mit seiner Umwelt und voller Frieden – und er musste nichts dafür tun. Es war die Entdeckung seiner wahren Natur als formloses Bewusstsein.

Seit mittlerweile 2 Jahren arbeitet Ugi Müller nun selbstständig als Meditationslehrer & Coach und begleitet Menschen dabei, das Hamsterrad des Unglücklichseins und des Irgendwo-hin-kommen-müssens ein für allemal zu verlassen.

www.ugimueller.ch

Printed in Poland
by Amazon Fulfillment
Poland Sp. z o.o., Wrocław

57686298R00125